I0585250

Política y polémica en América Latina

Política y polémica en América Latina
Las revistas *Casa de las Américas* y *Mundo Nuevo*

Idalia Morejón Arnaiz

Almenara

CONSEJO EDITORIAL

Luisa Campuzano   Waldo Pérez Cino
Adriana Churampi   Juan Carlos Quintero Herencia
Stephanie Decante   José Ramón Ruisánchez
Gabriel Giorgi   Julio Ramos
Gustavo Guerrero   Enrico Mario Santí
Francisco Morán   Nanne Timmer

© Idalia Morejón Arnaiz, 2017
© Almenara, 2017

www.almenarapress.com
info@almenarapress.com

Leiden, The Netherlands

ISBN 978-94-92260-17-8

Imagen de cubierta: Gautier d'Agoty, 1759
Wellcome Library, London

All rights reserved. Without limiting the rights under copyright reserved above, no part of this book may be reproduced, stored in or introduced into a retrieval system, or transmitted, in any form or by any means (electronic, mechanical, photocopying, recording or otherwise) without the written permission of both the copyright owner and the author of the book.

A Javier y Guillermo, por la compañía en este pasaje de la casa al mundo

Introducción

Cuando triunfa la Revolución cubana y se funda la revista *Casa*, importantes publicaciones hispanoamericanas como *Sur*, *Marcha* y *Orígenes* habían alcanzado ya difusión continental. Ellas forman, junto con las también cubanas *Ciclón* y *Lunes de Revolución*, algunos de los ejes referenciales que las comunican con imaginarios políticos y culturales diferenciados. Así, el puente ideológico y estético de los escritores y artistas con otras revistas del continente estuvo precedido por el funcionamiento de un engrasado mecanismo de disidencias y reciprocidades, que fertilizó el terreno sobre el cual la revista cubana construiría su imagen matricial y que acabaría desplazando hacia Cuba, en un movimiento cada vez más acentuado hacia la izquierda, el foco aglutinador de escritores identificados con la Revolución. *Casa* y *Mundo Nuevo* se construyen a partir de modelos periódicos cuyas poéticas y políticas serían retomadas o negadas durante los años sesenta. Las herencias, relecturas, olvidos y recortes que estas publicaciones introducen en la historia intelectual latinoamericana delinean el conflicto entre sus características institucionales y sus rasgos de formación. Ambas surgieron bajo el auspicio económico de instituciones que buscaban espacio para la difusión de sus principios, y en ellas los intelectuales actuaron como mediadores entre la ideología y el arte. En los avatares y tensiones de sus colaboradores se siente además el peso de una experiencia que nace de la libertad y de la necesidad de manifestarse de manera personal sobre la coyuntura; se percibe una vivencia que nace de la transgresión; todos luchando contra el mutismo, narcisísticamente conscientes de que el papel escogido no es apenas el del mediador institucional que se ve obligado a convivir con la pasividad, a cambio de no perder uno de los espacios entonces privilegiados del intelectual: el de la página impresa.

Tanto *Casa* como *Mundo Nuevo* pueden ser consideradas revistas institucionales, no sólo por razones obvias de financiamiento y difusión de políticas culturales que siguen los parámetros de sus instituciones –la Casa de las Américas fundada por el gobierno de Fidel Castro, el Congreso por la Libertad de la Cultura (CLC) y el Instituto Latinoamericano de Relaciones Internacionales (ILARI)–, sino también por la heterogeneidad de sus discursos, donde el enfoque oficial convive en determinadas épocas con las prácticas personales de sus directores. Ambas revistas trazan sus líneas discursivas amparadas en conceptos de cultura diferentes, y por tanto sus ideas de intelectual se enfrentan en lo ideológico. Mientras que la primera ve la cultura en América Latina como un agente transformador de la vida social (el arte como reflejo de la sociedad), la segunda privilegia una idea liberal de cultura, que Norberto Bobbio ha considerado «básica», según la cual la fuente universal de producción cultural es la expresión individual. En principio, las imágenes de intelectual que reproducen son antiguas y no se encuentran restringidas únicamente a las publicaciones que las antecedieron. Si se afirma que dichas imágenes ya eran antiguas, cabría entonces indagar en qué medida, en el contexto de los años sesenta, estas revistas reformulan la idea de intelectual, qué existe de renovador en ellas, qué elemento nuevo traen a la literatura hispanoamericana. Ellas traen, en primera instancia, un interés por lo continental que no aparece diseñado como proyecto en sus predecesoras. Desde sus títulos, *Casa* y *Mundo Nuevo* se amplifican, se abren al continente de maneras diferentes, contrario a las imágenes locales de las revistas que se centran en el valor de construcción de lo nacional, aunque sin comprometer su identificación con lo foráneo. Apenas mencionando los títulos de algunos trabajos publicados por estas revistas se puede evaluar la significación que ambas tuvieron en el debate sobre la función de la literatura latinoamericana de aquella época. *Casa*: «Algunos aspectos del cuento», de Julio Cortázar; «Diez problemas para el novelista latinoamericano», de Ángel Rama. *Mundo Nuevo*: «Situación del escritor en América Latina» (entrevista de Emir Rodríguez Monegal a Carlos Fuentes); «Las estructuras de la narración» (entrevista de Rodríguez Monegal a Severo Sarduy). Esta cuestión estética también se manifiesta en los modelos de interpretación diferentes que cada revista privilegia. *Casa* se integró a la tradición ensayística de raíz sociohistórica, que en sus páginas estuvo representada por Ángel Rama y Ezequiel Martínez Estrada, mientras que *Mundo Nuevo* encaró la modernidad incorporando los influjos teóricos del estructuralismo y del *new criticism*. En ambas colaboraron escritores de diferentes generaciones, afines en la preocupación por el lugar y la función del arte en un mundo polarizado, aunque separados por sus proyecciones y compromisos extraliterarios.

El campo de las revistas hispanoamericanas es diverso, pero desde una perspectiva histórica, representativo de las ideas de cultura y de los conceptos de intelectual que con posterioridad se cruzarán en *Casa* y *Mundo Nuevo*. El debate sobre la función del intelectual atraviesa toda la segunda mitad del siglo xx y es abordado por las revistas más disímiles porque alude a una misma actualidad, que es la polarización del mundo en socialista y capitalista y el proceso de descolonización en África y Asia, una vez terminada la Segunda Guerra Mundial. Si para los intelectuales de la posguerra este es el referente histórico más cercano, a partir de 1959 lo será la Revolución cubana, lo cual le permite a *Casa* monopolizar el capital intelectual de la izquierda del continente, especializarse en el enfoque latinoamericanista y diferenciarse de los grupos regionales de sus predecesoras hispanoamericanas, al constituirse como una gran familia cultural latinoamericana. Esto hace que se posicione como un lugar legítimo para los intelectuales de izquierda, que ven en ella un indicador de representatividad, al divulgar desde sus páginas determinadas zonas de la literatura de América Latina. Las dos ideas de cultura que atraviesan el campo intelectual latinoamericano, y que se enfrentan a través del debate ideológico y estético, expresan la variabilidad de los modos de relación entre los productores culturales y las instituciones. Sin embargo, esos modos en que las instituciones influyeron en los discursos de sus revistas, como veremos, determinaron también la reconfiguración del campo intelectual latinoamericano de los sesenta y hoy explican, en buena medida, el interés que despiertan algunos momentos de la discusión, frontal o velada, entre *Casa* y *Mundo Nuevo*.

En la nota curricular que la revista *Casa de las Américas* elaboró para su sitio en internet (www.casa.cult.cu), se puede leer la siguiente síntesis:

> Fundada en 1960 como órgano de la institución, es una de las más prestigiosas de la lengua española y con más larga vida en el Continente: cuarenta y un años. Se define como una publicación de letras e ideas, en la que colabora lo más destacado de la intelectualidad mundial que aborda las cuestiones de la América Latina y el Caribe, y también jóvenes que se inician en la creación, la investigación literaria y el pensamiento. Temáticamente brinda especial atención a nuestra América, sin desatender otras áreas del Continente y del resto del mundo. Posee números antológicos dedicados a figuras de las artes y las letras latinoamericanas. Con una tirada actual de tres mil ejemplares, se edita trimestralmente pero se propone volver a la frecuencia bimensual con que nació. Actualmente se encuentra en fase de terminación el disco compacto que contendrá la edición facsímil de sus primeros doscientos diecinueve números, con útiles índices para su aprovechamiento informativo.

Entrando en la casa de los cincuenta, la revista se observa a sí misma desde un plano de autoridad discursiva y de prestigio intelectual que le permitiría colocarse, tanto por su longevidad como por su trayectoria, en un lugar de filiaciones geográficas y lingüísticas que la conectan con predecesoras y/o contemporáneas como *Sur, Cuadernos Americanos* o *Revista de Occidente*. A partir de esta autoconciencia sobre su centralidad, que en los últimos años se ha visto reforzada por la crítica académica que estudia las revistas como género, esta nota explicita además la preocupación por construir un lugar duradero para la memoria histórica, política y cultural americana, modernizando sus archivos y adaptándolos a nuevos formatos y modos de circulación.

Cuando en 1995 la revista conmemoraba treinta y cinco años de existencia, y siguiendo una antigua tradición epistolar entre sus páginas, el número 200 publicó cuarenta y cinco notas conmemorativas enviadas por intelectuales europeos y americanos: sorpresa al constatar que una revista latinoamericana pudiese existir por tan largo período, y gratitud por la labor realizada, marcaron el tono de todos los mensajes. Desde el exterior, vista y leída por los que acompañaron su trayectoria o se formaron con sus lecturas, *Casa* encuentra en las declaraciones de fe de sus colaboradores un espejo sobre el cual retocar su propio autorretrato: guía y modeladora del pensamiento antiimperialista, instancia crítica modernizadora del pasado americano, foro de debate, ciudad letrada, eje cronológico del calendario cultural-político latinoamericano, cronista de la Revolución cubana, principal animadora de la integración cultural del continente, formadora de generaciones. No son pocas las evaluaciones que convierten a la revista cubana en canon literario e ideológico de la izquierda intelectual. De su larga trayectoria, la primera década es la mayor responsable por esas valoraciones.

Casa se ha beneficiado no sólo de su longevidad y prestigio, sino también de la producción crítica que sigue la línea del discurso antiliberal y antiimperialista, y lo ha utilizado como soporte para crear su propia versión sobre la polémica y la campaña contra la penetración estadounidense en la cultura latinoamericana de cuatro décadas atrás. La vuelta a la discusión en 2003 entre Fernández Retamar y Carlos Fuentes refuerza la certeza de que la polémica ideológica continúa viva y que, tanto como en los sesenta, es una manifestación del modo agónico en que literatura y política entablan relaciones. A raíz de los acontecimientos políticos ocurridos en Cuba en marzo de ese mismo año –fusilamientos sumarios, periodistas en prisión–, los intelectuales europeos y latinoamericanos volvieron a la prensa mundial para posicionarse ante estos hechos. Esta vez, el gesto ya tradicional de firmar cartas y manifiestos contra la política estatal de la isla estuvo teñido por un leve matiz: escritores históricamente vinculados a la Revolución cubana, como Gabriel García Márquez y José Saramago, se dividieron entre el apoyo y la condena a las decisiones represivas de las autoridades cubanas. «Hasta aquí he llegado», la célebre frase con que el novelista portugués rescindió (temporalmente) su compromiso, sirvió para que otros artistas y escritores reafirmaran sus puntos de vista críticos dentro del clima de urgencia propio de aquel momento o decidieran redefinir sus posiciones. Siguiendo el ejemplo de Saramago, Carlos Fuentes también se adelantó a enunciar su posición: «Esta es la mía: contra Bush y contra Castro»[1]. La frase se reveló compleja al punto de reavivar la discusión en torno a las nociones de compromiso y autonomía, y estableció una continuidad con la polémica que las revistas *Casa* y *Mundo Nuevo* mantuvieron en los años sesenta. Así, en el nuevo contexto político surgió la posibilidad de volver a discutir la funcionalidad de la versión latinoamericanista-antiimperialista del modelo *engagé*.

Para fundamentar su decisión de mantenerse a raya, Fuentes reconstruye un segmento de la cronología política cubana, que parte del inicio de la Revolución y se extiende sobre el rosario de las «infidelidades» castristas que planean sobre la cultura:

---

[1] Véase Saramago 2003 y Fuentes 2003.

Yo mantengo la línea que me impuse desde que, en 1966, la burocracia literaria cubana, manipulada por Roberto Fernández Retamar para apresurar su ascenso burocrático y hacer olvidar su pasado derechista, nos denunció a Pablo Neruda y a mí por asistir a un Congreso del PEN Club internacional presidido a la sazón por Arthur Miller. Gracias a Miller, entraron por primera vez a los EE.UU. escritores soviéticos y de la Europa central para dialogar con sus contrapartes occidentales. Neruda y yo declaramos que esto comprobaba que en el terreno literario la Guerra Fría era superable. La larga lista de escritores cubanos compilada por Fernández Retamar nos acusaba de sucumbir ante el enemigo. El problema, nos enseñaba, no era la Guerra Fría sino la lucha de clases y nosotros habíamos sucumbido a las seducciones del enemigo clasista.

No fueron tan débiles razones las que nos indignaron a Neruda y a mí, sino el hecho de que el Zhdanov Retamar hubiese incluido en la lista, sin consultarles siquiera, a amigos nuestros como Alejo Carpentier y José Lezama Lima. A este hecho se fueron añadiendo otros que claramente arrogaban para Cuba el derecho de decirles a los escritores latinoamericanos a dónde ir, a dónde no ir, qué decir y qué escribir. (Fuentes 2003: en línea)

Tanto en las acusaciones de Fuentes como en la réplica que Fernández Retamar le dedicó encontramos el mismo interés por reconstruir un pasado en común, como (ex) colaboradores literarios y (ex) colegas ideológicos. A Fernández Retamar parece motivarlo, en especial, la posibilidad de volver al escenario donde transcurrieron episodios fundamentales de la polémica, en la medida en que lo autoriza a utilizar las estrategias de antaño, aquellas que Fuentes considera ilegítimas. Para desmentir las afirmaciones de este último, el cubano se detiene sobre el momento en que tal alianza fue quebrada:

En cuanto a mi «pasado derechista», ¿puede Fuentes aportar siquiera una prueba de él? Como no le será dable hacerlo, volverá a ser evidente que es un redomado mentiroso. En cambio, sobre su pasado es imprescindible que refresque algunos hechos que él ha mantenido a

buen recaudo hasta hoy. ¿Qué hacía en 1966 Carlos Fuentes? Pues era
ni más ni menos que uno de los voceros más conspicuos de la revista
Mundo Nuevo, financiada por el Congreso por la Libertad de la Cultura,
es decir por la CIA, como hoy es ampliamente conocido. (Fernández
Retamar 2003b: en línea)

Para Fernández Retamar, el vínculo con *Mundo Nuevo* continúa
siendo un estigma y un argumento ideológico de peso para desmora-
lizar a su oponente. Si se confrontaran las versiones de parte y parte,
parecería que el tiempo no había pasado para estos intelectuales. Esta
memoria rencorosa, recobrada al calor de un nuevo orden político,
ya venía precedida por el interés, esencialmente académico, en la lectura crítica de una década de plena transformación estética, política
y social. El hecho de retomar los mismos tópicos y transformar la
polémica intelectual en un ajuste de cuentas entre sus antiguos protagonistas nos dice cuán dilatada se había hecho la disputa, pero al
mismo tiempo nos avisa que el antiimperialismo continuaba siendo el
gran argumento de la Revolución, el productor tanto de las alianzas
como de los silencios intelectuales. En el nuevo contexto, Fuentes y
Fernández Retamar se comportaron como figuras políticas, asumieron roles modélicos y consiguieron que decenas de otros intelectuales
se posicionasen en torno a sus opiniones.

En tanto proyectos modernizadores de modelos intelectuales y
literarios, *Casa* y *Mundo Nuevo* se tornaron imprescindibles para
entender los sesenta en América Latina. No podemos pasar por alto
que el radio de acción de *Casa* se mantiene orientado hacia el campo
intelectual latinoamericano, y en los últimos tiempos también hacia
el exilio cubano. La publicación habanera le asignó a *Encuentro de la
Cultura Cubana* (Madrid, 1996-2009) el mismo papel de oponente
que tres décadas antes le había reconocido a *Mundo Nuevo*. De esta
última, *Encuentro* heredó la acusación de plataforma anticubana de la
CIA, al punto de que una intensa campaña en torno al origen espurio

de su financiamiento fue promovida por los medios de prensa cubanos. *Encuentro* mostró, sin embargo, que la misma Fundación Ford
que financiaba las actividades de *Mundo Nuevo* a raíz del escándalo
sobre los vínculos entre la CIA y el Congreso por la Libertad de la
Cultura (CLC), llegado el nuevo milenio ha promovido no pocas
reformas en territorio cubano, en especial la modernización de la
biblioteca José Antonio Echeverría de la Casa de las Américas[2].

La proyección política del debate establecido entre *Mundo Nuevo*
y *Casa*, así como las lecturas que lo analizan, dejan en segundo plano
otro debate igualmente central: el análisis de la disputa de las revistas
por canonizar dos modos diferentes de lo literario. Esto se encuentra
relacionado a las imágenes de intelectual que ambas promovieron: una
en que el intelectual utiliza su obra crítica para ofrecer un diagnóstico
del contexto social, y otra que en la tradición literaria latinoamericana
valoriza la imagen del intelectual que toma la escritura como legítima
en sí misma, como valor estético. Estas son las dos representaciones
que justamente *Casa* y *Mundo Nuevo* contribuyeron a perpetuar.
Por este motivo, resulta importante observar la gestión de ambas
como lugares productores de discursos polarizados, esto es, como
instancias modélicas del compromiso y de la autonomía. Este caso
particular de polarización del campo intelectual latinoamericano será
abordado desde diferentes perspectivas: los orígenes institucionales,
unidos a la configuración estructural, intelectual y discursiva de las
revistas; la polémica epistolar entre los directores de *Casa* y *Mundo
Nuevo*, así como sus ramificaciones hacia otros espacios textuales y
otros ámbitos geográficos; la idea que ellas tienen de la literatura y del
papel del intelectual, a través del análisis de los géneros «entrevista» y
«testimonio». Por último, se hace necesario comentar cómo, desde el

---

[2] Véase *Encuentro de la cultura cubana* 28/29, primavera / verano de 2003, y
en especial «Represión en Cuba»: 113-212 y el *dossier* «Financiación, totalitarismo
y democracia»: 232-262.

punto de vista teórico y crítico-literario, estas publicaciones se sitúan frente a la recepción de las literaturas nacionales, el *boom* de la nueva novela y la actualización del canon.

Sin releer estas publicaciones, la tarea de observar, analizar y comprender la complejidad de la cultura latinoamericana de los años sesenta del siglo xx quedaría incompleta. Ellas son importantes no sólo como fuentes de recuperación de la memoria cultural de nuestros países, sino también porque constituyen uno de los modos de comunicación de mayor eficacia y prestigio dentro del campo intelectual latinoamericano de aquella época. A través de las mismas se difundieron los cambios ideoestéticos y la forma en que éstos se manifestaron en la literatura del continente; además, las revistas fueron una importante tribuna para la polémica. *Casa* y *Mundo Nuevo* agruparon a grandes escritores y artistas comprometidos no sólo con la transformación del pensamiento estético de la época, sino también con la acción política; ambas constituyen, por último, un punto de partida para el estudio de la configuración de los grupos intelectuales de los años sesenta, y de la particular disputa que se generó entre los mismos.

LAS REVISTAS Y SUS INSTITUCIONES

EL CONGRESO POR LA LIBERTAD DE LA CULTURA

El Congreso por la Libertad de la Cultura se reunió por primera vez en Berlín, en 1950, con el objetivo de agrupar a la intelectualidad europea y norteamericana bajo las banderas del anticomunismo y la libertad de expresión. Su «Manifiesto a los hombres libres» fue redactado por el escritor Arthur Koestler, e incorporó catorce puntos basados en la evidencia de que «la libertad de opinión es uno de los derechos inalienables del hombre», ya que «el hombre que no tiene derecho a decir «no» es un esclavo»[1]. Por otro lado, la idea del fin de las ideologías y la crítica al historicismo fueron centrales en todas las actividades desarrolladas por el Congreso.

Ante las intensas campañas por la paz desarrolladas por el bloque soviético, y temeroso de las adhesiones filocomunistas más allá del Este europeo, el gobierno estadounidense apoyó de manera generosa la iniciativa de Koestler, Sydney Hook, James Burnham, Irving Brown y Melvin Lasky de realizar un evento que contrarrestase

---

[1] Véase Coleman 1989, donde se presenta la fundación del CLC como el primer gran momento de la posguerra en que los intelectuales anticomunistas, liberales, socialdemócratas y de la nueva izquierda se organizan en torno a una plataforma ideológica opuesta a los modos de intervención de la política soviética en la vida cultural. Para Coleman, antes de la existencia del CLC estos intelectuales vivían «in an intellectual no man's land». Sobre la historia del CLC véase también Grémion 1988 y 1995.

en el orden mundial la propaganda pacifista proveniente del lado oculto por la Cortina de Hierro. En el discurso inaugural, frente a un auditorio de 4 000 personas, Koestler y el italiano Ignazio Silone arengaron en favor de la democracia occidental e invitaron a los intelectuales a abandonar el gesto contemplativo ante la Unión Soviética. El congreso sesionó durante cinco días y contó con la presencia de 118 intelectuales de 21 países. Fueron invitados ex prisioneros del comunismo y del fascismo, además de miembros de la Resistencia. De América Latina apenas participaría el escritor colombiano Germán Arciniegas. Con esto, el Congreso se consideraba a sí mismo dueño de una misión antifascista y anticomunista, se oponía al macartismo y reclamaba hacia sus filas a los librepensadores más activos, quienes al mismo tiempo se veían como miembros de la izquierda. Además del protagonismo que en esta primera edición del Congreso tuvieron Koestler y Silone, figuras como Raymond Aron y Manès Sperber también fueron determinantes para la configuración discursiva del evento. Discrepante con las filiaciones de la izquierda francesa de posguerra, Aron criticaba además las «imposturas de la neutralidad» del comunismo en el Este europeo, mientras que Manès Sperber (quien había trabajado en el Ministerio de Información durante el mandato de André Malraux) ha sido señalado como coautor más o menos soterrado del Manifiesto.

El temario del Congreso cubrió discusiones sobre la libertad, el totalitarismo y la responsabilidad de los intelectuales, y bajo estos tres puntos se formalizó su plataforma institucional. Durante una conferencia organizada en el mismo evento quedó constituido el CLC mundial, cuyos presidentes de honor fueron los filósofos Benedetto Croce, John Dewey, Karl Jaspers, Jacques Maritain y Bertrand Russell. El CLC estuvo representado en 35 países, y se articulaba a través de seis áreas, las cuales comprenden el grupo de los presidenciales arriba mencionados, el Comité Ejecutivo (Irving Brown, Arthur Koestler, Eugen Kogon, David Rousset, Ignazio Silone, Stephen

Spender y Denis de Rougement como presidente), el Secretariado Internacional con sede en París (Michael Josselson, Nicolas Nabokov y François Bondy), que se ocupaba de elaborar los programas de acción y de reclutar colaboradores, además de los comités nacionales y un vasto grupo de publicaciones.

Antes de entrar de lleno en el escenario cultural-político latinoamericano, el Congreso había sido pensado como «el movimiento» de la ofensiva liberal contra el comunismo, por lo que gozó de un período inicial de creatividad y expansión. Organizó seminarios, protestas internacionales contra la opresión a los intelectuales, festivales, y dio refugio a escritores y artistas del bloque comunista. Revistas como *Encounter* (Inglaterra), *Preuves* (Francia), *Tempo Presente* (Italia), *Cuadernos* (América Latina), *Quest* (India) y *Quadrant* (Australia) conformaron el primer catálogo periódico de la institución, junto a otras no literarias (*Soviet Survey, Science and Freedom*), o informativas (*Forum Service*). A partir de 1964 y hasta 1968 surgen nuevas revistas –*China Quarterly, Minerva, Censorship, Transition*–, y se crean las condiciones para organizar una comunidad mundial que incluiría a los países del Tercer Mundo, cuya visibilidad se había ampliado a partir de la repercusión internacional de la Revolución cubana y de las guerras de liberación en África.

CUADERNOS POR LA LIBERTAD DE LA CULTURA

Un año antes de comenzar a editar *Cuadernos* (1953), Julián Gorkín –ex Gómez, un español exiliado, combatiente de la guerra civil en su país natal, antiguo fundador del Partido Comunista Valenciano y autor del libro *Cómo Stalin mató a Trotsky*– había salido de gira por América Latina con la misión de explorar la posibilidad de establecer una red de comités nacionales. Chile, Uruguay, Brasil, México, Cuba, Colombia, Ecuador y Venezuela fueron escogidos para abrir sedes locales, que aparentemente serían recibidas con gran entusiasmo en cada país. En 1954, sin embargo, los Estados Unidos habían intervenido militarmente en Guatemala y derrocado al presidente Jacobo Arbenz, avivando el espíritu antiestadounidense en toda la región. Si en Chile los esfuerzos de Gorkín fueron reconfortantes para la organización, en Uruguay, México y Brasil no dieron grandes resultados; en Cuba, por otra parte, según Coleman, «the committee had fallen under the control of reactionaires and had to be reconstituted».

Para el CLC, «nuestro hombre en La Habana» fue Jorge Mañach, cuya reputación intelectual se transformaría en una carta marcada inmediatamente después que triunfa la Revolución. La onda expansiva de entusiasmo que Cuba irradió hacia el sur del continente le ofreció al CLC las pruebas sobre su influencia casi nula, en especial con la adhesión masiva de la juventud a la Revolución naciente y al liderazgo de Fidel, por lo que se hacía necesario ensayar una nueva ruta en su política institucional. El congresista Michael Josselson lanza entonces el lema «Fidelismo sin Fidel», «Revolution without Dictatorship», que apelaba fundamentalmente a los jóvenes y a la izquierda no comunista. El editor, crítico y novelista norteamericano Keith Bostford es enviado junto con Luis Mercier Vega para reorganizar las sedes del Congreso en el continente: reestructuran la revista *Cadernos Brasileiros* (que era publicada en Rio de Janeiro desde 1959), fundan otra llamada *Temas*, en Montevideo, y acuerdan con Emir Rodríguez Monegal la aparición de una nueva revista. Ella sustituiría a *Cuadernos*, cuya desaparición en 1965 se debió al hecho de no estar en sintonía con los nuevos tiempos de dictaduras y guerrillas. Hasta 1961 *Cuadernos* mantuvo una periodicidad bimestral, pero a partir de entonces la presencia de la Revolución cubana una vez más señaló al CLC la necesidad de proyectar sus urgencias en una revista mensual que, en lugar de continuar apostando a nombres sagrados y anacrónicos dadas las circunstancias (Rómulo Gallegos, Salvador de

Madariaga y Gilberto Freyre entre ellos), captase colaboraciones de jóvenes sobre temas contemporáneos. Bajo la dirección de Gorkín, la revista había comenzado reimprimiendo artículos provenientes de otras publicaciones del Congreso, sobre todo de la francesa *Preuves*, y además había apoyado a emigrados de la guerra civil española. Aun cuando en 1963 su dirección quedó bajo los cuidados de Germán Arciniegas, *Cuadernos* no consiguió centralidad cultural. Con un centenar de números en su colección, la revista cierra cuando el Congreso decide actualizar su política y modificar sus formas de intervención en el espacio intelectual de América Latina.

El Congreso por la Libertad de la Cultura y la CIA

Cuando fue inaugurado en Berlín, uno de sus fundadores, Michael Josselson, se desempeñaba como oficial de la agencia de inteligencia estadounidense. En etapas sucesivas llegó a ser Secretario Administrativo, Secretario del Comité Ejecutivo y Director Ejecutivo de la institución. El ingreso regular de fondos a la organización se daba a través de la International Organizations Division, de la CIA. La misma recurría a fundaciones ya existentes o creadas para tales fines. Para el CLC, la Fundación Farfield fue la primera encargada de esta función; la fundación había sido inscrita en Nueva York en enero de 1952 como una organización sin fines lucrativos, y era dirigida por Julius Fleischmann, un magnate del patrocinio cultural cuyo excelente currículo hacía plausible el origen de los fondos del CLC. Aunque no fue hasta la década siguiente que el escándalo CIA/CLC se tornó público, desde sus comienzos las sospechas sobre el dinero que lo sustentaba circularon de manera incesante, al punto de que se hizo necesario convencer a muchos intelectuales de que el Congreso no era «an American secret service agency». Entre 1963 y 1967 el CLC pasa a operar bajo la sospecha y el escándalo cuando sus vínculos con

la CIA y el repudio multitudinario a la guerra de Vietnam arrasan
con su reputación, obligando a sus dirigentes a buscar nuevas formas
de obtener recursos. A pesar de que todos sus esfuerzos estuvieron
encaminados a protegerse del escándalo, el Congreso no consiguió
resistir a las evidencias sin antes sufrir lesiones. Se cerraron revistas, se
recortaron los gastos, se eliminaron programas y se trató de encontrar
nuevos fondos, ahora de la Fundación Ford.

En agosto de 1964, *The New York Times* publica un informe
redactado por el diputado estadounidense Wright Patman, en el cual
demuestra que desde 1959 la fundación J. M. Kaplan era financiada
por la CIA a través de otras fundaciones privadas que asumían la
función de «fachadas culturales». Al mes siguiente, el día 14 de septiembre, el semanario neoyorkino de izquierda *The Nation* cuestiona
la legitimidad de las funciones de la CIA al financiar órganos de
opinión supuestamente independientes. A partir de entonces, *The
New York Times* asume una investigación sobre las actividades de la
agencia norteamericana en el mundo, y al cabo de siete meses lanza
una serie de cinco artículos que desatarían no sólo un gran escándalo
internacional, sino también desestabilizarían la hasta entonces segura
y secreta base económica del CLC. Antes de ser publicados, los textos
fueron sometidos a negociaciones semánticas con la propia agencia de
inteligencia norteamericana, que propuso algunas correcciones. Una de
ellas sugería omitir de los textos las alusiones al «mecenazgo de la CIA».
Sin embargo, el diario neoyorkino no atendió a todos los pedidos, y en
el tercer artículo, publicado el 27 de abril de 1966 revelaba: «Through
similar channels, the CIA has supported groups of exiles from Cuba
and refugees from Communism in Europe or anti-Communist but
liberal organizations of intellectuals such as the Congress for Cultural
Freedom and some of their newspapers and magazines».

Si la cuestión del levantamiento de fondos a través de la CIA había
sido tempranamente resuelta, los dirigentes del CLC tenían la certidumbre de que si tal conexión se tornase pública, perderían una legión

de preciosos aliados. A pesar de ello, fue justamente el origen secreto del dinero que promovía eventos y publicaciones lo que más y mejor contribuyó a silenciar las conciencias, y a crear en torno a los intelectuales «a culpable incuriosity». Según Coleman, lo que en 1950 Michael Josselson percibió como necesario y deseable en los años sesenta había comenzado a ser visto como siniestro. Así, el fundador más activo del Congreso se dio a la tarea de garantizar nuevos contactos a su organización a través de la Fundación Ford, cambiar su nombre oficial –a partir de 1967 se llamó Asociación Internacional por la Libertad de la Cultura– e instar a su conjunto de revistas a desgajarse del tronco ilegítimo de la CIA, para sobrevivir de manera independiente mediante el soporte de fundaciones privadas. Surge entonces el ILARI, nueva rama dorada del antiguo departamento latinoamericano del CLC y futuro patrocinador de la también futura *Mundo Nuevo*. El ILARI es fundado por el propio Michael Josselson y dirigido desde París por Luis Mercier Vega; ocupó las antiguas sedes del CLC en América Latina, excepto las de México y Colombia, que fueron cerradas, y abrió nuevas oficinas en Paraguay y Bolivia. A través de la Fundación Ford, el CLC destinó al ILARI un presupuesto de 264 500 dólares para financiar su catálogo de publicaciones, siendo *Mundo Nuevo* la que obtuvo la mayor subvención: 80 000, seguida por *Aportes* (30 000), *Cadernos Brasileiros* (30 000) y *Temas* (5 000). Finalmente, el gremio anticomunista y liberal asentado en el Congreso había encontrado un «estilo fresco» y un modo más dinámico de actuar.

Si bien en el Oriente Medio la reacción contra las conexiones secretas del CLC fue violenta (editores amenazados, residencias incendiadas), al punto se sembrar la desconfianza en la región, en Occidente todavía muchos intelectuales se negaban a aceptar las evidencias; algunos inclusive llegaron a suscribir una carta enviada por líderes del CLC a *The New York Times*, en la cual afirmaban de manera categórica, «that we have no question regarding the independence of [the Congress's] policy, the integrity of this officials or the value of its contribution». Sin embargo, el descrédito se multiplicó con las traducciones y reimpresiones de los cinco artículos en periódicos europeos y latinoamericanos, por lo que las negociaciones con la Fundación Ford fueron aceleradas al punto de que, ya en agosto del propio 1966, la emisión de una nueva partida de nacimiento se hacía inminente para la sobrevivencia del espíritu liberal de un congreso que, en medio de tantas dificultades, continuaba apostando a la importancia de su misión para «el futuro del mundo libre». Así, las negociaciones se cierran sobre la base de una nueva (id)entidad, que incluía un cambio de nombre, de líder y de junta directiva[2]. El monto de los nuevos fondos que la Fundación Ford garantizaría durante los primeros cinco años fue de $4 650 000[3].

No obstante la rapidez con el que CLC resolvió desligarse de su antigua fuente de ingresos, la prensa norteamericana, estimulada por el ejemplo de *The New York Times*, continuó excavando los cada vez más subterráneos pasajes que comunicaban a la CIA con los intelectuales y con otras organizaciones no gubernamentales, dando lugar a otra serie de artículos y denuncias, cuyo punto más álgido fue alcanzado con la revelación hecha por la revista *Ramparts*, de San Francisco, sobre la ayuda financiera de la agencia de inteligencia a la National Student's Association (NSA), en pleno auge de la guerra de Vietnam.

Mientras tanto, en América Latina la antigua revista *Cuadernos* había desaparecido, y en medio de una intensa ola de estigmatización

---

[2] El antiguo Comité Ejecutivo fue reemplazado por ocho nuevos miembros (Galbraith y Oppenheimer, de Estados Unidos; Alan Bullock, de Inglaterra; Countess Doenhoff, de Alemania, Cosío Villegas, de México; W. Arthur Lewis, de Jamaica; J.P. Narayan, de la India, y Soedjatmoko, de Indonesia), bajo la dirección de Raymond Aron.

[3] Ese valor fue distribuido de la siguiente forma: $1 300 000 para 1968; $1 100 000 para 1969; $900 000 para 1970; $750 000 para 1971, y $600 000 para 1972.

que convertiría a los «culpables no curiosos» miembros del CLC en «agentes de la CIA», el radicalismo de la izquierda revolucionaria liderada desde Cuba movilizaría todas sus fuerzas contra una nueva tentativa: la revista *Mundo Nuevo*.

Mundo Nuevo

La colección de *Mundo Nuevo* consta de 58 números que tradicionalmente han sido agrupados en dos etapas. La primera (número 1, julio de 1966, a número 25, julio de 1968) estuvo a cargo de Emir Rodríguez Monegal y tuvo como jefe de redacción tuvo a Ignacio Iglesias, mientras que Tomás Segovia y después César Fernández Moreno asumieron la asistencia de dirección. El financiamiento corrió a cargo del CLC hasta que en 1966 el ILARI actuó como mediador entre la revista y la Fundación Ford. Desde el primer número, *Mundo Nuevo* registra sus vínculos con el ILARI en una breve nota que aparecerá a lo largo de toda la colección. Los agentes distribuidores se encontraban parcialmente garantizados por la antigua agenda del CLC, que ya tenía una amplia red de acceso a librerías de diferentes países de Europa (España, Francia, Alemania, Bélgica, Italia, Holanda, Inglaterra, Portugal), América Latina (Argentina, Bolivia, Brasil, Colombia, Costa Rica, Chile, Ecuador, México, Paraguay, Perú, El Salvador, Uruguay, Venezuela, Guatemala, Honduras, Nicaragua, Panamá, Puerto Rico, República Dominicana, Chile), además de los Estados Unidos e Israel.

Durante la segunda etapa (número 26-27, agosto-septiembre de 1968, a número 57-58, marzo-abril de 1971) *Mundo Nuevo* fue coordinada por el sociólogo argentino Horacio Daniel Rodríguez, quien designó un equipo de representantes regionales para captar colaboradores y recopilar materiales desde la zona andina (Ana María Portugal), Bogotá (José Pubén), México (Iván Restrepo Fernández),

Brasil (Afranio Coutinho) y el Río de la Plata (Carlos Begue). La secretaría de redacción continuó a cargo de Ignacio Iglesias.

Completamente editada en París, la revista debía adecuar sus plazos de producción a la distancia y el tiempo que le tomaba llegar a América Latina, por lo que los números se imprimían con dos meses de antelación a la fecha en que deberían estar en el continente. A partir de julio de 1968, cuando el nuevo director se desplaza a Buenos Aires, su circulación y comercialización no mejorarían lo esperado. Además, la administración y los servicios técnicos continuaron en París, lo cual le reportaría a la revista los únicos cuatro números dobles de toda su colección. El promedio de 96 páginas por número apenas saltó a 128 en dichas entregas[4].

El formato de 25,5 x 18,5 cm fue el mismo utilizado por *Cuadernos*, y sus diseñadores, Colin Bank y John Miles, eran también los responsables del estilo familiar a otras publicaciones del Congreso. Utilizando siempre un color diferente para la portada de cada edición, pero también manteniendo siempre el mismo estilo de presentar los textos de cada número en grandes llamadas de portada, *Mundo Nuevo* es fácilmente reconocible, pero gráficamente no le regala al lector grandes atractivos. A pesar de esto, sus primeros 25 números incluyeron, como preocupación personal de Emir Rodríguez Monegal, ilustraciones de artistas plásticos latinoamericanos y europeos[5]. El espacio

---

[4] Número 26-27, agosto-septiembre de 1968; número 39-40, septiembre-octubre de 1969; número 51-52, septiembre-octubre de 1970; número 57-58, marzo-abril de 1971. Por lo general los números dobles coinciden con el período de vacaciones del cronograma de las imprentas francesas, menos el primero, que debió adecuarse a los atrasos provocados por una huelga obrera.

[5] Artistas publicados en *Mundo Nuevo*: José Luis Cuevas, Wifredo Lam, Toño Salazar, Julio Le Parc, Héctor Cattólica, Sérgio de Camargo, Aubrey de Beardsley, Pablo Picasso, Copi, Ramón Alejandro, Rodolfo Nieto, Federico Viles, Castaño, Michelangelo Antonioni (foto de *Blow-Up*), Héctor Sapia, Leonor Fini, Adela Caballero, Ronaldo de Juan, Juan Colina, Federico Viles, Jesse Fernández (fotos de graffitis mayas), Jules Feiffer, Nelson Blanco, Larry Bell.

reservado a la publicidad, así como la reiteración de algunos nombres en revistas como *Cadernos Brasileiros* o *Preuves*, revelan los contactos institucionales de *Mundo Nuevo* con centros académicos y con revistas del CLC, aunque también anunció otras, culturales y literarias[6]. La promoción de libros selló sus lazos con las editoriales más productivas y representativas del momento, sobre todo en España y Argentina[7].

Mundo Nuevo organizó sus espacios en función de la afluencia de colaboraciones. Los textos literarios o crítico-valorativos, las entrevistas con escritores y artistas, ocuparon durante la primera época las primeras páginas, mientras que los documentos, testimonios e informaciones generales se mantuvieron menos visibles. Con la entrada de Horacio Daniel Rodríguez el orden y la frecuencia de las secciones se tornan más inestables, y pasaron a depender del contenido de los

---

[6] Revistas que anuncian en *Mundo Nuevo* en la primera etapa: *La Torre* (Puerto Rico), *Revista Hispánica Moderna* (Hispanic Institute, Columbia University), *Papeles de Son Armadans* (España), *Preuves* (CLC, Francia), *Aportes* (ILARI), *Insula* (España), *Neues Forum* (Alemania), *Eco* (Colombia), *Temas* (ILARI, Uruguay), *Encounter* (CLC, Inglaterra), *Sur* (Argentina), *Zona Franca* (Venezuela), *Tempo Presente* (CLC, Italia), *Cuadernos Hispanoamericanos* (España), *Cadernos Brasileiros* (CLC, Brasil), *Anales de Sociología* (España), *le point* (Bélgica), *Revista de Occidente* (España), *Asomante* (Puerto Rico), *Revista Iberoamericana* (Instituto Internacional de Literatura Iberoamericana, Pittsburg). En la segunda fase la mayoría de estos anunciantes se mantiene, otros desaparecen y en su lugar entran: *Sin Nombre* (Puerto Rico), *Quaderni Iberi-Americani* (Italia), *Razón y Fábula* (Colombia), *Diálogos* (México), *Artes hispánicas / Hispanic Arts* (Indiana University), *Cormorán y delfín* (Argentina), *Revista Paraguaya de Sociología, Suplemento Antropológico de la Revista del Ateneo Paraguayo, Davar* (Argentina), *Revista de Ciencias de la Educación* (Argentina).

[7] Editoriales que anuncian en la primera época de Mundo Nuevo: de España, Taurus Ediciones, Ediciones de la Revista de Occidente, Ediciones Guadarrama, Editorial Seix Barral, Editorial Gredos, Ediciones Aguilar (España / Argentina), Editorial Blume, Editorial Paidós, Alianza Editorial; de Argentina, Editorial Sur, Editorial Sudamericana, Editorial Losada; de México, Editorial Joaquín Mortiz, Ediciones Oasis; de Uruguay, Editorial Alfa; de Francia, Éditions Gallimard.

materiales publicados, lo cual significaba que las rúbricas de cada sección eran al mismo tiempo palabras-clave de carácter temático o genérico. Las que más aparecen son: «Indagaciones», «Testimonios», «Polémica», «Opiniones», «Relatos», «Valoraciones», «Poesía», «Relecturas», «Libros» y, de forma permanente, «Sextante».

La revista del ILARI tuvo en «Sextante» una sección para recortar y construir su propia versión del mundo cultural y político latinoamericano. Menos irónica, menos graciosa en su estilo, menos atractiva en su diseño que la sección «Al pie de la letra» de *Casa*, «Sextante» permaneció más atenta al entorno de la lengua, sobre todo a la producción editorial, a las traducciones y a los desplazamientos de la nueva novela de un continente a otro –de ahí su nombre marinero. Desde este espacio *Mundo Nuevo* también criticó las posiciones cubanas, se defendió o contraatacó cuando cualquier gesto político proveniente de la isla los cubría con la sospecha que los escándalos del CLC y la CIA habían atizado.

La frecuencia con que en su segunda época *Mundo Nuevo* utiliza la provocación y la polémica enfatiza, por sobre lo literario, el estilo tribunicio de su discurso. Amplias discusiones sobre la literatura cubana[8] e hispanoamericana[9], y sobre el latinoamericanismo[10], ocupa-

---

[8] MN 39-40: Filiberto Díaz, «Cuba y su literatura» (83-86). MN 41: José Mario, «La narrativa cubana de la Revolución» (75-78).

[9] MN 33: Fernando Aínsa, «Algo más que un cohete-señal» (71-74); Alejandro Lora Risco, «Sobre una polémica de fuste: nota azorante» (75-79); Leonilda J. León, «Algunas objeciones a «Novelas y novelistas de hoy»» (80-82). MN 34: Antonio Pagés Larraya, «Tradición y renovación en la novela hispanoamericana» (76-82); Guillermo de Torre, «Para una polémica sobre la nueva novela» (83-85); Moisés Ladrón de Guevara, «En torno a la nueva novela latinoamericana» (86-87). MN 35: Ignacio Iglesias, «Crítica a unos críticos» (53-56). MN 42: Jorge Cornejo Polar, «Acerca de la liberación y la creación» (31-40); G. R. Coulthard, «La enajenación en las letras latinoamericanas» (41-44); Ricardo Cano Gaviria, «El lenguaje del crítico» (45-52).

[10] Los números 36, 37 y 38 estuvieron consagrados al debate en torno las diferentes interpretaciones del latinoamericanismo. MN 36: Afranio Coutinho,

ron el grueso de las ediciones, mientras que las literaturas nacionales (Perú, Uruguay, México, Bolivia, Paraguay, Chile, Cuba) recibieron cobertura crítica a través de ensayos, reseñas, valoraciones y breves antologías[11]. Si bien en esta segunda fase el reclutamiento de colaboradores se organizó a través de los representantes regionales y las grandes figuras literarias de la primera época desaparecieron junto con Rodríguez Monegal, entre 1966 y julio de 1968 la revista se había distinguido por sus breves entregas de jóvenes revelaciones. Anticipaciones de las premiadas novedades latinoamericanas, rostros que se hacían familiares en las solapas de Seix Barral y en la sección literaria de *Le Monde*, los colosos de la literatura argentina; todos parecían salir por primera vez (y al mismo tiempo) a la superficie. ¿Pero cómo Rodríguez Monegal conseguía hacer semejante revista

---

«¿Qué es América Latina?» (19-20); Gino Germani, «América Latina existe, y si no habría que inventarla» (21-23); Gilberto Freyre, «Condiciones etnoculturales en América Latina» (24-27); Norberto Rodríguez Bustamante, «El interrogante y la respuesta de Afranio Coutinho» (28-34); Jean Casimir, «La unidad latinoamericana» (35-38). MN 37: Eugenio Chang Rodríguez, «América Latina: su nombre y unidad» (42-46); Alberto Ciria, «Respuesta a Afranio Coutinho» (47-49); Domingo M. Rivarola, «¿Existe América Latina?» (50-54). MN 38: Luis Mercier Vega, «El incesante descubrimiento de América Latina» (19-22); Raúl Vera Ocampo, «¿Complejo generacional en la nueva novela latinoamericana?» (79-87).

[11] MN 31: Julio Ortega, «El minero en la novela peruana» (44-58); Hugo Emilio Piedemonte, «Noticia sobre la nueva poesía uruguaya» (73-77); «Antología breve» (78-83). MN 32: Salvador Reyes Nevares, «La novela de la Revolución mexicana» (4-9). MN 33: Raúl Teixidó, «Ensayo de aproximación a la actual novela boliviana»(p. 30-34); Roque Vallejos, «Paraguay: Tres generaciones poéticas» (54-49); «Antología breve» (60-70). MN 35: Alejandro Lora Risco, «La poesía chilena de una nueva generación» (69-70); «Antología breve» (71-75). MN 38: José Mario, «Novísima poesía cubana» (63-69); «Antología breve» (70-73). MN 55: María Teresa Medeiros Anaya, «El cuento en Bolivia» (31-40); Oscar Rivera Rodas, «La narrativa joven boliviana» (41-48). MN 56: Alicia Galaz y Oliver Welder, «Norte Grande de Chile: Poesía actual» (57); «Antología breve» (58-77).

con fondos de una organización anticomunista, y aun así contar con
tan ilustres colaboradores?[12]

Un crítico en marcha hacia un mundo nuevo

Entre 1944 y 1957, Rodríguez Monegal dirigió en tres ocasiones[13]
la sección cultural de *Marcha*, entonces el semanario de actualidad
más influyente del Uruguay. A él se le debe la nueva concepción
de la crítica que se instaura en América Latina, y que escindió las
líneas editorial y cultural del semanario: la cultural siguió un rumbo
más esteticista y la editorial el camino del izquierdismo liberal. Su
actuación durante etapas más o menos intermitentes y prolongadas
entre 1944 y 1957 marca la sintonía de textos, autores y críticos con
la revista *Sur*. Es a través de la relación personal y de la comunión
literaria casi total con Jorge Luis Borges que esta transferencia se
realiza, y marca la influencia de la revista porteña sobre otras publicaciones. Rodríguez Monegal ve en Borges a un guía, a uno de los
mayores poetas de la lengua, y bajo su magisterio lee a los autores
estadounidenses y europeos publicados en *Sur* o en su editorial. De

---

[12] La División de Manuscritos del Departamento de Libros Raros y Colecciones Especiales de la Universidad de Princeton custodia los «Emir Rodríguez
Monegal Papers»: 23 cajas de documentos, de las cuales 16 contienen la correspondencia que el crítico uruguayo mantuvo entre 1965 y 1968 con escritores, artistas,
editores, profesores y críticos de los Estados Unidos, América Latina y Europa. A
juzgar por la lista de nombres disponible en Internet, el catálogo completo de colaboradores de *Mundo Nuevo* mantuvo contacto directo con Rodríguez Monegal.
Esto apunta, por otro lado, a su modo personal de preparar las entregas, diferente
del que se activaría en la segunda fase de la revista, cuando los representantes
regionales tuvieron mayor libertad para introducir autores. Véase <http://libweb.
princeton.edu/libraries/firestone/rbsc/aids/monegal.html>.

[13] De 1944 a 1947; del 17 de diciembre de 1948 al 27 de abril de 1949; y del
9 de abril de 1950 hasta 1957.

ellos parte la inspiración para fundar en *Marcha* la columna de registro bibliográfico «Letras inglesas», que mantuvo durante algunos de sus períodos como director del suplemento. Allí publicó las «Notas para una definición de la cultura», de Eliot (para quien el arte no tiene nada que ver con la política), pero también a Ezequiel Martínez Estrada, Adolfo Bioy Casares, José Bianco y Juan Rodolfo Wilcock, al tiempo que tradujo o hizo traducir textos de autores en buena medida responsables por la formación de las técnicas narrativas de los escritores del *boom*: Proust, Sartre, Kafka, Faulkner, Hemingway, Joyce, Woolf, James.

A pesar también de no abrir mucho espacio para los jóvenes escritores uruguayos, Rodríguez Monegal publicó poemas de Idea Vilariño y de Mario Benedetti; reseñó a Juan Carlos Onetti y, no muy elogiosamente, a Felisberto Hernández. La inflexión cosmopolita y la tónica culturalista de los años del «emirato» –es así como, según Pablo Rocca, los propios uruguayos han caracterizado este período– no podrían traducirse en descuido frente a la búsqueda de la tradición crítica de América Latina en los libros de Pedro Henríquez Ureña, Amado Alonso y Pedro Salinas, pero fundamentalmente en José Enrique Rodó. Su postura crítica hace que se coloque al margen de los enfoques ideológicos que relacionan lo social y lo político con lo literario. «En política soy muy ignorante», declaró cierta vez en una entrevista décadas más tarde, aun cuando su participación en *Mundo Nuevo* muestre que no fue exactamente así.

Bajo su último período en *Marcha*, entre 1950 y 1957, estimuló la discusión intelectual al punto de publicar veintiuna polémicas, de las cuales participaría en doce, anticipando algunos de los puntos que caracterizarán la fase posterior del semanario: el cruce de los discursos histórico, sociológico, político y literario, que en su caso aparecerán plegados durante toda su trayectoria vital a la creencia de que la independencia de la literatura es el primer compromiso que le corresponde mantener al escritor:

Alguno pide que la página se ponga de inmediato al servicio del antiimperialismo y clama por una cruzada contra esos bárbaros del Norte, olvidándose que como descendientes de españoles, descendemos también de esos bárbaros que destruyeron el imperio Romano y (además) los grandes imperios precolombinos de América […] La cuestión de la cédula de identidad, del pasaporte o de otros requisitos del estado civil no puede parecer primordial a ningún crítico. Un autor no es mejor (ni peor) por ser compatriota. Ni lo es, tampoco, por correligionario (o adversario). Ni lo es, en fin, porque pertenezca a un país con cuya orientación internacional se esté (o no) de acuerdo.

Consecuentemente a este principio esta página ha elogiado o censurado a católicos y comunistas, a anárquicos y a socialistas, a rusos y a norteamericanos. Proceder de otra manera es instaurar el Index; es repetir el expurgo que el Estado soviético practica en el arte nacional ruso […] es incurrir en la discriminación ideológica que se realiza en los Estados Unidos y uno de los episodios más vergonzosos es la persecución de los escritores y artistas comunistas en la industria cinematográfica de Hollywood.

Es cierto que para el crítico literario toda consideración estética de una obra debe realizarse teniendo en cuenta únicamente sus valores literarios […] Otra preocupación de esta página es la literatura actual. No obedece […] a una comezón de novedades o a un capricho de la moda. La única verdadera forma de interesarse por la literatura es interesarse por lo que se está creando ahora […] (Rodríguez Monegal 1952: 14-15)

Este texto muestra la importancia de *Marcha* en la formación crítica de Rodríguez Monegal; aquí podrían encontrarse algunas de las claves de su presencia en *Mundo Nuevo*, así como de sus lecturas canónicas de la nueva narrativa latinoamericana de esos años.

En 1957 Ángel Rama lo sustituye en la dirección del suplemento cultural, tras un prolongado período de investigación de Rodríguez Monegal en Londres. El semanario asume entonces un nuevo discurso ante la cultura, desactivando la práctica estilística como método crítico y la anglofilia que caracterizó a su predecesor como un importador cultural. A lo anterior se sumaba su interés por la literatura hispanoamericana emergente, lo cual se constata en sus escritos sobre el tema, tanto en *Marcha* como en *Número* (1945-1964), la revista que fundó y editó en Montevideo (1949-1955; 1963-1964) junto con Manuel Claps, Idea Vilariño, Sarandy Cabrera y Mario Benedetti, posteriormente recogidos en los volúmenes *Narradores de esta América* (Rodríguez Monegal 1969). *Número* fue calcada sobre los rasgos del grupo que la creó, rasgos que con posterioridad aparecerán en *Mundo Nuevo*, en especial su inflexión académica, el rigor de los análisis críticos, el predominio de los temas literarios, la actitud cosmopolita y la defensa de la independencia personal.

Durante toda la década del cincuenta, los recortes de las literaturas de lengua española, francesa e inglesa hechos por *Sur*, *Número* y *Marcha* son bastante similares: Alfonso Reyes, Enrique Anderson Imbert, Juan Ramón Jiménez, Ernesto Sábato, Pablo Neruda, José Bianco, Pedro Salinas, Juan Goytisolo, Jorge Luis Borges, Adolfo Bioy Casares, T. S. Eliot, Albert Camus, George Orwell, Roger Caillois, Tennessee Williams, Raymond Queneau, Henry Miller. Las lecturas de sus colaboradores (incluyendo al propio Rodríguez Monegal) abarcaban tanto el personalismo cristiano de la revista francesa *Esprit* como el existencialismo del compromiso sartreano de *Les Temps Modernes*; también la *Nouvelle Revue Française*, *Horizon*, *Cuadernos Hispanoamericanos* y, desde luego, *Sur*. Estas publicaciones ponen a Rodríguez Monegal en contacto con una línea de compromiso intelectual que excluye la filiación partidaria; se presentan como opciones, como espacios de libertad que de algún modo contribuyen a reforzar, más allá de las tendencias ideológicas dominantes (existencialismo, marxismo) su estilo liberal. El hecho de no manifestarse con entusiasmo sobre la Revolución cubana aleja a Rodríguez Monegal definitivamente de *Marcha*, que se actualiza tomando como referencias el marxismo y la sociología[14].

---

[14] Para Claudia Gilman, «la mayor homogeneidad o armonía entre la zona política y la zona cultural del semanario no se produce, por eso mismo, sino a

Bajo la dirección de Ángel Rama, *Marcha* le da una nueva inflexión
al eje literatura-sociedad privilegiando el latinoamericanismo (se le
pide a los críticos que den cuenta de «la especificidad de la literatura
latinoamericana») y tomando como fuentes críticas el marxismo,
la sociología y la antropología en un momento en que, antes del
triunfo cubano, todavía se dudaba de la eficacia de la lucha armada.
En diciembre de 1960 Rama publica el ensayo «La construcción de
una literatura», donde reafirma los vínculos cada vez más estrechos
entre literatura y política, situando al escritor latinoamericano en
la línea del compromiso sartreano y enfocando los acontecimientos
cubanos como catalizadores de la actividad creadora. Así, a partir de
1961 inaugura el apartado «Letras de América», en el cual presenta
Los premios, de Julio Cortázar, al tiempo que comienza a escribir
sus notas políticas en defensa de Cuba. A partir de ese momento
los colaboradores de *Marcha* que se adhieren a los principios de la
Revolución cubana pondrán al servicio de la revista *Casa* todo un
arsenal crítico y estético elaborado durante dos décadas, a los cuales se
suman las nuevas inquietudes que ya se perfilaban en la intelectualidad del continente: la indagación del pasado, la discusión ideológica,
la preocupación por lo político y la revisión a fondo de la situación
colonial de esos países.

Aun así, la llegada de Rama a *Marcha* no modificó la jerarquía de
obras y autores establecida por Rodríguez Monegal, especialmente
en lo tocante a la literatura norteamericana y a los modelos de la
vanguardia y la literatura de los años veinte. Pero al mismo tiempo
Rama le da una flexión socializante al suplemento y emblematiza el
pasado como clave cultural a través de la cual fortalecer su perspec-

---

partir de los comienzos de la década del 60, cuando Rodríguez Monegal es reemplazado por Rama» (Gilman 1993: 173). Pablo Rocca ha considerado también
el que no tuviera una formación crítica capaz de operar socialmente a través de
una apertura hacia otros contextos, necesarios para el establecimiento de vínculos
entre la nueva literatura y el público (véase Rocca 1993).

tiva continentalista, mientras que desde *Mundo Nuevo* su predecesor circunscribe el alcance de su discurso a lo moderno entendido como lo actual. Así, el enfoque de Rama privilegia la tradición, la memoria, y el de Rodríguez Monegal apuesta a la novedad, al futuro.

EL LUGAR DESDE EL QUE SE ESCRIBE, EL LUGAR DESDE EL QUE SE LEE

Bajo la dirección de Rodríguez Monegal, *Mundo Nuevo* fue dinámica y animada, y su principal actividad durante esos años fue la celebración de la nueva narrativa latinoamericana, estimulada en su crecimiento y analizada críticamente de manera tal que pudiese ser recibida como un producto legitimado por su propia temporalidad, esto es, por primera vez la consagración de las obras del *boom* de la novela latinoamericana no está dado desde una perspectiva según la cual las obras adquirirían cierto valor después de pasado algún tiempo. Rodríguez Monegal lee la literatura del momento y la pone a circular dentro de su propia dinámica. El segundo número (agosto de 1966) se ha hecho notable por incluir un capítulo inédito de *Cien años de soledad*, de Gabriel García Márquez. En sus primeras ediciones también aparecieron capítulos de nuevas novelas de Carlos Fuentes, Manuel Puig, José Donoso, Guillermo Cabrera Infante y Severo Sarduy.

La «Presentación» del número inicial declara las creencias y aspiraciones de Rodríguez Monegal, ofreciendo al lector una especie de manifiesto:

El propósito de *Mundo Nuevo* es insertar la cultura latinoamericana en un contexto que sea a la vez internacional, que permita escuchar las voces casi siempre inaudibles de todo un continente y que establezca un diálogo que sobrepase las conocidas limitaciones de nacionalismos, partidos políticos (nacionales o internacionales), capillas más o menos literarias y artísticas. *Mundo Nuevo* no se someterá a las reglas de un

juego anacrónico que ha pretendido reducir toda la cultura latinoamericana a la oposición de bandos inconciliables y que ha impedido la
fecunda circulación de las ideas y puntos de vista contrarios.

La posición ideoestética de *Mundo Nuevo,* tan claramente expuesta
en la «Presentación», insiste en los motivos que hacen de París el lugar
de la producción de los nuevos enunciados estéticos, y de América
Latina, el de su recepción. París se localiza como espacio desterrito-
rializado de la gran familia literaria latinoamericana, y como capital
literaria reciclada con el ingreso de los jóvenes escritores latinoamericanos al mercado internacional de bienes y símbolos, estimulados
por el sentimiento de estar inmersos en una cultura más amplia, fuera
de lo que Rodríguez Monegal llamaba «los cotos». Un espacio que
permitía a los exiliados despojarse de sus respectivos provincianismos
con relación a las metrópolis. Era una forma de romper consciente-
mente con los tradicionalismos para comunicarse en el lenguaje de
una cultura internacional. En la metrópolis europea, *Mundo Nuevo*
y sus colaboradores encuentran condiciones favorables para auto-
legitimarse como grupo divergente de la norma latinoamericana
del compromiso revolucionario. Está latente aquí la idea de que la
literatura latinoamericana, como en otro momento sucedió con la
norteamericana, se construye desde afuera: «hay un momento en que
una literatura existe y va adelante gracias a sus emigrados», afirma
Carlos Fuentes en el primer número de la revista. Para él, la visión
totalizadora de la literatura proviene de la vivencia en espacios que
contrastan con las realidades locales.

Cuando aparece en París el primer número de *Mundo Nuevo,* el
idilio entre los intelectuales de izquierda y la Revolución cubana se
encontraba en pleno apogeo. El llamado «frente único» de apoyo a
Cuba funcionaba como productor y difusor legitimante de los enunciados políticos de la época. En América Latina, además de *Casa*
y *Marcha*, otras publicaciones como *Siempre!, La Rosa Blindada* y

Punto final participaron de las tareas definidas por Ángel Rama como «difusión y propaganda en el exterior», «robustecimiento de una línea cultural amplia en el interior» y «coparticipación en un frente único antiimperialista y revolucionario que se aproximaba y a veces se identificaba con las tesis cubanas sobre la lucha insurreccional». La lucha por el control de la interpretación entablada con las agencias de prensa internacionales era uno de los intereses privilegiados por esas revistas identificadas con la causa cubana; ellas incorporaron a su batallón discursivo a figuras internacionales como Jean-Paul Sartre, Regis Debray, Simone de Beauvoir o Marguerite Duras, quienes creían que en los ejemplos fallidos de las experiencias económicas de Europa del Este la Revolución encontraría una escuela de lo que no se debía hacer. La zafra azucarera cubana de «los diez millones», por otro lado, no era ni siquiera un proyecto destinado al fracaso. El Che aún no había muerto, el mito guerrillero se alimentaba de la propia realidad; Checoslovaquia no había sido ocupada por los tanques soviéticos y se colocaba la esperanza de regeneración social y política en los países del Tercer Mundo, en modelos de desarrollo alternativos, en la lucha armada. Visto desde esa perspectiva, *Mundo Nuevo* aparece en un contexto nada propicio para la construcción de una imagen de la literatura latinoamericana que la separase del terreno político y la afincase en los valores culturales que le eran inmanentes.

También, el clima de renovación filosófica que precedió a Mayo del 68 (Foucault, Althusser, Lacan, Bourdieu y Passeron habían publicado ya obras importantes, casi contemporáneas de la crisis de Mayo)[15] de modos diversos se constituyó como síntoma de un mismo fenómeno cultural, como «un resurgimiento del humanismo», de

---

[15] Foucault: *Histoire de la folie* (1961), *Les mots et les choses* (1966); Althusser: *Pour Marx* (1965), *Pour lire le Capital* (1965); Lacan: *Écrits* (1966); Pierre Bourdieu y Jean-Claude Passeron, *Les Héritiers* (1964).

defensa del hombre contra «el sistema», como «futuro del izquierdismo». Los intelectuales franceses de izquierda en la década del
sesenta expresaban preocupaciones totalmente diferentes de las que
vivían los latinoamericanos. El tema del fin de la filosofía era discutido por Althusser y Derrida desde perspectivas marxistas y nietzs-
cheanas/heideggerianas; prevalecía el paradigma de la genealogía,
según el cual no se trataría de discernir el contenido de un discurso,
sino de interrogar sobre sus condiciones exteriores de producción,
expresado en una vertiente racionalista que mantenía la idea de
ciencia como referencia de interpretación, y en otra que disolvía las
oposiciones tradicionales entre apariencia y verdad, significante y
significado (Lacan, Foucault). Se produjo una disolución de la idea
de verdad, se historizaron las categorías y cesó todo tipo de referencia a lo universal. Los efectos de este estilo filosófico que revisa
el marxismo se hicieron visibles inmediatamente en la escritura:
el culto de la paradoja, el rechazo a la claridad, la reivindicación
insistente de la complejidad; se trataba también de un cierto estilo
de vida que buscaba la marginalidad, la conspiración. Las revistas,
la fundación de nuevas colecciones en editoriales de mayor y menor
porte, los cursos universitarios, los congresos fungieron como formas de circulación de estas ideas; usaban como motivo el término
«alineación», y como referencias, a Marx, Freud y Heidegger (Ferry
& Renaut 1988; Trebitsch 2000).

   Mundo Nuevo se benefició con el lenguaje de la época, compartido
por grupos que criticaban tanto a la burocracia del sistema soviético
como a la sociedad de consumo. Estas características se constituyeron en formas de legitimación de un espacio de libre circulación de
ideas polémicas, al tiempo que geográficamente distante de América
Latina, donde la influencia de la Revolución cubana aumentaba cada
vez más.

El discurso editorial

De las primeras veinticinco ediciones de *Mundo Nuevo*, catorce se abren con un texto editorial, y la voz de Rodríguez Monegal figura manifiestamente en ellos. Tanto política como literariamente, la revista se comunica con un interlocutor-oponente que nunca es identificado bajo un nombre o una institución específica; no obstante, queda claro que desde sus editoriales *Mundo Nuevo* explicita el propósito de rectificar la mirada estética excluyente de *Casa de las Américas*. Los temas que abordan son políticos y literarios, los primeros relacionados con la polémica entablada con *Casa* acerca del origen espurio de la revista del ILARI; los literarios, por su parte, contienen una buena cantidad de reiteraciones de orden ideológico y político dirigidas a destacar la orientación de la revista frente a la oposición de la izquierda militante. Otros introducen números de carácter monográfico bajo la forma de *dossier*, dedicados a literaturas nacionales (argentina y brasileña), un género (poesía colombiana), un tema (erotismo) o autores (Rubén Darío, José Lezama Lima).

Al mismo tiempo, se trata de textos autorreferenciales encaminados a crearle una identidad pública. En la «Presentación» (MN 1) el título de la revista establece una relación unívoca con el contexto sociopolítico; ella es el proyecto letrado que parece surgir por entre las grietas de lo viejo; aparece insertada en un marco mundial como un mecanismo de compensación cultural al «vacío» económico, político y social de América Latina. Su intención abarcadora de la totalidad del arte y la literatura («se recogerá un panorama completo…»), tiene como soportes la crítica y la novedad. Al crear sus propias reglas de juego y proponerse llevar a cabo tareas compensadoras del vacío cultural, *Mundo Nuevo* está siendo crítica con relación a los proyectos anteriores y a los existentes en ese momento. Con esto da como «inédito» el tema de «la investigación concreta y con datos fehacientes de la realidad latinoamericana». Ciertamente la revista surge dispuesta a rectificar las vías de acceso de la cultura latinoamericana al mundo. Parece sugerir que el latinoamericanismo es un proyecto ideológico de marcos estrechos, y que el cosmopolitismo es la garantía de la integración cultural. Rodríguez Monegal propone que América Latina se reinserte en la literatura de Occidente para «aportar un acento latinoamericano». Así, el editorial enfatiza lo «verdaderamente internacional» y lo «realmente internacional», discriminando con esto otros niveles de verdad y de realidad que no reconoce como auténticos. En su semántica negativa, estos objetivos contienen el proyecto al que se oponen: «una cultura sin [con] fronteras», «libre de [sujeto a] dogmas» «[libre de] fanáticas servidumbres».

«Mundo nuevo», «mundo», «nuevo», «renovado», son las palabras que más se reiteran, y junto con ellas la idea de que la cultura latinoamericana puede y tiene que cubrir un espacio que no conoce los límites de la geografía o de la política; y por otro lado, entiende lo moderno como algo original que sólo el talento crítico puede reconocer y divulgar. «Ocupar en el mundo el lugar que le corresponde», «la calidad del artista y del escritor latinoamericano no ha sido reconocida como corresponde», son frases que tratan de instaurar un orden, rectificar una injusticia, esto es, proponer la justicia estética como forma de corregir lecturas, recortes, interpretaciones que la década había inaugurado junto con la Revolución cubana:

> *Mundo Nuevo* no se someterá a las reglas de un juego anacrónico que ha pretendido reducir toda la cultura latinoamericana a la oposición de bandos inconciliables y que ha impedido la fecunda circulación de ideas y puntos de vista contrarios. *Mundo Nuevo* establecerá sus propias reglas de juego, basadas en el respeto por la opinión ajena y la fundamentación razonada de la propia; en la investigación concreta y con datos fehacientes de la realidad latinoamericana, tema aún inédito; en la adhesión apasionada a todo lo que es realmente creador en América Latina.

El modo enfático y defensivo de este editorial nos recuerda que fue concebido en el contexto de la polémica con *Casa de las Américas*, y de la preocupación por dilucidar el nivel de compromiso de la revista en el caso CIA/CLC; existe, por tanto, un interlocutor implícito en el texto, que puede ser perfilado a partir de la escala de valores opuestos a los que Rodríguez Monegal reivindica para su revista. Así, *Mundo Nuevo* no se presenta meramente como una empresa literaria, sino también política. La «Presentación» se corresponde plenamente con las profecías y determinaciones expresadas por Rodríguez Monegal en su última carta al director de *Casa*: «*Mundo Nuevo* no está dispuesto a exhumar la retórica de la guerra fría», y «*Mundo Nuevo* te demostrará una vez más que el diálogo no sólo es necesario para la respiración de Cuba y de la América Latina entera sino que es posible»[16].

La revista del ILARI trata de ubicarse dentro del campo político haciendo referencia a los materiales firmados por autores de la izquierda, en los que critican o condenan las intervenciones militares de los Estados Unidos, o la dictadura militar en Brasil; pero, a diferencia de los editoriales cubanos, se trata de temas que no aparecen como posiciones de la revista expresadas en el discurso editorial. La intención explícita de los mismos, al contrario, es la de reforzar la definición de los objetivos expuestos en el primer número, y de presentar resultados concretos, básicamente la validez de leer la literatura latinoamericana desde otro lugar, un lugar que haga posible incorporar otros temas y autores excluidos de la mirada revolucionaria. Curiosamente, Rodríguez Monegal recurre a la misma figura que en 1961 *Lunes de Revolución* homenajeó en su última salida: en «La apoteosis de Picasso» (MN 8) el pintor se convierte en paradigma del artista independiente y en modelo de validación ideológica, que le permite a la revista no mostrarse comprometida, ni tampoco sometida a tomas de partido colectivas:

---

[16] Carta del 6 de abril de 1966.

a los 85 años Picasso sigue siendo un artista a contrapelo, un artista
que no entra en ningún canon, un artista que ha sobrevivido en una
época inhóspita, sin necesidad de capillas, escuelas, sectas, células partidistas, gobiernos o instituciones supranacionales que lo financien
[…] Por esa vía del individualismo extremo, tan español, su nombre
ha llegado a simbolizar la amenazada libertad del artista en el mundo
actual. Ha pintado lo que ha querido, cómo y cuándo ha querido, sin
depender de nadie. Ha vivido y creado su obra: propia, personal, única
hasta en sus limitaciones y reiteraciones. En una sociedad planetaria
cada día más castradora no es menuda empresa.

Los editoriales muestran también la preocupación por mantener
una coherencia entre el discurso del campo institucional en que se
inserta *Mundo Nuevo* y los intereses personales de su director. Esta
doble posición queda registrada en el editorial «Al lector» (MN 11),
con el cual la revista responde a las acusaciones de «agente de la CIA»
que la comprometen a tener que «probar» su inocencia.

Diferente de *Casa de las Américas*, que difícilmente distingue
«cultura» de «política», el esfuerzo editorial de *Mundo Nuevo* tiende
a separar una de la otra, a pesar de las alusiones a lo político, que
es considerado un obstáculo para el desarrollo del trabajo crítico-
literario. Los editoriales, además, se dirigen a los intelectuales que
trabajan a favor del diálogo, y al mismo tiempo les presentan la
revista como el espacio desde el cual es posible realizarlo. El escritor
latinoamericano independiente es entonces el protagonista de dicho
discurso. Desde el marco editorial, la revista se esfuerza por mostrar
que es un modelo válido, y que desde el punto de vista estético y
crítico otros autores y modos de lo literario pueden ser incorpora-
dos. Los editoriales mantienen la necesidad del diálogo como fuerte
marca de institucionalidad, que coincide con la práctica personal de
Rodríguez Monegal.

No ocurre así con el otro gran tema del CLC, que es el fin de las
ideologías, el cual aparece en «Las reglas del juego» (MN 5) como

fundamentación de la política de transparencia que la revista quiso instaurar, garantizándole al lector «el indispensable acceso a las fuentes». Como ya había sido hecho en dos editoriales anteriores –sobre las prisiones de los escritores rusos Andrei Siniavski y Yuli Daniel, (MN 1)[17], y sobre el escándalo provocado en México por *Los hijos de Sánchez*, de Oscar Lewis (MN 3)[18]–, «Las reglas del juego», dedicado a reseñar la polémica levantada en torno de la participación de escritores de izquierda en el XXXIV Congreso del P.E.N. Club, demarca desde el título su propio territorio de acción y de defensa y ensaya un gesto de poder, acepta «el juego» sobre la base de la responsabilidad del escritor ante la manipulación informativa y frente a las versiones de los hechos que escamotean «la verdad».

El último editorial de esta primera fase, «Una tarea cumplida» (MN 25), muestra una escisión entre lo institucional y lo personal. El texto nos presenta las condiciones negativas creadas por el campo institucional cubano como motivo de esa escisión. Al hacer un balance de lo que le fue dado realizar a lo largo de veinticinco entregas, Rodríguez Monegal insiste en el valor didáctico de su empresa: «*Mundo Nuevo* no se apartó jamás de la línea de objetividad estética y política que se había trazado, y buscó jerarquizar y poner al día la cultura latinoamericana, ilustrando con abundantes ejemplos lo más creador de ella». Pero también se resiente de los obstáculos que avalaron el éxito de su empresa: el «grave proceso de deterioro» de la

---

[17] «Documentos»: Leopold Labedz, «El proceso de Moscú» (87-93); Carlos Fuentes, «Dos chivos expiatorios escogidos para retrasar el inevitable proceso de la crítica en la URSS» (93-94); Mario Vargas Llosa, «Una insurrección permanente» (94-95).

[18] «Documentos»: «El escándalo de *Los Hijos de Sánchez*» (82-83); «Antes del escándalo. Diálogo con Elena Poniatowska» (83-87); «La denuncia de la SMGE» (87-88); «Un drama nacional» (88-90); «Los actores hablan» (90-91); «Opinan destacados intelectuales mexicanos» [Víctor Flores Olea, Carlos Fuentes] (91-92); «Resolución del Procurador General de la República» (93-95).

realidad latinoamericana; la creciente «militarización de la cultura» que frustró el proyecto de diálogo y de intercambio cultural. «En el plano de la cultura, el diálogo se ha visto sustituido por la repetición de consignas, la discusión por el recitado de dogmas opuestos, el análisis crítico por varios coros rivales que funcionan ensordecedoramente». Deja claro, además, que el proyecto que termina es absolutamente personal, con lo cual se desvincula de la futura trayectoria de la publicación.

A partir del número siguiente, cuando *Mundo Nuevo* pasa a las manos de Horacio Daniel Rodríguez, la producción de editoriales desaparece al punto de contabilizar apenas un pronunciamiento. «Una nueva etapa» (MN 26-27), y el silencio que instaura hasta la última entrega de 1971, parecen decirnos que en este segundo momento la revista dejó de percibir la discusión velada con la izquierda cubana y sus aliados como una especie de competencia feroz entre esferas políticas, para interpretar el esfuerzo realizado con el fin de evaluar el nivel de los debates intelectuales como una simple discusión entre escritores. La revista del ILARI abandona las sutilezas y las diplomacias, cambia sus objetivos, desactiva los modos anteriores de enunciación y de legitimación.

Aunque el editorial parte del reconocimiento a la labor crítica de la revista para la literatura latinoamericana, también deja entrever que el espacio antiguamente reservado a las letras ahora sería dividido con los escritores excluidos tanto de la agenda política cubana (José Mario y los poetas de El Puente, por ejemplo), como del perfil antológico validado por Rodríguez Monegal. *Mundo Nuevo* busca ahora, de un modo ciertamente ambiguo, «horizontes más amplios y objetivos más dilatados», ajustándose a un estilo menos personal, menos preocupado con la integridad moral del escritor, que su primer director asociaba a la preservación de la independencia intelectual. Por otro lado, al querer «servir de levadura para despertar la conciencia por nuestros acuciantes problemas», y procurar presentar «no sólo los temas de especulación que procedan de la visión de su dirección, sino que de un modo más amplio sus puertas estarán abiertas a todas las iniciativas sujetas al diálogo creador, sin distinciones de procedencia», la revista instaura la polémica en sordina como el mayor productor de enunciados. A pesar de la nueva política de diálogo, que rompe con el protocolo impuesto por la postura independiente de Rodríguez Monegal, cuando la revista finalmente decide abrir el juego sin más reglas que las del vale todo, *Casa* abandona el escenario agónico de las contradicciones segura de que, junto con el primer director de *Mundo Nuevo*, la peor amenaza había desaparecido.

LA REVISTA CASA: ANTECEDENTES INSTITUCIONALES

El *topos* familiar de la Casa de las Américas le reserva una ironía que conviene traer a colación: el edificio que guarda sus oficinas, en la esquina de las calles Tercera y G, a escasos metros del mar en el céntrico barrio habanero de El Vedado, había sido apuntado en 1953 como sede potencial del CLC. Durante su gira de 1952 por América Latina, Julián Gorkín visitó el edificio que entonces alojaba a la Asociación de Escritores y Artistas Americanos (AEAA)[19],

---

[19] La Asociación de Escritores y Artistas Americanos se fundó en 1934 y fue reconocida como organismo continental por la Conferencia Panamericana de Buenos Aires, en 1936. Fue dirigida por Antonio Rodríguez Morey, aunque testimonios recogidos por Nadia Lie apuntan a su secretario, el poeta Pastor del Río, como el verdadero animador de la institución. Colaboraba con el Instituto Nacional de Previsión y Reformas Sociales (INPRS), que financiaba la Universidad Popular Juan Clemente Zamora, lo cual confirma sus vínculos oficiales con el Estado. En 1939 fundó la revista *América*, que circuló internacionalmente bajo el lema «a la unidad por la cultura», que en buena medida coincide con el propósito inicial de Casa de las Américas. Entre noviembre de 1954 y enero de 1956 interrumpió su labor, y ya desde 1952 «parece haber prescindido de subvención oficial, convirtiéndose en un organismo no-oficial» (véase José María Chacón y

valorando la posibilidad de que el local y su infraestructura pudieran contribuir a que el CLC fijase residencia en la isla. El tercer número de *Cuadernos* muestra una foto del lugar, cuya fachada y entorno poco han cambiado hasta hoy[20]. Que dicho proyecto no se concretizara presenta más incógnitas que hipótesis o respuestas, aunque cabría al menos sugerir que dicha Asociación funcionaba dentro de un marco institucional que la transformaba en un lugar marginal para la producción literaria y artística de la isla. Los grupos de artistas y escritores que desde polos casi antagónicos organizaban la dinámica cultural habanera de los años cincuenta giraban en torno a revistas (*Orígenes*, *Ciclón*) y figuras (Lezama Lima, Piñera) que evitaban los vínculos con las instancias oficiales. Eran los años de la dictadura de Fulgencio Batista, los años del exilio, de la resistencia doméstica. El memorable currículo de la cultura cubana de entonces se engrosó casi de manera secreta en el interior de capillas ideológicas y estéticas definitivamente alejadas del escenario de la calle 3ra.

Mirando hacia el norte, la fachada y la torre que tornan inconfundible este lugar fueron, antes de 1959, emblemas de otros centros culturales, que en su momento también se proyectaron como organismos latinoamericanos. Además de albergar a la Asociación de Escritores y Artistas Americanos, el futuro cuartel general de la izquierda intelectual fue abrigo de la Sociedad Colombista Panamericana[21] y de la Universidad Popular Juan Clemente Zamora. Sus vestigios sobreviven

---

Calvo, «Instituciones oficiales de la cultura», 667). Esto también explicaría, al menos parcialmente, la renuncia del Congreso por la Libertad de la Cultura a instalar una sede en dicho local. Para mayor detalle, véase Lie 1996: 16-21.

[20] *Cuadernos* 3, agosto-septiembre de 1953, p. 97.

[21] Fundada en 1933, integra el proyecto de la Unión Panamericana presentado en la Séptima Conferencia Internacional Americana de Montevideo, celebrada ese mismo año. De su nombre se infiere tanto un homenaje a Cristóbal Colón como el alcance continental que pretendía tener. Dicha institución contó con una Biblioteca Interamericana localizada en el mismo edificio de las calles G y 3ra. Véase *Diccionario de la literatura cubana*.

al tiempo en la borrosa tipografía que aún se puede observar en lo alto de uno de los muros del pequeño patio interior de «la Casa», o en el mapa de las Américas que, desde la fachada principal, emblematiza y recorta el espacio de lo americano[22]. Así, a pesar de los cambios en los proyectos que sustentaron estas organizaciones, desde el nombre, en todas prevaleció la idea de hacer de aquel lugar un «polo de religación» cultural del ámbito americano, llegando a existir inclusive un proyecto de fundación de una Casa Continental de la Cultura.

Varios son los datos que vinculan a Casa de las Américas con la AEAA en cuanto a la estructura y a los modos iniciales de operar. Primero, por la existencia de una revista titulada *América*[23]. Segundo, por un premio literario primero convocado a finales de 1956 y luego a principios de 1958. En la opinión de Nadia Lie, la misma «se fundó en 1959, entre otras cosas, por la simple razón de que la infraestructura ya existía» (1996: 23)[24]. La lógica estructural con que el nuevo orden revolucionario operaba, y que tendía a desactivar muchos de los aparatos de funcionamiento estatal precedentes parece no cumplirse del todo en el ámbito cultural. Así, el espacio que seis años antes el

---

[22] A partir de esas huellas, Hilda Guevara Gadea escribió un trabajo para el curso de Sociología en la Universidad de La Habana, titulado «La casa continental de la cultura» (1990, inédito). En dicho texto, que se conserva en la Biblioteca José Antonio Echeverría de la Casa de las Américas, la autora trató de trazar la genealogía topológica de la nueva institución, utilizando publicaciones y libros heredados de las bibliotecas y del antiguo Centro de Estudios con que contó la Sociedad Colombista Panamericana.

[23] La revista fue fundada en 1939, y su último número corresponde a enero-junio de 1958.

[24] En sus memorias, Lisandro Otero describe el nacimiento de la Casa de las Américas y el propio edificio: «En 1959 se ocupó el local de la Sociedad Colombista Panamericana, en la esquina de 3ra y G en El Vedado, una especie de tumba etrusca a la cual no se sabía qué destino darle». Y en el mismo párrafo: «En un primer momento, se adscribió el local al Ministerio de Relaciones Exteriores, y cuando Raúl Roa fue designado ministro comenzó a despachar allí antes de ocupar su oficina en la chancillería» (Otero 1997: 105).

CLC no se decidiera a ocupar, y que en el panorama nacional parecía vegetar a la sombra de las magras finanzas que el Estado destinaba a la cultura, se convierte casi de inmediato en un vacío demasiado visible que era necesario llenar.

Que el edificio no haya sido sustancialmente modificado (por lo menos en su aspecto externo), conservando como señas de identidad aquellas que habían sido trazadas en épocas y proyectos anteriores, al tiempo que el rescate de su memoria no haya sido particularmente relevante para la institución que ha cobijado por cinco décadas, en buena medida explica la legitimidad inmanente a los procesos culturales que se dan a partir de la Revolución, así como el carácter autonómico que los mismos asumen, rompiendo los lazos con (o desfigurando) una memoria con cuyos contenidos ya no les es dado operar. La rápida disolución de los puentes institucionales con la esfera prerrevolucionaria apunta a una necesidad de incorporar al campo de la cultura los rasgos «modernos» implícitos en el propio hecho revolucionario[25].

Fundación de la Casa de las Américas

En una entrevista de 1977 Haydée Santamaría narra al escritor y periodista Jaime Sarusky[26] cómo ocurrió su entrada en la ciu-

---

[25] En su artículo «Après «la» Révolution», Dick Howard analiza cómo a partir de la Revolución francesa, la inauguración de la modernidad implicó una apropiación de conceptos políticos como «democracia» y «totalitarismo» que reforzaban el carácter inmanente de la Revolución: «Quand nous qualifions de moderne une science ou un art, une institution ou un Etat, nous affirmons que la structure en question est autonome et s'autolégitime. En d'autres termes, sa genèse et la norme qui la légitime lui sont immanentes» (1987: 11).

[26] Véase Sarusky 1988. «Casa es nuestra América, nuestra cultura, nuestra Revolución. Habla Haydée Santamaría» se publicó originalmente en *Bohemia*, el 16 de abril de 1977.

dad letrada cubana, con la cual no había tenido hasta ese momento mucho contacto. Como guerrillera y miembro de la dirección nacional del Movimiento 26 de Julio, Haydée mantenía lazos personales y políticos con los principales líderes de la Revolución. Casada con Armando Hart, entonces Ministro de Educación, es de éste la orden de ocupar y organizar el edificio de la AEAA que, al parecer, había sido abandonado y mal administrado por sus antiguos ocupantes. Haydée designa «a unas personas para que sugirieran lo que podría hacerse»[27], y probablemente pensando en aprovechar la infraestructura y el perfil de la antigua organización manejan la posibilidad de crear una institución «que sería a la vez cubana y latinoamericana […] Así surge Casa de las Américas: como una necesidad cultural. Un organismo, si se quiere, un intercambio con los gobiernos de América Latina».

Fundada el 28 de abril de 1959 e inaugurada de manera oficial el 4 de julio del mismo año con un concierto del barítono estadounidense William Warfield, Casa de las Américas creció bajo el comando de esta mujer, formada en un ambiente de provincias y cargada de las crudas experiencias de la guerra. Ella instauró un orden interno basado en reglas domésticas, a partir de las cuales se organizaron las diferentes habitaciones del hogar de la gran familia latinoamericana. Desde el café matinal hasta la presencia amistosa de Haydée en las dependencias de los empleados de menor rango, la mitología que rodea a la institución y a su fundadora pervive en no pocos testimonios escritos y orales. En poco tiempo, su eficiente administración, siempre asesorada por los miembros de un no menos

---

[27] Entre los primeros colaboradores de Casa de las Américas se encuentran Katia Álvarez, Marcia Leiseca como «Secretaria», Alberto Robayna como «Subdirector», Catalina Álvares y Maria Rosa Almendros como «Relaciones Públicas», Manuel Corrales como «Asesor». Véanse los números 1, 2, 3 y 4 de la revista *Casa*, de junio-julio de 1960 a enero-febrero de 1961.

eficiente equipo de fundadores[28], dejaría inaugurada la biblioteca
José Antonio Echeverría (7 de septiembre de 1959), un Centro de
Estudios Literarios y, ya en el mes de octubre, la primera convoca-
toria del Concurso Literario Hispanoamericano estaría circulando
por el continente. La enorme visibilidad que la joven institución
tuvo desde sus inicios se debió, en gran medida, al peso político de
su directora y a su familiar acceso al centro del poder guerrillero.
Su presencia garantizó los modos de intervención de la esfera política en la cultura, reforzando la imagen de la institución como hija
legítima de la Revolución.

La Casa de las Américas contó desde un inicio con toda la estructura necesaria para actuar como un organismo no gubernamental[29]
y autónomo: biblioteca, premio literario anual, editorial, revista,
además de una serie de departamentos dedicados a la investigación
literaria, la promoción de la música, el teatro y las artes plásticas[30].
Aun sin completar dos años de fundada, su ficha cultural podía

---

[28] En las memorias de Lisandro Otero podemos leer: «Yeyé me solicitó que
contribuyese con ideas a la nueva institución y extendió su solicitud a otros
intelectuales. Concebimos una editorial, una revista, un centro de conferencias
y una galería. Katia Álvarez tuvo la iniciativa, en el primer año de la Casa, de
sugerir la creación de un premio literario que se nombró originalmente Concurso
Literario Hispanoamericano, y así llegó a conocerse en sus tiempos iniciales»
(Otero 1997: 106).

[29] De acuerdo con el Decreto-ley n° 16 del 7 de agosto de 1978, se trata de
«una institución con personalidad jurídica propia [...] que adscripta al Ministerio de Cultura, cumple tareas de carácter internacional no gubernamentales».
Véase 1982: *Principales leyes y disposiciones relacionadas con la cultura, las artes y
la enseñanza plástica*. La Habana: Ministerio de Cultura, 69-72.

[30] Su presidente debe ser designado por el Consejo de Ministros a propuesta
del Ministro de Cultura. Dicho presidente organiza el trabajo y analiza el funcionamiento político, cultural y administrativo junto con un consejo de dirección
integrado por los jefes de cada uno de los departamentos (Centro de Estudios
Literarios, Editorial, Revista, Teatro, Música, Biblioteca y Canje, Artes Plásticas,
Prensa, Relaciones Internacionales, Administración), además de los representantes

exhibir la amplitud de su prestigio a través de la realización de exposiciones itinerantes de pintura cubana, conferencias (de Jacobo Arbenz, Ezequiel Martínez Estrada y Pablo Neruda), de la creación de un Museo de Arte Popular, y de los comentarios favorables que enseguida recibió en el extranjero la revista *Casa*. Desde el comienzo, su productividad se encuentra en consonancia con la necesidad de publicitar las transformaciones revolucionarias en el exterior, labor que recaerá sobre los escritores invitados al concurso literario, y cuyo entusiasmo ante la Revolución cubana será el vínculo fundamental con el resto de los países latinoamericanos:

> La Casa, como se le dice tradicionalmente, busca siempre mantener la correspondencia más activa con los principales escritores y artistas americanos. El fin de esta Institución es el intercambio cultural, y esta labor, cuando es bien dirigida, tiene necesariamente que desarrollarse de modo que repercuta en la vida de los distintos países. Un gran escritor, un gran artista tiene siempre un peso extraordinario en la opinión pública de su país. El caso de Sartre lo prueba, así como también los resultados que se han obtenido a favor de Cuba en México, Brasil, Argentina, Venezuela, por el hecho de que escritores y artistas de esos países invitados a Cuba por la Casa, de retorno a sus hogares, manifestaron con sinceridad lo que habían visto y conocido, la verdad de la Revolución cubana. (Masó 1961: 11)

Así, de manera paralela a los modos en que la prensa oficial de los diferentes países controlaba la información sobre Cuba, los escritores devienen testigos de «la verdad» oculta, tergiversada, ignorada, de un país en transformación.

---

de las organizaciones políticas (Partido Comunista de Cuba, Unión de Jóvenes Comunistas y Central de Trabajadores de Cuba).

LA REVOLUCIÓN Y EL CAMPO INTELECTUAL CUBANO

Los escritores que en diferentes niveles de proximidad estuvieron vinculados a *Sur, Orígenes, Ciclón, Marcha, Lunes de Revolución, Casa* y *Mundo Nuevo* tenían conocimiento del debate internacional sobre la política cultural soviética bajo el estalinismo, así como de las expectativas que el deshielo levantó entre los partidos comunistas. Después de 1959, algunos de los viejos intelectuales comunistas cubanos que siguieron de cerca ese debate entran en conflicto con grupos de intelectuales emergentes, como los reunidos en torno al semanario *Lunes*. Estos jóvenes, a su vez, también estaban informados sobre las llamadas purgas estalinistas y tenían sus propias ideas formadas sobre el asunto, las cuales fueron abiertamente expresadas en el *magazine*, sobre todo a través de la opinión autorizada de Jean-Paul Sartre. Este debate envuelve el funcionamiento ambiguo de la palabra como expresión de cierto tipo de poder; se trata de una lucha que se traba en espacios sociales donde la circulación de ideas se ve condicionada a sufrir modificaciones en función de las contingencias.

Con la institucionalización de la cultura a través de la creación de la Unión de Escritores y Artistas de Cuba, el Estado entra en la fase del reconocimiento oficial del artista y al mismo tiempo ejerce una especie de patronato, para de ese modo garantizar su control. Para esto emplea a los escritores en puestos típicos de las profesiones liberales, como los cargos diplomáticos. Guillermo Cabrera Infante, Roberto Fernández Retamar, Pablo Armando Fernández y César López ejercieron como agregados culturales en esos años. Si por un lado la carrera diplomática implica el manejo y la proyección de determinados códigos representativos de la política oficial de un país, por otro permite al escritor viajar, entrar en contacto con la lengua y la cultura de grupos afines al suyo. En sus memorias, Lisandro Otero dedica capítulos enteros a narrar sus viajes como representante oficial del gobierno cubano en innúmeros y disímiles países (Otero 1997)[31]. Guillermo Cabrera Infante (1992) y Heberto Padilla (1989) describen también el momento en que el Estado pasa a ejercer la función patronal, la cual coloca al artista en una posición de dependencia.

Los escritores oficiales, por serlo, recuperan su posición de honra en la organización «oficial» de su grupo profesional. Esto conlleva una pérdida de autonomía, que la Unión de Escritores trata de compensar otorgando a sus miembros el privilegio de convertirse en voceros de un discurso autorizado por su filiación a las normas de la política cultural vigente, la cual se encontraba condicionada por la situación económica nacional, así como por el contexto político internacional, cuya máxima expresión era la Guerra Fría. Según Raymond Williams, existe un problema en la interpretación de las relaciones sociales concretas del artista –por un lado se le responsabiliza de asumir una función crítica frente a la sociedad (ser su portavoz), y por otro se le indica como deber colocar su trabajo al servicio de la clase dominante. Después del triunfo de 1959, en Cuba surge un discurso político-social que identifica al pueblo con la clase dominante; se declara el carácter socialista de la Revolución, se socializan los medios de producción y se define una ideología marxista más o menos adaptada a las circunstancias locales. La relación jerárquica entre libertad y necesidad está condicionada por el carácter de las relaciones de producción, que son invertidas. Supuestamente esto eliminaría el problema interpretativo de que habla Williams, ya que no existiría contradicción entre la función crítica y la mediadora. Se trata de una forma de interpretación que regresa a la contradicción inicial, la cual, por otra parte, es el eje que estructura el debate ideológico ya desde el fin de la Segunda Guerra Mundial; por tanto, es

---

[31] El libro de memorias *Llover sobre mojado* desató una polémica entre Otero y Enrico Mario Santí, quien criticó a Otero por haber publicado dos versiones, una en Cuba y otra en el exterior. Véase Santí 2000a y 2000b.

un debate que precede al triunfo de la Revolución cubana, y sirve de catalizador para los conflictos entre grupos políticos y artísticos que la propia Revolución trae a la superficie.

Las instituciones culturales se convierten en organismos gubernamentales que centralizan y dirigen la producción cultural, subordinándola de ese modo a la política estatal general. Es aquí donde la orientación política de las revistas expresa las tensiones entre libertad y necesidad, y donde se produce la relación de subordinación entre un modelo cultural de intelectual y uno político. En la medida en que el Gobierno necesita mantener bajo su tutela la producción intelectual va reconfigurando un modelo que en América Latina parte de la tradición liberal en la que el político y el hombre de letras están encarnados por el mismo individuo. Esto podría interpretarse como el comienzo de la pérdida de autonomía del campo intelectual cubano ya a partir de 1959. La convivencia de la literatura con la política muestra también que la intervención de los escritores en el proceso revolucionario mantuvo una función crítica, no pasiva, que para sobrevivir tuvo que valerse de estrategias de encubrimiento y legitimación autorizadas por la palabra de figuras «intocables», como José Martí.

Algunos de los intelectuales más representativos de *Lunes* y *Casa* no habían tenido una participación destacada en la lucha insurreccional. Existía una separación claramente definida entre el hombre de acción (los guerrilleros) y el hombre de ideas (los escritores y artistas). Al final de la década del cincuenta algunos de los intelectuales que posteriormente tendrán un peso en los discursos que atraviesan las publicaciones cubanas de los sesenta regresan del exilio (Fayad Jamís, Lisandro Otero, Jaime Sarusky, José A. Baragaño, Pablo Armando Fernández, Roberto Fernández Retamar, Alejo Carpentier). Se entabla entonces el conflicto por el poder de la palabra entre dos grupos ubicados en campos diferenciados. Dicho conflicto aparece en un momento en que las desigualdades de clase se hacen más patentes debido a la inversión que se opera en la estructura social, pues ahora es el pueblo el que supuestamente detenta el poder, aunque en realidad se trata del grupo guerrillero del Movimiento 26 de Julio que se erige en vocero popular, creando un discurso que programáticamente coincide con las demandas sociales de las clases desposeídas, en particular con la necesidad de mejorar la educación, la salud pública y la vivienda.

El grupo político que detenta el poder es heterogéneo, tanto por su formación cultural y política como por su extracción social, pero se cohesiona al orientarse, para la valoración del intelectual, por códigos de interpretación social tradicionalmente aplicados a la burguesía. Así, los intelectuales son asimilados a esta clase, ahora desplazada hacia el escalón más bajo de la sociedad, y colocados ante la disyuntiva de optar por la función crítica —que los llevaría a distanciarse tanto de la sociedad revolucionaria como de la sociedad burguesa— o por la adopción de un modelo de intercambio simbólico a través del cual forjarse una imagen de reputación y confianza ante el grupo guerrillero en el poder. Esto podría ser una explicación para la reivindicación de la libertad estética, la defensa apasionada de la Revolución cubana y la oposición feroz a los poetas de *Orígenes* que se observa durante esos años.

Desde el punto de vista de la circulación y el mercado, los intelectuales se sienten respaldados por los efectos inmediatos de la institucionalización de la cultura, lo cual se refleja en la política educacional y editorial, que favorece la recepción de obras literarias. También garantizaba a los creadores ciertos espacios de consagración y reconocimiento público, que a partir de la clausura de *Lunes* debían ser negociados previa transacción ideológica. Las «Palabras a los Intelectuales» son la prueba concreta de esta situación en que se adopta el modelo del patronato, siendo el grupo guerrillero quien, desde su posición privilegiada, define el tipo de apoyo que dará a los artistas, en función de sus propias necesidades de comunicación con las masas. Al administrar en nombre del pueblo tanto los medios de producción como los de comunicación, los «hombres de acción» disponen libre e impunemente de lo que en teoría no les pertenece. Esta posición de fuerza define la relación de autoridad y subordinación que se establece en el campo intelectual cubano durante los primeros años de la Revolución.

Casa de las Américas: primeros años

En el reverso de portada del segundo número de *Casa*, donde aparecen los datos generales de la revista y de la institución, esta última queda definida como «una institución cultural dirigida a servir a todos los pueblos del continente en su lucha por la libertad», lo cual ya desde el nombre hace de esta publicación el órgano oficial de una entidad pública de fuerte motivación política.

Junto con el diseño y el logotipo, el formato de *Casa* es uno de los rasgos que mejor la diferencia de otras colecciones de revistas. Con la rarísima excepción del número 10, en el que utilizó los servicios de otro taller gráfico[32] y ensayó un formato menor (21,7 cm x 14,7 cm), desde el primer número su forma casi cuadrada —que en ocasiones la torna difícil de manipular— se ha mantenido fiel a sus medidas: 24,0 x 21,5 cm. El tiraje aumentó gradualmente, pasando de 2 000 ejemplares en 1960 a 4 000 en 1962, y 9 000 en 1965; a partir de la década del setenta superó estas cifras, llegando a 15 000 ejemplares en los años ochenta. Los primeros 69 números de la colección pueden ser divididos en dos épocas, correspondientes a los cambios ocurridos en la redacción de la revista y ligados a las modificaciones de la política institucional. La primera época comprende veintidós edi-

---

[32] Cambia de la Tipografía Ponciano para la Imprenta Duplex. Con la nacionalización de las empresas privadas llevada a cabo por el gobierno revolucionario, las diferentes imprentas pasaron a integrar la Empresa Consolidada de Artes Gráficas.

ciones de veintinueve números[33] (del número 1, junio-julio de 1960, al número 28-29, enero-abril de 1965). A pesar de inscribirse como una publicación bimestral, durante este primer lustro la periodicidad fue variable, predominando los números dobles cuatrimestrales[34]. La presencia de diseñadores también fue irregular, llegando a cinco en casi cinco años[35]. Durante el período en que Jesús Rodríguez Peña asumió el emplane (número 4-10), la revista publicó viñetas y fotos de Miguel Jorge, Ángel Acosta León, Mayito, Miguel Sánchez, Panchito y Mariano. Este interés en la ilustración por medio de la obra gráfica de artistas cubanos reapareció en el número 28-29, cuando Humberto Peña se hace cargo del diseño de *Casa*, incorporando al mismo la producción de artistas latinoamericanos[36].

Asimismo, la revista se colocó dentro de una jerarquía que no separaba las funciones directivas de la institución de las de su propio orden interno, por lo que durante toda esta primera fase la rúbrica «Directora» le fue reservada a Haydée Santamaría. No obstante, en el machón queda claro que se trata de la directora de la institución y no de la revista. Del primero al cuarto número, Antón Arrufat y Fausto Masó aparecen como «Responsables de la revista» y «Secretarios de

---

[33] Diferencio «ediciones» de «números», entendiendo lo primero como entregas o número de ejemplares editados, y lo segundo como el orden cronológico interno de la publicación, que trata de ajustarse a las irregularidades del tiempo real.

[34] Los números dobles cuatrimestrales son: número 3, octubre-diciembre de 1960; número 11-12, marzo-junio de 1962; número 13-14, julio-octubre de 1962; número 15-16, noviembre de 1962 – febrero de 1963; número 17-18, marzo-junio de 1963; número 20-21, septiembre-diciembre de 1963; número 28-29, enero-abril de 1965.

[35] Julio Herrera Zapata, Jesús Rodríguez Peña, Félix Ayón, Raúl Martínez y Umberto Peña.

[36] Este primer número diseñado por Humberto Peña incluyó viñetas de Vicente Rojo, José Luis Cuevas, Leonora Carrigton, Gironella, Pedro Coronel, Rafael Coronel, Manuel Felguerez, Leticia Tarragó, Juan Soriano, Roger Van Gunten, Lilia Carrillo, Francisco Zúñiga, Rodrigo Arenas Betancourt y Jiménez Botet.

la revista»[37]. A partir del quinto, cuando Masó se exilia, Arrufat aparece como «Secretario de la revista» acompañado por un «Consejo de Redacción», que en su primer momento contó con la presencia de Ezequiel Martínez Estrada, Juan José Arreola y Elvio Romero[38]. A partir del número 6, Arrufat firma como integrante de dicho consejo, y entre los número 9 y 12, el poeta Pablo Armando Fernández ocupa el puesto de Secretario de Redacción. Enseguida Pablo Armando se traslada a Londres, donde trabajará como Agregado Cultural del gobierno revolucionario, y Arrufat regresa nuevamente como Jefe de Redacción (número 13-14). Del antiguo Consejo se mantiene apenas Martínez Estrada, ahora acompañado de Manuel Galich, Julio Cortázar y Emmanuel Carballo. Los últimos números de esta

---

[37] El testimonio de Antón Arrufat acerca del surgimiento de la revista como una iniciativa personal ha sido recogido por Nadia Lie en su libro ya citado: «La idea nos vino por primera vez en una librería de viejo de La Habana, aquí en la calle Monserrat. Yo entré y estaba allí Fausto Masó que era muy amigo mío. Era muy amigo de Haydée Santamaría en la época en que Haydée Santamaría era católica, porque Fausto Masó también era católico. Y entonces… él trabajaba en la CA y a él se le ocurrió hacer la revista. Me pidió que lo ayudara a hacer la revista y nosotros fuimos a ver a Haydée Santamaría y le dijimos: "Mira, nosotros queremos hacer una revista dedicada a la Casa de las Américas". Y ella nos dijo: "Oy, qué buena idea. Vamos a hacer la revista". Y así fue» (24). Otra versión (otra memoria) más «colectiva» sobre este inicio de la revista aparece recogida por Otero, quien pasa por alto los nombres de Arrufat y Masó.

[38] Esta primera formación latinoamericana proviene en su totalidad de los jurados invitados al segundo Concurso Literario Hispanoamericano. La revista se alimentó bastante de autores y textos provenientes del concurso literario. El ardor con que los primeros jurados asumieron no sólo la colaboración con la revista, sino principalmente la función de propagandistas en sus respectivos países aparece tempranamente recogido en un número especial de *Lunes de Revolución*: «Lunes de América». «Un jurado de escritores conversa con *Lunes*» (número 93, marzo 6 de 1961: 2-20) documenta el modo espontáneo y colectivo en que se constituyó la red de contactos entre La Habana y el resto del continente. Participantes extranjeros: Luis Cardoza y Aragón, Juan José Arreola, José Bianco y Elvio Romero.

fase contarán con la presencia de Ángel Rama, a partir del número 24, y de Sebastián Salazar Bondy en el número 26.

Con un promedio de noventa páginas por entrega, *Casa* organizó sus espacios en función del flujo de colaboraciones, con tres grandes secciones: la primera (sin título) recogía materiales ensayísticos, poéticos y de ficción, aunque eventualmente era precedida por la aparición de materiales de corte institucional (informes, discursos, declaraciones de congresos o del gobierno); la segunda, «Notas y Reportajes» incluía artículos, comentarios, mesas redondas, entrevistas, crónicas y reportajes sobre temas políticos, culturales, históricos y económicos; la tercera, «Libros», reseñaba libros de autores extranjeros y cubanos. El número 5 introdujo la sección «Revistas y días», que apareció de forma intermitente. La misma resumía la actualidad local e internacional relacionada con la labor cultural de la institución.

Existen varios números temáticos preparados en la forma *dossier* (número 8, «Primer Congreso de Escritores y Artistas Cubanos»; número 10, «Los Premios del Concurso 1962»; número 25, «Homenaje a Shakespeare»; número 27, «Scott Fitzgerald»), aunque otros están consagrados en su totalidad a un único tema (número 6, «Playa Girón»; número 9, «Educación 1961»; número 22-23, «Nueva literatura cubana»; número 26, «Nueva novela latinoamericana»; número 28-29, «La nueva literatura de México»).

Entre los colaboradores cubanos más asiduos se encontraban Edmundo Desnoes, Calvert Casey, José Rodríguez Feo, José Triana, Roberto Fernández Retamar, Ambrosio Fornet, Rogelio Llopis, Pablo Armando Fernández, Oscar Hurtado, Virgilio Piñera y César López. Simpatizantes de primera hora de *Lunes de Revolución*, compartían un pasado literario marcado por el protagonismo poético de *Orígenes* y por el gesto vanguardista de *Ciclón*. Este tránsito de nombres sugiere una identidad discursiva que se desprende tanto de una práctica de lectura endógena (la recepción crítica de sus obras era producida en el interior del mismo grupo de colaboradores), como de la coincidencia en la incorporación de la epifanía revolucionaria a la nueva poesía. La recepción que *Lunes* y *Casa* hacen de la poesía conversacional gira en torno a la cotidianidad revolucionaria y al lugar de la joven generación ante la historia. Ellas coincidieron, además, en la rapidez con que se diluyeron sus rasgos de formación.

CASA Y LUNES

Internamente, estas revistas se organizaban en torno a una manifestación pública colectiva (la Revolución), y sus producciones contribuyeron a crear una imagen de la nacionalidad que reforzaba su carácter martiano, epifánico y antiimperialista, a través del tributo discursivo a los héroes y a la integración social. En sus relaciones externas ambas son al mismo tiempo alternativas y contestatarias, tanto por la forma de recoger la experiencia estética de las vanguardias como por el hecho de transformarlas en un modo de resistencia frente a lo político totalizador. Por otro lado, sus rasgos de formación les confieren una presencia y una identidad públicas que las diferencia de otros grupos (origenistas, comunistas, guerrilleros).

Aunque dependiente de *Revolución* (periódico del Movimiento 26 de Julio), *Lunes* crea una serie de mecanismos autonómicos que contrastan con el aparato organizativo institucional de *Casa*. El *magazine* ramifica sus mecanismos de publicidad hacia otras áreas, crea su propia editorial (Ediciones R), consigue espacios en la radio y en la televisión para divulgar el trabajo de *sus* autores, haciendo explícita su disposición para el control de la vida intelectual revolucionaria. *Casa* sin embargo era constantemente convocada a reforzar sus vínculos no sólo con la Revolución cubana del mismo modo en que lo hacía *Lunes*, sino también con su institución fundadora. Pero a pesar de que durante el período en que coincidieron ambas fueron en gran medida escritas por los mismos autores, el estilo polémico,

la periodicidad semanal y la enorme circulación de *Lunes* dejaron a
Casa menos visible en el escenario cultural cubano[39]. En la revista
latinoamericana, las tensiones por mantener espacios para el debate
se verifican principalmente en las estrategias de encubrimiento de las
posiciones ideoestéticas opuestas al modelo realista socialista. Arrufat
acude entonces a la publicación de textos teóricos sobre arte, literatura
y marxismo firmados por «autoridades» extranjeras ampliamente
reconocidas fuera de Cuba[40].

Por otro lado, cuando el semanario expira, el órgano continental
de la Revolución acoge a los nuevos rebeldes del sistema dentro de
su grupo de colaboradores locales[41]. Según declaraciones de Arrufat,
el motivo de su salida de *Casa* fue la pérdida de autonomía, esto es,
la presión institucional para realizar una revista más comprometida políticamente, aunque también vincula este hecho a su pasado
reciente como «angry [young] man» en las páginas de *Lunes*. A este
respecto, Arrufat ha declarado:

> Yo elegí ir, que es lo que la gente nunca ha acabado de saber del todo.
> Porque lo que Haydée Santamaría me propone es que yo modifique la
> revista, que yo haga otra revista, una revista de carácter más político,

---

[39] En su análisis discursivo de *Casa de las Américas*, Nadia Lie compara estas
dos publicaciones para mostrar que ambas se encontraban a favor de la autonomía
(relativa) del arte con respecto a la política. Mientras *Lunes* polemizaba con los
poetas de *Orígenes*, *Casa* tenía que hacerlo con la nueva burocracia revolucionaria.
Esto explicaría el porqué *Lunes* sigue un discurso polémico y *Casa* otro, «oblicuo
e indirecto».

[40] Nadia Lie ha esbozado además dos discursos heterogéneos en los primeros
treinta números de *Casa*: uno que rechaza el compromiso político y lo ve como
un modo de subordinación del arte, y otro que lo defiende.

[41] En los ensayos «¿Quién mató a Calvert Casey?» y «Mordidas del Caimán
Barbudo», ambos en *Mea Cuba*, Guillermo Cabrera Infante narra la acogida de
los antiguos redactores de *Lunes* en las páginas de *Casa*, al tiempo que ofrece su
versión sobre el cierre del semanario.

menos literario, y de carácter más latinoamericano. Una revista en la cual figuren menos mis amigos, que era la gente de mi generación a la que yo siempre me sentí muy ligado y que protegí en la revista *Casa*, y que se arme una revista de otro tipo. Una especie de *Cuadernos Americanos*. Una revista más institucional, que refleje también el trabajo de la Revolución en la cultura. Yo la oigo con mucha paciencia, y le digo que eso, yo no lo sé hacer. Y que busque otro. Que otro podría hacerlo mejor que yo». (Lie 1996: 277)

No resulta extraño que, por su periodicidad y por su amplia circulación, fueran las páginas de *Lunes* las más adecuadas para publicitar dentro de la isla la labor de Casa de las Américas, así como la importancia de las figuras invitadas a participar en su concurso literario. Sin embargo, resulta significativo el hecho de que en «Lunes de América» Antón Arrufat aparezca ante los huéspedes del nuevo hogar americano y miembros del Consejo de redacción de su revista como un integrante más del equipo de redacción de *Lunes*[42].

Así, la situación política define la reestructuración del campo de las revistas, una vez que *Lunes* desaparece y la recién fundada Unión de Escritores y Artistas de Cuba (UNEAC) crea otras publicaciones, como *La Gaceta de Cuba* y *Unión*. A pesar también de que algunos de los miembros de *Lunes* continuaron escribiendo en los nuevos órganos literarios, en estas revistas no se observan con tanta claridad las tensiones de la presión política causada por la cultura del compromiso, ya que fueron creadas como medios de legitimación intelectual en el panorama nacional, del mismo modo que *Casa* para el ámbito latinoamericano. Si en la primera fase *Casa* sobrevive a *Lunes* es por el modo oblicuo de expresar sus disonancias ideoestéticas, por la

---

[42] En el conversatorio citado, Arrufat aparece como miembro del grupo de *Lunes* que entrevistó a los jurados latinoamericanos, junto a Guillermo Cabrera Infante, Pablo Armando Fernández, Virgilio Piñera, Heberto Padilla y Rine Leal.

capacidad de transformarse con las circunstancias y por la pérdida total de autonomía.

Nuevos cambios

«Hablando de publicaciones», recuerda Fernández Retamar cuando escribe sobre el Che, «le mencioné lo conveniente que sería que Cuba contara con una revista donde se pudiera publicar textos polémicos *que no comprometieran al gobierno ni al Partido* [...] Cuando, algún tiempo después de volver a Cuba, la compañera Haydée Santamaría me ofreció dirigir esta publicación, le escribí enseguida al Che para decirle que ya teníamos esa revista...» (CA 46: 47). ¿Por qué un intelectual se pondría como meta dirigir una revista donde la imposición de límites para la libertad de expresión sería un *a priori*? ¿En qué posición se encuentra un escritor que piensa –o finge que piensa– que sus palabras «comprometen» el destino político de la nación? ¿Por qué Fernández Retamar quiere tanto ponerse al servicio del poder guerrillero? La segunda época de *Casa de las Américas* se inicia con el cambio que colocó a Roberto Fernández Retamar al frente de la misma. Comprende 37 ediciones (del número 30, mayo-junio de 1965, al 69, noviembre-diciembre de 1971) correspondientes a 40 números[43]. En este momento la periodicidad se estabiliza, el promedio de páginas aumenta a 171, mientras que el plano gráfico gana visi-

---

[43] Si bien la disolución de este nuevo Comité de colaboración ocurre a partir del número 64, he preferido cerrar este periodo con el último número publicado en 1971, ya que todavía en los números 65-66 (doble) la revista publicará importantes documentos sobre la política cultural cubana (la «autoconfesión» del poeta Heberto Padilla y las declaraciones del Primer Congreso Nacional de Educación y Cultura), en el número 68 el tema «cultura y Revolución en América Latina» ocupará todas sus páginas, y finalmente el número 69 estará dedicado a Chile, tras el triunfo de la Unidad Popular presidida por Salvador Allende.

bilidad con el diseño y emplane de Umberto Peña. Ocurren además dos cambios que en buena medida determinarán el protagonismo y la enorme influencia de la revista durante toda la década: a) la transformación del Consejo de redacción en Comité de Colaboración; b) la creación de la sección «Al pie de la letra»[44].

Ya en el número 30 el grupo formado por Galich, Cortázar, Carballo, Rama y Salazar Bondy es ampliado con la entrada del haitiano René Depestre y de los cubanos Edmundo Desnoes, Lisandro Otero y Graziella Pogolotti. En el número 31 se anuncia el fallecimiento de Salazar Bondy, y la llegada de Roque Dalton, Mario Vargas Llosa y Jorge Zalamea. Este último participará entre los números 32-54, también hasta su muerte. El número 34 recibe al argentino David Viñas, y el número 40 a otro cubano: Ambrosio Fornet. Entre los números 41 y 50 Orlando Alomá se desempeñará como «Secretario», función que desaparece y vuelve entre los número 54 y 65-66, esta vez a cargo de Ramón López. Finalmente, en el número 45 el uruguayo Mario Benedetti ingresa al nuevo Comité.

Este grupo de escritores integró el que quizás fuera el Comité de colaboración políticamente más activo, agresivo y antiimperialista de su tiempo. Sus principales manifestaciones públicas emanaron de tres reuniones celebradas en enero de 1967, 1969 y 1971, y se convirtieron

---

[44] Aunque el número 30 mantuvo la misma estructura de las ediciones anteriores, a partir del número 31 Fernández Retamar reorganiza los espacios y crea nuevas secciones para localizar y agrupar bajo criterios más genéricos los contenidos de la revista: «Hechos / Ideas» absorbió el material ensayístico, «Ficción» alojó cuentos, poemas y obras de teatro, «Libros» reseñó publicaciones recientes, y «Notas», aun volviendo sobre la literatura, también publicó declaraciones, cartas, crónicas, entre otros materiales que reconstruyen la memoria institucional de la revista. Después de «Al pie...», «Colaboradores, temas» informaba sobre los autores, y «Últimas actividades de la casa» acompañaba la promoción que la institución hacía de cultura cubana y latinoamericana por medio de conferencias, charlas, mesas redondas, conciertos, exposiciones, recitales, presentaciones teatrales y lecturas.

en pautas y declaraciones de fe para los latinoamericanos de izquierda. Asimismo, algunas de sus producciones individuales dejan testimonio del consenso político que parecía predominar en el interior de dicho Comité; por otro lado parecen ser colaboraciones preparadas para sustentar y documentar la producción ideológica y la vida pública del grupo[45]. Bajo el ferviente clima político latinoamericano, en el que inspirados en el ejemplo cubano los jóvenes se organizaban en guerrillas para combatir al imperialismo y a las oligarquías locales, este elenco internacional no sólo trabajó arduamente a favor de las adhesiones, sino también negoció las deserciones; reforzó la política institucional cubana con sus propios textos, dotando de organicidad al programa editorial de *Casa de las Américas*; definió y consolidó el

---

[45] Algunos de los miembros del Comité de colaboración se «especializaron» en la introducción de temas que integraban a su discurso latinoamericanista la figura del indio o del negro antillano (Galich, Vargas Llosa, Depestre). Otros, como Desnoes, utilizaron el código de la semiología barthesiana para leer la propaganda y las artes visuales; pero los temas a través de los cuales el Comité de colaboración sostiene la política institucional de la Revolución son la defensa de la Revolución, la crítica al imperialismo y la función del intelectual. Algunos textos son: René Depestre, «Carta de Cuba sobre el imperialismo de la mala fe» (CA 34: 32-61); Encuesta: «El papel del intelectual en los movimientos de liberación nacional» (CA 35: 83-99); Lisandro Otero, «El escritor en la Revolución cubana» (CA 36-37: 203-208); Mesa redonda: «Sobre la penetración intelectual del imperialismo yanqui en América Latina» (CA 39: 133-138); Roberto Fernández Retamar, «Hacia una intelectualidad revolucionaria en Cuba» (CA 40: 4-19); Ambrosio Fornet, «New World en español» (CA 40: 106-115); «Situación del intelectual latinoamericano» (CA 45); Ambrosio Fornet, «Las dos caras de la tradición» (CA 46: 179-181); «Sobre el Congreso Cultural de La Habana» (CA 47: 100-123); Edmundo Desnoes, «Las armas secretas» (CA 48: 32-43); Edmundo Desnoes, «José Martí, intelectual revolucionario y hombre nuevo» (CA 54: 115-121); «Diez años de Revolución: el intelectual y la sociedad» (CA 56: 7-52); Roque Dalton, «Literatura e intelectualidad: dos concepciones» (CA 57: 95-100); Roberto Fernández Retamar, «Notas sobre Martí, Lenin y la Revolución» (CA 59: 116-133); Roberto Fernández Retamar, «Sobre Martí y Ho Chi Minh, dirigentes coloniales» (CA 63: 48-53).

modelo de intelectual comprometido; dio visibilidad a las literaturas
«periféricas» de América Latina (Bolivia, Guatemala); contribuyó a
que el testimonio se tornase un género institucionalizado a través del
Premio Casa; creó estrategias publicitarias para mantener y liderar las
adhesiones internacionales, y transformó a la revista en una máquina
productora de eventos político-culturales de envergadura.

Uno de los escritores más productivos –no en términos de producción textual, sino de gestión editorial–, fue Julio Cortázar. Algunos
segmentos de su correspondencia con Fernández Retamar y Haydée
Santamaría fueron publicados en la revista en 1984, en un número de
homenaje lanzado inmediatamente después de su fallecimiento[46]. De su
propia escritura podemos entresacar el intenso movimiento de promoción cultural de la Revolución cubana que llevaba a cabo desde París,
inclusive cuando ya *Mundo Nuevo* era un hecho público e incómodo,
en especial para otros escritores que como Cortázar habían fortalecido
sus enlaces con Cuba durante el primer lustro de los sesenta.

En un gesto nada simbólico de apropiación de la revista –«nuestra
revista», escribe en varias ocasiones–, y respaldado por las funciones
concretas que como miembro del Comité de colaboración estaba comprometido a realizar, Cortázar da opiniones sobre la calidad de las
entregas, se preocupa con su divulgación, recomienda textos (inclusive
a los poetas concretistas de Brasil, que nunca fueron publicados), indica
a algún nuevo miembro para el jurado del Premio. Al mismo tiempo,
entrelaza los vínculos institucionales con los personales (su amistad con
Fernández Retamar se remonta a un momento anterior a aquel en que
el cubano asume la dirección de la revista), lo cual dota a su escritura
de una intensa afectividad, de alusiones reiteradas a momentos de
gran intimidad, que nos dejan la sensación de que, dentro del Comité,
algunos de sus participantes habían fundado un privadísimo club de

---

[46] «Para, de, con Julio Cortázar», *Casa de las Américas*, número 145-146,
julio-octubre de 1984.

amigos entrañables, en el que discutían –y se confesaban– muchas más cosas de las que salían a relucir en las reuniones de trabajo.

Sin embargo, a partir de 1969 las cartas del autor de *Rayuela* comienzan a registrar cierto descontento ante el malestar que sus opiniones críticas, junto con las de Ángel Rama y Mario Vargas Llosa, despertaban entre los miembros cubanos del Comité. El año de 1968 no sólo se había hecho memorable por el Congreso Cultural, con sus seiscientos delegados y su clima de tolerancia, y en cuya concepción estos intelectuales tuvieron una destacada presencia; 1968 fue también el año en que, ante la incomprensión de los latinoamericanos residentes (o no) en París, el poemario de Heberto Padilla, *Fuera del juego*, desencadenó una ardiente polémica, en la que la libertad de expresión, así como la política de premios literarios nacionales, serían rígidamente reglamentadas por la esfera del poder político. Los cubanos no aceptan entonces que los miembros extranjeros del Comité interfieran críticamente en los asuntos domésticos. Cortázar le escribe al amigo Roberto:

> Alguna vez hablaremos tú y yo sobre ese traumatismo que se nota en algunos intelectuales y políticos cubanos frente a los «compañeros de ruta» situados en el extranjero; una vez más creo que lo que tú dices en algún momento es muy justo (esos argentinos que conocí en La Habana y que se pasaban el día explicándoles *a ustedes* cómo había que hacer o defender la Revolución…), por otra parte creo que tú y otros compañeros tienen ahora la tendencia a meternos a todos en la misma bolsa, a insistir demasiado en eso de que vivimos en nuestras Arcadias y que desde allí vociferamos, etc; no es demasiado justo, sabes, y a veces me lleva incluso a ser injusto yo mismo y a preguntarme si entre ustedes ese punto de vista no es, de alguna manera, una forma demasiado cómoda de hacerse una buena conciencia[47].

---

[47] Carta de Julio Cortázar a Roberto Fernández Retamar, fechada en Paris, el 10 de diciembre de 1969. En *Casa de las Américas* 145-146, julio-octubre de

Cortázar ya se había alzado como mediador, actuando como mensajero entre Fernández Retamar y Vargas Llosa, el primero en rechazar el radicalismo de izquierda que, frente a la inminencia de la lucha armada, despreciaba la *dolce vita* de los exiliados voluntarios; ponderando la actitud de los cubanos y al mismo tiempo afirmando su punto de vista; tratando de aproximar a un Carlos Fuentes que no demoraría en aparecer junto a Rodríguez Monegal en el primer número de *Mundo Nuevo*. O más tarde, aun cuando ya las posiciones de Vargas Llosa o la suya propia creaban más tensiones que coaliciones con la parte cubana, trató de acercar a García Márquez al escenario isleño, pensando sobre todo en «la repercusión que tendrá en el mundo gorilesco que nos rodea»[48].

Gracias a una amplia difusión en numerosos centros culturales, la revista fue un espacio importante para la cohesión política y la colaboración internacional, transformando a la izquierda intelectual en un «frente único» de apoyo a la Revolución, que funcionaba como medio de agitación y propaganda. Entre sus prioridades, *Casa* asumió la divulgación de las transformaciones revolucionarias en la cultura, presentándolas como ejemplos para todos los países de la región. En idéntica proporción, el margen plural (estético y teórico) de los primeros cinco años fue menguando en beneficio del enfoque político.

La sección «Al pie de la letra», que en la primera fase había aparecido de forma irregular bajo la rúbrica «Revistas y días», se convierte a partir del número 30 en uno de los apartados más importantes de la publicación habanera. Allí podemos intuir cuál fue el lugar de la revista en el ámbito latinoamericano y europeo de los sesenta, pero también nos permite pensar cómo otras revistas eran leídas desde el espacio político cubano, qué noticias se reseñaban, de qué modo

---

1984: 102.

[48] Carta de Julio Cortázar a Roberto Fernández Retamar, fechada en su casa de Saignon, el 16 de agosto de 1970. En *Casa de las Américas* 145-146, julio-octubre de 1984: 109.

la revista permanentemente se construía una identidad internacional, a partir de una mirada intelectual situada fuera del escenario cubano. «Al pie...» evalúa, critica, comenta, reseña, declara, niega, afirma, ataca, defiende; desliza su mirada severa, su gesto alegre, dinámico y combativo sobre individuos, grupos, países y revistas, que en su conjunto hacen de América Latina un paisaje intelectual que se sabe dividido, pero que se quiere unido. Siempre en el centro, la isla protagoniza las más encarnizadas batallas ideológicas. El debate se desplazaba también hacia las páginas del fondo, hacia «el patio de la casa», como para discutir «en familia» los eventos que mancillaban la imagen de la Revolución. «Al pie de la letra» sugiere veracidad, objetividad, rigor, distanciamiento, pero también muestra el modo en que la revista se vale de discursos similares al suyo para mostrar que existe un consenso sobre las posiciones políticas de la izquierda. Tradicionalmente, «Al pie...» ha sido una de las secciones más leídas de la revista, lo cual se puede inferir de la variedad y brevedad de sus notas, de la agudeza bien humorada de sus títulos. Muestra, por otro lado, la sintonía entre zonas específicas de la actualidad político-cultural y los contenidos de la revista, además de decir cómo la institución se abre o se cierra al mundo.

Los números temáticos preparados durante esta época son el resultado de la búsqueda institucional de un carácter más político y latinoamericano: el Tercer Mundo, el antiimperialismo, la nueva literatura del continente, los maestros literarios, los héroes, la historia cubana, las conquistas de la Revolución forjaron las portadas y colmaron los índices de la publicación[49].

---

[49] Número 36-37: «África en América»; número 39: «Nueva literatura uruguaya»; número 40: «Desde la Revolución veinte autores escriben»; número 42: «Encuentro con Rubén Darío»; número 45: «Situación del intelectual latinoamericano»; número 46: «Che»; número 50: «La guerra del 68»; número 51-52: «Para la Revolución cubana, en sus diez años»; número 54: «Nuevos escritores venezolanos»; número 58: «Del Primer Festival Panafricano de Cultura»; número

Un nuevo formato para la Historia

Los editoriales también recortan y reseñan la temporalidad del espacio cultural y sus vínculos con la historia reciente; configuran el espacio en que la voz institucional anuncia decisiones adoptadas colectivamente, y construyen una versión de la historia de la Revolución para el contexto latinoamericano de los años sesenta, como modo de legitimar el proyecto ideológico del gobierno cubano.

La imagen de Cuba allí trazada es fundamentalmente épica, política, y se reivindica un linaje intelectual a través del discurso sociohistórico. Frente al bloqueo norteamericano, la isla es condensada en las metáforas de la estrella solitaria y del faro continental. La Revolución cubana y los pueblos de América Latina aparecen como héroes o víctimas frente a las agresiones de los Estados Unidos, cuyo gobierno es apuntado como el principal responsable por las injusticias y agresiones a los pueblos latinoamericanos. La vida heroica de la Revolución se destaca en el interior de un escenario de logros educacionales y culturales en lucha permanente contra el imperialismo. Desde cualquier perspectiva, la Revolución siempre aparece como líder del resto de los países.

El modo panfletario que caracteriza estos editoriales implica una visión teatral, al inscribirse en el discurso agónico y suponerlo como un drama de tres personajes: la verdad, el enunciador, y el adversario u oponente. En esta visión teatral, el enunciador se posiciona frente al oponente y a la verdad como aquel que pretende afrontar la impostura, esto es, lo falso que ocupó el lugar de lo verdadero. El pueblo, al ser identificado con la Revolución, aparece como protagonista y depositario potencial de los impulsos que transformarían la realidad,

---

59: «Lenin 1870-1970»; número 62: «Para la mayor zafra de nuestra historia»; número 63: «Vietnam 1970»; número 64: «Literatura peruana, hoy»; número 65-66: «Del Primer Congreso Nacional de Educación y Cultura»; número 68: «Sobre cultura y Revolución en la América Latina»; número 69: «Chile».

pero también como víctima silenciada que finalmente encontró una voz para expresarse / emanciparse.

Ya en el editorial del primer número, titulado «Como haremos», los objetivos culturales y los políticos aparecen cruzados. Por un lado, la creencia en «una concepción de la vida hispanoamericana» presenta la unidad de los países a través de la lengua, por tanto, de su literatura. Pero esta unión es vista como posible a partir de la existencia de la Revolución cubana. Así, ella es el eje estructurador de un discurso que combina los objetivos literarios de la revista con los políticos. «Como haremos» identifica el discurso literario y el histórico-político a partir de un presupuesto irrefutable: si la Revolución es posible, la unidad latinoamericana a través de la literatura también lo es. Sin embargo, esta convivencia de lo estético y de lo histórico-político no ocurrirá de manera armónica; para mantener la unidad en torno al proyecto de exportar la Revolución, la literatura es puesta al servicio de la política; su función es la de tender un puente hacia el resto de los países de América Latina. «Nuestro propósito», declara el editorial, «es demostrar que la más bella y noble utopía: el sentido de nuestra vida, es una certidumbre, una realidad, una existencia. Como escritores esa es nuestra misión» (CA 1, 1960: 3).

Ningún programa de carácter estético es enunciado, pero la idea del cambio histórico y la función de propagar ese cambio aparece mucho mejor definida. Si su lenguaje no resulta más directo y claro, tal vez se deba al hecho de que los editores de la revista se resistiesen a emplear el estilo propio del panfleto político, mostrando así cierta reserva ante la fusión de discursos que hasta entonces, en la experiencia literaria de Arrufat y Masó, habían seguido caminos paralelos. A partir de este editorial, en el cual la presencia de Cuba en la vida cultural hispanoamericana aparece como el resultado de un hecho histórico concreto, los números siguientes irán ajustando gradualmente los objetivos de la publicación: primero crear vínculos con los países de América Latina, después intensificarlos (CA 10,

1962), para finalmente extenderlos a todo el Tercer Mundo (CA 36-37, 1966).

Mediante la secuencia de acontecimientos históricos y políticos que los editoriales narran se puede reconstruir una zona de las relaciones políticas y culturales de Cuba, tanto con los Estados Unidos como con los países de América Latina. En todos ellos la Revolución ocupa un lugar central, al servir de guía y estímulo para la lucha. Entre los principales acontecimientos de que se ocupan los editoriales están: Conferencia de la OEA en Costa Rica (1960, CA 2); Expulsión de Cuba de la OEA (1964, CA 26); Intervención militar de los Estados Unidos en Santo Domingo (1965, CA 31); Primera Conferencia Tricontinental (1966, CA 34); Congreso Cultural de La Habana (1968, CA 47). Otros eventos importantes son reflejados en los editoriales bajo la forma de notas breves; en ellos la moderación del discurso panfletario indica que se trata de acontecimientos que el gobierno cuenta como resultados positivos del esfuerzo colectivo, en los que los oponentes han sido derrotados y se vive un ambiente de entusiasmo, de unidad y de heroísmo. Por tanto, pasan a ser tratados ampliamente fuera de los editoriales. Por otro lado, se trata de sucesos ocurridos en 1961, todavía en la fase inicial de la revista y de la propia Revolución: a la invasión de los Estados Unidos a Cuba se le dedicó un número, sin embargo no lleva presentación editorial; ya la campaña de alfabetización (también se le dedicó un número) y el I Congreso de Escritores y Artistas (se publicaron las declaraciones de Nicolás Guillén y Alejo Carpentier) sí reflejan en sus respectivas notas ese clima de optimismo. Dedicado al Año de la Educación y a la campaña de alfabetización, el editorial del número 9 declara: «Esta revista [...] se propone reflejar las actividades culturales que han alcanzado mayores logros durante ese período y al propio tiempo, destacar el trabajo de alfabetización», mientras que en la nota del número 8 se dice sobre el mencionado congreso: «se desarrolló en un plano de entusiasmo y verdadera unidad de todos los intelectuales y artistas cubanos» (2). Cabría pensar también que como resultado de la ambigüedad discursiva que domina el editorial del primer número, que los encargados de la redacción no estuvieran interesados en politizar en exceso la línea editorial de la revista. En el número 51-52 de 1969 se conmemoran los primeros diez años de la Revolución, por lo que la revista se dedica, en un largo editorial firmado por el Consejo de Dirección de la Casa de las Américas, a hacer un balance de su labor en el terreno político y cultural. La misma consistió en resumir los acontecimientos que los propios editoriales fueron narrando durante toda una década, y que expresan tanto la posición de los intelectuales como de la misma Revolución frente a la política de los Estados Unidos y de los grupos de artistas y escritores que no seguían las pautas trazadas desde la izquierda.

En el plano discursivo, los editoriales se inscriben dentro de la llamada literatura de combate, y se conforman como un rasgo del proyecto ideológico de la Revolución. Se trata de textos que se presentan como reacciones espontáneas de los intelectuales y el pueblo ante las agresiones imperialistas y las injusticias de los gobiernos latinoamericanos, capaces de trasmitir una verdad escondida, así como los valores revolucionarios mediante los cuales tanto el pueblo como los intelectuales podrán acceder a esa verdad. La nota editorial del número 38, por ejemplo, denuncia la injerencia de los Estados Unidos en América Latina a través de los gobiernos dictatoriales de Argentina y Brasil, y a través de una nueva política cultural que implementaba el uso de altos recursos financieros para contrarrestar el avance ideológico de la Revolución. Ante esta situación, *Casa* hace un llamado a los intelectuales para que no colaboren con dicha política, alertándolos sobre la manera en que serán estafados en su buena fe:

> Es cada día más difícil encontrar intelectuales que hagan, como años atrás, el elogio abierto de la espada. En cambio, es todavía posible la

censura explícita o implícita de la Revolución. Los imperialistas se han lanzado con violencia y método a auspiciar esta actitud. A los venales entre quienes consideran proclives a este juego, les envían simplemente sus dineros, justificados con revistas o ediciones. A los otros les hacen llegar premios y cargos, halagos baratos y halagos menos baratos. A los primeros hay que combatirlos; a los segundos, hacerles ver la trampa que se les prepara, en la seguridad de que permanecerán fieles a su historia y a nuestras tierras.

El elemento retórico más utilizado es la invectiva como reacción ante hechos políticos o históricos de trascendencia escandalosa, por la repercusión que tienen en diversas partes del mundo. El editorial del número 31 presenta la invasión norteamericana a Santo Domingo como una «fechoría intracontinental» del «mascavidrios del continente», a la cual se suma la «agresión extracontinental» a Vietnam; los gobiernos de América Latina son vistos como «lacayos» y «judas», mientras que el pueblo es la «víctima de ignominia» de «conducta inquebrantable». Esto sirve, a su vez, para que los editoriales refuercen la imagen de injusticia que impera en todo el Tercer Mundo. Es una retórica llena de metáforas y de lugares comunes del género panfletario, con los cuales se juzgan personas y hechos[50]. Así, la reunión de la OEA en Punta del Este es contrapuesta a la lucha guerrillera del Che Guevara; a toda una organización («melancólico cónclave») se le opone un líder de las masas («el gran comandante del pueblo» y su «extraordinario mensaje»). Es también una retórica del desprecio formulada a partir de oposiciones semánticas que

---

[50] El oponente está permanentemente presente en el discurso, pero es un oponente dominado por esta retórica, sin espacio para hacerse audible. Tampoco se abre espacio para la polémica, pues ella presupone la intervención del antagonista. En otras zonas de la revista sí se presentan algunas polémicas, pero siempre las que se dan fuera de Cuba, entre grupos fuertemente representados por la izquierda y los liberales, que no tienen una presencia constante en las páginas de esta publicación.

garantizan la posesión de la verdad o, cuando menos, de la razón. A la política «de la traición y el sometimiento» (actitud pasiva de los gobiernos) se le opone «la de la rebeldía varonil» (actitud activa del Che y todos los guerrilleros); a la «violencia opresora», la «violencia revolucionaria».

Durante la primera fase de *Casa de las Américas*, la presencia de editoriales es escasa y deja entrever, de un lado, la poca presencia del control institucional que a partir de 1966 daría lugar a un discurso profundamente antiimperialista y comprometido con la Revolución continental; esto, provocado por diversos acontecimientos que la propia publicación va narrando a través de sus editoriales, y que anuncian un cambio radical en sus estrategias discursivas. Por otro lado, esta presencia reducida de la voz institucional durante los años que van de 1960 a 1965 es síntoma también del momento en que la propia Revolución se transformaba, sin adoptar todavía posturas más radicales en cuanto a la posición política de los artistas y escritores. No significa tampoco que la revista no tomara partido ante los acontecimientos históricos que ponían en riesgo la propia existencia de la Revolución, pero muestra que aún la actividad cultural mantenía un grado de autonomía sostenido en relación con las exigencias de integración del intelectual a la vida política.

A partir del momento en que ocurre un cambio en el equipo de redacción y Roberto Fernández Retamar comienza a dirigir *Casa*, los editoriales se hacen permanentes y adquieren como rasgo de estilo el tono panfletario y la retórica política. Mientras tanto, la literatura pasa a ocupar un segundo plano, y cuando aparece siempre es en función de legitimar un discurso político de la historia cubana, en la cual la isla actúa como protagonista y guía de todos los pueblos del Tercer Mundo.

Posiciones irreconciliables

Casa y *Mundo Nuevo* por un lado reinauguran, y por otro dan continuidad a la edad de oro de las revistas culturales latinoamericanas de la segunda mitad del siglo xx. Nuevas publicaciones, impulsadas por el impacto de la Revolución cubana sobre las fuerzas progresistas del continente, estimularon la querella político-ideológica y, guiadas por el modelo cubano, se propusieron rescribir la estética realista mediante la creación de una poética revolucionaria. *Casa* ofreció su espacio como el lugar de reunión de la epifanía revolucionaria y la intelectualidad. Esta última trató de crear un «cuerpo de doctrina»; exhibió como documentos la voz de los líderes revolucionarios Fidel Castro, Ernesto Che Guevara y José Martí, cuyo pensamiento se convirtió en el eje político sobre el cual la revista ensayó una nueva interpretación de la identidad latinoamericana. La Revolución cubana fue el escenario a partir del cual se incentivó la emergencia de una ideología fuertemente antiimperialista, que en el plano ideológico se dedicó a combatir la visión colonial de América Latina.

Bajo ese signo, la década del sesenta vio crecer su lista de publicaciones culturales, inaugurando una fase de intenso debate y de constantes novedades culturales. A pesar de que la formación literaria de los realizadores de *Casa* está presente en su sintaxis, el hecho de ser la publicación de una institución revolucionaria la lleva a actualizar en un nuevo espacio latinoamericano una cierta tradición de revistas que se constituyen en plataformas ideológicas de grupos políticos. Basta revisar un poco los temarios que la sustentan para verificar cuánto contribuyó a la radicalización de un sector intelectual del movimiento de izquierda, que inspirado en el éxito de la lucha armada en Cuba creyó poder alcanzar transformaciones semejantes en otros países. Mas, en el ardor de la Guerra Fría, *Casa* atizó como nunca la exclusión política y estética de los intelectuales que por diferentes razones buscaron formas de asociación y de expresión independientes.

Esas nuevas formas se materializaron en congresos (Columbianum, Génova, 1965; Congreso Latinoamericano de Escritores, México, 1967), cuyas propuestas de organizarse en una Comunidad Latinoamericana de Escritores contribuiría a «desenfocar» el proselitismo ideológico y estético realizado desde La Habana. En el congreso de México, la posición adoptada por los participantes cubanos bloqueó el éxito de la propuesta y produjo profundas escisiones entre los escritores latinoamericanos.

Casa no sólo se impuso como líder de la izquierda intelectual revolucionaria de América Latina, sino que se propuso fragmentar la moralidad de los escritores y artistas de ideología liberal. Consecuentemente, estos últimos trazaron una nueva estrategia que contuviese la influencia y la presión de la izquierda militante sobre otros sectores ideológicos de la intelectualidad, lo cual se concretiza con la decisión del CLC de renovar su catálogo de revistas culturales, diseñando un nuevo discurso para los espacios latinoamericanos de mayor impacto político, que le permitiese captar, a través de un estilo dinámico y de la asepsia discursiva, la atención de las elites universitarias y de los escritores más prestigiosos del momento.

Si desde el punto de vista cultural *Casa* se presenta como una fuerza ideológica que a través de la lengua reúne a las grandes voces de la literatura, desde el punto de vista político y económico aparece como un mito tercermundista que con los años se revelará inviable, primeramente por el fracaso de las guerrillas, y después por el alcance efectivamente limitado que la Revolución cubana consiguió en su objetivo de exportar el socialismo o, según el programa guevarista, de crear muchos Vietnam. La circulación de la ideología revolucionaria en *Casa* se da a través de la exportación de ideologemas, mientras que importa una gran cantidad de textos literarios que ya han incorporado su modelo discursivo. Así, la producción literaria es representativa de todos los países de América Latina, pero no de todas las estéticas.

Mundo Nuevo se presenta entonces como alternativa a la hegemonía de un modelo de intelectual comprometido con la Revolución, tercermundista y antiimperialista, que trató de reunir armoniosamente en un mismo individuo al hombre de acción y al hombre de ideas. Para Rodríguez Monegal, la literatura latinoamericana actuaría como representatividad ante la cultura europea, con lo que «usurpa» el lugar de la enunciación y lo hace representativo de una idea de cultura que lo inscribe en la tradición liberal. Mientras que bajo la dirección de Fernández Retamar el enfoque literario de *Casa* toma la orientación del compromiso con la Revolución, y la literatura comienza a ser analizada como un fenómeno primeramente ideológico, *Mundo Nuevo* ve la primacía de la renovación estética como un fenómeno de lenguaje. El cosmopolitismo de la primera fase de *Mundo Nuevo*, sin embargo, a partir del espacio geográfico en que se ubica ya está desarrollando su propuesta de separar los espacios literarios de los espacios políticos. La visión que *Mundo Nuevo* ofrece de América Latina en su primera fase es la de un continente doblegado por la mediocridad de sus gobernantes, por la mentalidad colonial; defiende la idea de tratarse de un continente del cual es necesario salir para poder ver su lado oculto, el lado que estimula la creación, y en esa defensa expresa también la necesidad que ejercer la crítica.

Para *Mundo Nuevo*, América Latina es la protagonista de un cambio literario, mientras que para *Casa*, lo es de una transformación social y política. Para la revista cubana, América Latina es una continente rebelde, el semillero de la vanguardia; de América Latina registra lo que debe ser cambiado desde el punto de vista social. *Mundo Nuevo*, por su lado, en su primera fase atiende básicamente a los cambios culturales.

Este es el mismo enfoque que se mantendrá durante los años de enfrentamiento entre *Mundo Nuevo* bajo la dirección de Rodríguez Monegal (1966-1968) y *Casa* hasta 1971, año en que la primera desaparece y la segunda entra en una fase de descrédito dentro del campo intelectual latinoamericano después del escándalo provocado por el caso Padilla, de la disolución del Comité de colaboración de la revista y la ruptura pública de Fidel Castro con el «frente único», en el discurso del 1 de mayo de ese mismo año.

La trayectoria discursiva en que *Casa de las Américas* dialoga y se inserta en la cultura hace el recorrido de lo mundial a lo continental, y por último a lo nacional. Es una proyección hacia dentro que revela tensión con el exterior, resquebrajamiento de los contactos y una política cultural volcada hacia la defensa de los intereses nacionales de la Revolución. Es también un proceso de legitimación de lo particular con un matiz político acentuado; una manera característica de interpretar y mostrar a los países de América Latina, que destaca apenas los discursos que le puedan ser útiles en la realización del proyecto continental. Es la visión contraria a la de Rodríguez Monegal, que pretende hacer el recorrido en sentido inverso, a través de la literatura. Fernández Retamar defiende la centralidad de la palabra latinoamericana y sugiere una interpretación de la «nueva novela» como producto del contexto histórico latinoamericano, como una respuesta política a los Estados Unidos; Rodríguez Monegal, en cambio, la observa como heredera de la moderna literatura norteamericana (Melville, Faulkner, James, Hemingway) y como una visión americana particular. Así, la manera como ambas revistas combinan estos discursos y los privilegian produce efectos encontrados dentro del campo intelectual latinoamericano.

El primer número de *Mundo Nuevo* se abre con una entrevista de Rodríguez Monegal al escritor mexicano Carlos Fuentes, «Situación del escritor en América Latina», que es un intercambio de ideas entre poesía y racionalidad, entre crítica y ficción. Significativamente, la intención de la entrevista no es sólo debatir sobre la situación del escritor, como promover la novela de Fuentes, *Cambio de piel*, que sería publicada primeramente en inglés, por la casa Farrar & Straus. En esta conversación, ambos intereses se concilian, en la medida en que al trabajo de promoción se une el interés que se toma Rodríguez Monegal en destacar lo específico mexicano en la novela de Fuentes: el trasfondo mítico que revela los actos ceremoniales, el sacrificio, bajo la ficcionalización de la contemporaneidad. Según el autor de *Cambio de piel*, los dos factores que impulsaron el surgimiento de la nueva novela latinoamericana fueron, de un lado, la separación de los intelectuales y el poder, o sea, la autonomización del campo literario, y de otro, la conciencia que estos intelectuales tienen de su contemporaneidad, de haber roto «el cerco latinoamericano de lo "académico", lo "culto", lo de "buen gusto"»:

> estamos tan sometidos como cualquier gringo o francés al mundo de las competencias y los símbolos de status, al mundo de las luces de neón y los Sears-Roebuck y las lavadoras automáticas y las películas de James Bond y los tarros de sopa Campbell. Murió la Graciosa Epifanía del Arte. Vivimos en sociedades modernas, maltratadas, inundadas de objetos, de mitos y aspiraciones de plástico y aluminio, y tenemos que encontrar los procedimientos, las respuestas, al nivel de esa realidad: tenemos que encontrar las nuevas tensiones, a partir del Chicle Wrigley's y la telenovela y el frug y el bolero y Los muchachos de antes no usaban gomina (MN 1966: 14).

Sin embargo, el propio Fuentes lo admite: se vive una modernidad apócrifa, y las «correspondencias reales» con la cultura europea y norteamericana existen en la medida en que los intelectuales, en plena época de revoluciones políticas y sociales (por tanto moderna en otro sentido), niegan el maniqueísmo local y construyen la literatura del continente desde el espacio moderno del «otro», con buena parte del capital simbólico del «otro». Rodríguez Monegal y Fuentes leen México con las categorías estéticas del *pop* y del *camp*, y concuerdan en que «una literatura existe y va adelante gracias a sus emigrados», por tanto, es su lado cosmopolita el que permite «no debilitarnos en el aislamiento [...] y encontrar toda una serie de correspondencias y de afirmaciones en las relaciones abiertas de la cultura» (MN 1966: 8-9). El lugar de la enunciación en Fuentes y Rodríguez Monegal es el espacio europeo; ellos, al igual que Darío, Martí, Borges, Neruda, Cortázar, García Márquez, Carpentier, también son emigrados con quienes la queja de Alfonso Reyes, «llegamos siempre con cien años de retraso a los banquetes de la civilización» se desvanece.

Cuando Fuentes enumera los indicios de una modernidad que incluso en el llamado primer mundo pueden considerarse «periféricas» –los objetos desechables de la masificación y del consumo reverenciados por el *pop*, el mal gusto exacerbado resemantizado por el *camp*– está entrando apenas en la superficie de una macroestructura, está leyendo el decorado de la sociedad capitalista contemporánea y, mediante la renovación del lenguaje, declarando una nueva voluntad de estilo, que ya estuvo presente en la lectura que los escritores modernistas hicieron de Europa y los Estados Unidos en sus crónicas finiseculares.

Fuentes agrega que «hoy el problema […] es que vivimos en países donde todo está por decirse, pero también donde está por descubrirse cómo decir ese todo» (MN 1966: 17). Este no es un problema nuevo para los escritores, pues cada época exige la renovación de su lenguaje, formas lingüísticas que se correspondan con la realidad social. Esta voluntad totalizadora y de aprehensión ejercida desde afuera es una cuestión estética que nunca encontrará una forma definitiva, pero que en los años sesenta en América Latina fue una salida inmediata para los intelectuales ante la frustración que el propio Alfonso Reyes manifestó en las primeras décadas del siglo xx, al hablar de nuestro tradicional «retraso» con relación a la modernidad. Para Rodríguez Monegal urgía abandonar la idea «anticuada pero muy anticuada, muy apocalíptica, de una disyuntiva entre la palabra y la acción», ya que «la acción de un escritor está en sus palabras» (MN 1966: 20).

Contraria a la idea de *Mundo Nuevo* de construir una literatura que presente a América Latina como un proyecto moderno desde la cultura y no desde la política, en su editorial del número 32 *Casa* expresa otra visión:

> Una frase alarmante de Darío, prediciendo que «tantos millones de hombres hablaremos inglés», es efectivamente retomada en forma negativa y completada: «tantos millones de hombres no hablaremos inglés, sino el idioma de Bolívar, de Juárez, de Martí, de Zapata, de Sandino, de Fidel, del Che, de los guerrilleros, de los trabajadores, de los intelectuales que han decidido permanecer fieles frente a cualquier agresión que se autorice a sí mismo el último imperio» (2).

En esta cita, la lengua (literaria) aparece como subproducto del lenguaje (político), el panfleto opuesto y sobrepuesto a la literatura; muestra cómo la lucha por el control de la palabra opone política y cultura, cosmopolitismo y defensa de los valores nacionales. A los ojos de la izquierda intelectual, en América Latina la cultura asume una posición elitista, mientras que la política apela a lo popular. La política le discute la primacía, pero al mismo tiempo sabe que el intelectual es el detentor «técnico» de la palabra, por su capacidad de crear códigos para la formación de opinión, por tanto su poder de convocación no necesita apelar a la violencia. Así, la distribución de ambas revistas en el campo de las ideas podría ser considerada diametralmente opuesta. *Casa* acabará apareciendo durante sus cinco años de convivencia con *Mundo Nuevo* como más representativa, al tener como garantía haber sido fundada en una época en que el intelectual legítimo era el de izquierda. Por esa razón, los escritores con posiciones incompatibles o divergentes con la Revolución pasan a colaborar con *Mundo Nuevo*. De ahí que la oposición entre ambas revistas se explique por las características de los grupos de los que son expresión.

La polémica *Casa* / *Mundo Nuevo*

Haydée Santamaría consideraba la revista *Casa* «difícil de hacer porque es literaria y no deja de ser política». «Pero creo», decía, «que una de sus características es que no le tememos a la polémica. Después de todo, la polémica nos sirve para medir nuestras fuerzas» (Sarusky 1988: 6). La polémica parece ser, para Haydée, la medida discursiva del poder; su concepción agónica de la palabra es el aire de familia que aproxima a la revista de la Revolución. La imagen de *Casa* como gestora de debates era, en el contexto político de los años sesenta, un valor connotado positivamente por la izquierda. Optar por el enfrentamiento ideológico le rindió no pocas pruebas de unión y de consenso, al instaurar como práctica nuevos modos de calcular y mostrar el peso de las adhesiones contra el liberalismo, el anticomunismo, el imperialismo. Asumir la crítica era el eje que perpetuaba su centralidad. Y para medir las fuerzas, lo principal era contar con un adversario que justificase, en una escala de «valores negativos», la necesidad de establecer, en lugar del diálogo, una suerte de versión letrada de la lucha armada. La agresión verbal, la actitud de alerta y la permanente salida al paso del oponente incrementaron las diferencias y transformaron a sus protagonistas en (re)productores de repertorios ideoestéticos que parecían no tener cabida en el único lugar posible para la convivencia intelectual: el espacio letrado latinoamericano.

El deseo de colmar el continente con miradas regidas por la exclusividad de sus enfoques –la necesidad de imponer lo moderno a través del gesto épico, o el proyecto de mantener un universo literario desgajado de lo político– rotularon a *Casa* y *Mundo Nuevo* con los sellos del compromiso revolucionario y de la autonomía intelectual. Ambas encontraron en la polémica una forma de ocupar el territorio de lo ajeno con sus propios mensajes, de hacerlos circular al borde mismo del escándalo sin que los principales protagonistas aparecieran involucrados de una manera personal. Es el estilo guerra fría de discursar, forcejear, hacer proselitismo, alzar triunfos; es la tensión de una época que mal supera los estragos del fascismo y ya encuentra la fuerza de los nuevos imperios tensando y dividiendo a maestros y condiscípulos en América Latina.

La discusión entre los directores de las revistas –que se extendió con intensidad a sus índices y temarios– tuvo lugar en un contexto de inestabilidad ideológica marcado por el auge de los movimientos guerrilleros y sus tensiones con los partidos comunistas, por la proliferación de regímenes militares, a lo que se sumaba la presencia ideológica y militar de los Estados Unidos en los países de la región (invasión a República Dominicana, programas de investigación auspiciados por fundaciones norteamericanas, como Camelot, Numismático y Simpático). En esas circunstancias, la intelectualidad de izquierda se organizaba en torno a revistas que seguían el modelo discursivo de *Casa* y que además se inspiraban en idénticas formas enunciativas, tales como el género epistolar y las encuestas[1].

---

[1] Basta revisar los géneros y los contenidos de *La Rosa Blindada* para constatar su papel coadyuvante en la difusión de los mensajes lanzados por la revista cubana. En el mismo número en que reprodujo las primeras cartas intercambiadas entre RFR y ERM, *La Rosa Blindada* publicó los siguientes textos: Regis Debray, «América Latina: problemas de estrategia revolucionaria»; Moc Vien, «¿Quién vencerá en Vietnam?»; Estela Canto, «Un revolucionario»; Horacio N. Casal, «El gordo»; Juana Bignozzi, «Poemas»; Isaac Babel, «Opiniones»; Gorki, Budienny, Vishnevski, «Polémica»; Marcelo Ravoni, «Venezuela: intelectuales en armas»; Debray, Maspero, «El papel de los intelectuales en la liberación nacional»;

La polémica también se vio favorecida por un dinámico engranaje editorial (Sudamericana, Emecé, en Argentina; Fondo de Cultura Económica en México) que se nutría de jóvenes manuscritos; fue estimulada por los nuevos premios literarios (Casa de las Américas y Seix Barral colmaban las ambiciones) y por un nuevo estilo de hacer crítica literaria. Por otro lado, los grupos (*Sur, Orígenes*) que durante las décadas anteriores impusieron un gusto de lectura y un modelo de escritura basados en el cosmopolitismo y la separación entre cultura y política fueron desplazados por el interés de los jóvenes escritores en reflejar y participar de la cotidianidad revolucionaria.

El ataque a Mundo Nuevo

El antecedente inmediato a los desentendimientos entre los directores de *Casa* y *Mundo Nuevo* puede ser ubicado en el Congreso de Génova, en enero de 1965. Allí tuvo lugar un primer contacto entre ambos, que Ángel Rama trató de desactivar. En 2002, al interrogarlo acerca de la presencia de escritores cubanos en la revista del ILARI, Fernández Retamar evitó valorar el peso de las colaboraciones de los exiliados, y en su lugar se refirió a la «falta de presencia» de escritores cubanos en *Mundo Nuevo*, es decir, a los «no exiliados»:

> por considerarla una revista que había sido proyectada desde una perspectiva hostil a la Revolución cubana, cosa sobre la que me había advertido muy tempranamente Ángel Rama, cuando en enero de 1965 en Génova una institución que ya no existe que se llamó Columbianum organizó un famoso congreso de escritores latinoamericanos junto con otros congresos [...] Cuando se celebró este congreso, recuerdo que Emir Rodríguez Monegal nos invitó a almorzar o a cenar a Cintio Vitier y a

---

Gorriarena, Broullon, Noé, Aguirrezabala, «Encuesta plástica»; Fidel Castro, «Carta a U-Thant».

mí para hablarnos del proyecto de la revista. Yo no sabía nada sobre el particular, yo apreciaba la obra crítica de Emir Rodríguez Monegal [...] Desconocía las malas relaciones entre él y Rama, no estaba al tanto de los detalles. Después de este almuerzo o cena Rama, enterado de ello, me desmintió sobre –podemos decir contra– Emir, un poco para mi sorpresa, pues yo desconocía las malas intenciones, que no eran sólo malas relaciones personales, sino también de orientación ideológica. Y así fue que vine a tener una idea de lo que era el proyecto de esa revista. (Morejón Arnaiz & Chiampi: en línea)

Sin embargo, lo que interesa resaltar en esta cita es la necesidad que tiene Fernández Retamar de precisar el contexto y las circunstancias generales en que comenzó su corta relación con Rodríguez Monegal, la cual, según su testimonio, nació marcada por la sospecha. A su regreso a la isla, el cubano es nombrado director de *Casa*, y Rodríguez Monegal, cuyos contactos con el CLC precedían en mucho a este encuentro, tampoco tardaría en poner en funcionamiento su proyecto editorial. Por otro lado, las polémicas de Rama con Rodríguez Monegal, hasta entonces circunscritas al ámbito uruguayo, a partir de entonces serían expuestas a los reflectores de la opinión latinoamericana. La agilidad con que Rama mina el entendimiento entre su oponente y los cubanos, como veremos más adelante, muestra su determinación en no dividir con Rodríguez Monegal la centralidad extra provinciana que Cuba le garantizaba.

De ese primer contacto surgió una invitación de Fernández Retamar para que Rodríguez Monegal colaborase en la revista cubana y para que participase como jurado en el Premio Casa de 1966. Al inicio, las advertencias de Rama parecen no preocupar al cubano, y en abril de 1965 le escribe a Rodríguez Monegal una breve carta en la que expone la nueva orientación que *Casa* seguiría bajo su mandato:

Tengo empeño en que podamos hacerla, cada vez más, una revista de ideas, con un amplio criterio intelectual que permita confrontar visiones variadas en el campo de la cultura americana, la cual vive hoy en Cuba, y en el continente nuestro, un momento de tanto interés.

Considero desde luego de la mayor importancia poder contar con trabajos tuyos en esta revista que me complace poner a tu disposición.[2]

Después de siete meses sin responder, el 1 de noviembre de 1965[3] Rodríguez Monegal le escribe desde México comunicándole su nuevo proyecto de revista y tratando de confirmar su visita a La Habana, a todas luces con el objetivo de obtener colaboraciones para *Mundo Nuevo*:

Una de esas cosas es la oferta de dirigir una revista literaria en París para América Latina. La he aceptado porque el grupo que me la ofrece (vinculado al Congreso por la Libertad de la Cultura pero no dependiente de él) me asegura toda la libertad de elección y orientación. Entre las cosas que he especificado con toda claridad, deletreándolas, está la colaboración de intelectuales cubanos. Hay que erradicar definitivamente el maccarthismo. Aceptaron y creo que sería muy conveniente que yo visitara La Habana. Tú me habías dicho que podría ir como jurado de la Casa de las Américas. La idea me tienta aunque tal vez eso me exija demasiado tiempo y trabajo. Te ruego que me aclares estos puntos:

[...]

b) Qué posibilidades tendría de hablar con los distintos grupos, distintas revistas, distintas personalidades importantes, en un plazo breve (una semana, por ejemplo).

---

[2] Carta de RFR a ERM, 2 de abril de 1965. Todas las citas de esta correspondencia, que me facilitó en copia Enrico Mario Santí, provienen de *Emir Rodríguez Monegal Papers (C0652): 1941-1985, bulk 1965-1968*. En lo adelante, además de consignar la fecha puntual, se referirán como Rodríguez Monegal 1965-1968.

[3] Cartas de la polémica: 1/11/1965: ERM a RFR; 6/12/1965: RFR a ERM; 29/12/1965: ERM a RFR; 7/3/1966: RFR a ERM; 6/4/1966.

Es fundamental para mí este enlace y creo que lo puede ser también para ustedes porque creo que esta revista va a ser una oportunidad para todos los que creemos en una cultura latinoamericana viva y de hoy [...]

Explicar el porqué aceptó dirigir una revista del CLC implicaba saber que existía desconfianza sobre su orientación política, y por tanto, Rodríguez Monegal entrega su palabra y su prestigio en garantía; de algún modo quiere tranquilizar al cubano, pues de antemano conoce lo previsible –en un sentido negativo– de su reacción. El uruguayo se presenta como el intelectual que, desde la margen opuesta, defiende un proyecto cuyo punto de afinidad con la izquierda internacional (la lucha contra los poderes reductores de la libertad intelectual) le permitiría concretizar sus planes. Así, se vale del tono enfático y del modo imperativo para probarle a su colega cierta fidelidad afectiva, cierta constancia ética, cierto compromiso personal, en buena medida pensados para validar su proyecto y reducir al mínimo los argumentos en contra que podría esgrimir el cubano.

Al mismo tiempo el futuro director de *Mundo Nuevo* se presenta con tal seguridad de sí, tan decidido no sólo a llevar adelante su empresa, sino también a que los cubanos la acepten, que enseguida pasa a organizar su viaje a La Habana, y pone a Fernández Retamar en función del mismo. El director de *Casa* es interpelado como un colaborador *a priori*; Rodríguez Monegal le adjudica funciones de índole práctica para garantizar el éxito de su visita y de su revista. Esta primera carta le propone a los cubanos un negocio redondo: el intercambio intelectual basado en relaciones personales que garantizan un amplio margen de legitimidad, y cuyos resultados podrían ser divididos en beneficio de la comunidad literaria latinoamericana.

Sin embargo, adelantarle a la revista-guía de la izquierda un proyecto que se presenta a sí mismo como una oportunidad y un credo podría ser interpretado desde la isla como un modo de querer absorber o de encauzar por otros derroteros el capital intelectual que sustentaba a la revista cubana. Frente al empeño de convertir a *Casa* en una revista de ideas, *Mundo Nuevo* aparece entonces, antes de su surgimiento, como una competidora y como una amenaza. Cuando Rodríguez Monegal la describe como «una oportunidad para todos los que creemos en una cultura latinoamericana viva y de hoy», lo que subyace en sus palabras son los vacíos que encontraba en la futura oponente. Su pretensión de actualidad y de modernización sugiere enseguida que sería otra la mirada, otra la lectura, otra la zona estética privilegiada. La «oportunidad» que la revista del uruguayo parece concederle a la literatura y a los intelectuales delimita un territorio de letrados cuya identidad se define por la unidad en torno a su proyecto. Al emplear la primera persona del plural («para todos los que creemos»), el crítico se reconoce como figura modélica de un credo estético que si bien no excluye a los cubanos, tampoco les ratifica el liderazgo. Al pedir colaboración para su revista y convocar al director de *Casa* para que trabaje en función de ella preparándole contactos en el interior de la isla, Rodríguez Monegal está invadiendo el centro que instituye, organiza, controla y difunde hacia el resto del continente un discurso que no admite relacionarse con «el otro». Al mismo tiempo que su epístola busca el acercamiento, también está pensada como forma de negociar la presencia de escritores que, si bien no era posible localizar en las instancias oficiales de la cultura, como José Lezama Lima o Virgilio Piñera, por su importancia inte- lectual eran centrales, dado el nivel literario que sus colaboraciones garantizarían.

Ahora bien, si Rodríguez Monegal estaba interesado en contactar a escritores que habían pasado a ocupar un lugar secundario frente a la emergencia de la joven guardia cultural, ¿por qué Fernández Retamar es el principal enlace? No olvidemos que *Casa* era entonces una especie de *carrefour* internacional, el lugar de las confluencias y de los intercambios, el sitio adonde todos miraban, el ámbito codi- ciado por los jóvenes talentos provenientes de las clases medias del continente, que mal conseguían dar crédito a lo que sus ojos allí veían: una movilidad incesante de clases, razas y castas, una fusión y un desplazamiento en el que todo lo proveniente de una época anterior a 1959 parecía fosilizado, burgués y decadente, y necesitaba ser reestructurado, eliminado, resemantizado. Cuba y su Revolución tropical les ofrecían un paisaje humano y una dinámica política que el tradicional provincianismo de otras sociedades latinoamericanas no conseguía «descodificar». Bajo el impacto causado por el nuevo modelo social, la realidad del continente cobraba nuevas dimensiones. Así, al mantener buenas relaciones con la revista cubana Rodríguez Monegal garantizaba la libre circulación de su revista y su aprobación por parte de los escritores que los cubanos habían conseguido «organizar» durante todo un quinquenio. De la aceptación o del rechazo de los posibles colaboradores parecía depender, en buena medida, parte de la red latinoamericana de adhesiones, así como la solidez misma del proyecto parisino. No se trataba sólo de integrar a la nueva revista la literatura que se producía en la zona política más llamativa de la década, sino que, además, obtener el consentimiento del grupo que controlaba el discurso literario de la Revolución significaría probar la legitimidad (y el éxito) de una empresa que, si bien estaría financiada por una organización que vivía de fondos estadounidenses, se quería, por sobre todas las cosas, personal.

Lejos de provocar, Rodríguez Monegal se expuso con cautela y trató de poner el parche antes de que la mala fama del CLC transformase su revista en escándalo. Para sortear la previsible hostilidad de los cubanos utilizó como elemento de persuasión el valor cultural y latinoamericanista de su proyecto. Pero definitivamente, las «sutilezas semánticas» no funcionaron, y el 6 de diciembre Fernández Retamar le responde:

> Como te considero hombre de buena fe, te hablaré sin ambages, con igual buena fe: el Congreso de marras es una organización creada

para algo, que es, precisamente, lo contrario de lo que nuestros países requieren. Financiado como está por los Estados Unidos, tiene como única misión la defensa no de «libertad de la cultura», sino de los intereses imperialistas norteamericanos, agenciándose para ello, la colaboración de intelectuales de diversos matices, algunos de los cuales no son hostiles a nuestras causas… Si crees de veras que la sutil distinción semántica de estar «vinculado al Congreso por la Libertad de la Cultura pero no dependiente de él», te permitirá «toda la libertad de elección y orientación» en el nuevo *Cuadernos* que preparas, me temo, Emir, que has sido sorprendido en tu buena fe, de la que no tengo por qué dudar.

Con esta respuesta, Fernández Retamar inaugura la polémica epistolar con el futuro director de *Mundo Nuevo*, que aparece como un intelectual ingenuo e ignorante de los vínculos entre la revista que dirigiría y la cara oculta de la CIA. Dentro del contexto político cubano, los pormenores de los acontecimientos culturales de las instituciones liberales eran acompañados paso a paso, a manera de rever las estrategias discursivas que la Revolución debería asumir para mantener, si no la hegemonía, al menos un equilibrio en la lucha por el control de la interpretación y de los espacios ideológicamente sensibles a la influencia revolucionaria. Fernández Retamar se dirige al uruguayo como si controlase informaciones que, aun concerniendo a *Mundo Nuevo*, su adversario ignorase.

Aunque parece una réplica personal, ésta lleva también el cuño de la institución cubana, el número de registro con que sería archivada y la fecha en que fue expedida. Sobre estas marcas burocráticas se extiende la firma del sujeto Fernández Retamar, reforzando así los vínculos entre la política oficial y el punto de vista individual. Entonces cabría preguntarse: ¿es la voz del intelectual o es la voz de «la Casa»? ¿Es su propio discurso o es el de una revista que, como hemos visto en sus editoriales, invoca y condena los mismos hechos, idénticas políticas? ¿Por qué sus argumentos cautivan, fascinan, al punto de convencer o presionar a otros escritores por la toma de partido explícita? La retórica de la epístola cubana es la misma de la oratoria que el comandante Castro improvisaba en la Plaza de la Revolución y con la que hacía vibrar al pueblo. La imagen de Fernández Retamar es la del joven intelectual que vive en una isla «en pie de guerra», amenazada. Mientras tanto, Rodríguez Monegal se escuda tras un discurso culpable. ¿Por qué el origen del dinero que financiaría a *Mundo Nuevo* es cuestionado, cuando es un hecho que los roles de cada una de las revistas son totalmente coherentes con las instituciones que las financian? Los ámbitos desde los que se polemiza parecen ser, para estos intelectuales, mucho más importantes que la palabra individual. Porque, no es difícil descubrirlo, ambos autores actúan como mensajeros de instituciones que se comunican a través de sus voces subalternas. De la misma forma en que Rodríguez Monegal le garantizaba al cubano el consentimiento «del grupo que me la ofrece», también Fernández Retamar coloca como la última palabra en la discusión las decisiones de sus propios superiores: «Además, con toda sinceridad, la Dirección de la Casa de las Américas, a quien hablé de esto, estima que encontrándote ahora al frente de un órgano del Congreso por la Libertad de la Cultura, no debías formar parte del Jurado».

La respuesta a la misiva de Rodríguez Monegal da inicio a un proceso de autentificación de la verdad, cuyo objetivo es debilitar el discurso antagonista. Dicho proceso pasa por dos momentos: primero, como lo muestra la cita anterior, Fernández Retamar critica la tesis adversa y presenta su propia tesis (no existe el diálogo ni la independencia cuando se está vinculado a un órgano financiado por el imperialismo); segundo, refuta la tesis adversa utilizando como técnicas la contra-argumentación, el cuestionamiento sistemático de la tesis contraria, la invalidación del adversario en su palabra. A lo largo de su epístola, invoca siete veces la revista *Cuadernos*, que es situada en el lugar de lo viejo y de lo reaccionario, al tiempo que construye el precedente que desautoriza el nuevo proyecto: «[*Mundo*

Nuevo] vendrá a ocupar el sitio y la función que acaba de dejar vacantes con su esperado fallecimiento *Cuadernos*»; «la pobre *Cuadernos*»; «el nuevo *Cuadernos* que preparas»; «de haber colaborado nosotros en *Cuadernos*, por ejemplo, no por eso tu antecesora hubiera sido una revista menos enemiga de nuestros pueblos»; «con *Cuadernos* desaparece un método, no un propósito»; «pero es igualmente seguro que la orientación ulterior escapará de tus manos, según el ejemplo de *Cuadernos*»; «pero no podía menos, a fuer de buen amigo, que explicarte por qué me es imposible colaborar con el nuevo *Cuadernos*».

Cuando todavía *Mundo Nuevo* no existía en el papel, su identidad ya era asimilada a la de *Cuadernos* «en sus editoriales, sus notas, su orientación general». La orientación independiente que Rodríguez Monegal pretendía garantizarle a su empresa es marcada negativamente e inscrita en una línea de sucesión carente de prestigio. La revista nonata del ILARI es calificada de nueva en su método, y al mismo tiempo de vieja en su propósito. Al rechazar el origen ideológico de la antigua publicación del CLC, Fernández Retamar descalifica la proposición de Rodríguez Monegal como falsa e incoherente, al tiempo que invierte su campo de valores, sustrayéndole «la verdad» de su elección. Ella es, asimismo, el criterio que regula los valores aceptados desde la izquierda, y la justificación de todo su discurso. Profético, persuasivo, agresivo, afectuoso, indignado e irónico, el director de *Casa* echa mano de la verdad de la izquierda para argumentar la incompatibilidad «evidente» entre el héroe y el traidor.

Desde el punto de vista de *Casa*, toda la polémica está configurada a partir de una estructura binaria, compuesta por los tópicos del héroe revolucionario y del traidor ingenuo. Como lugar de la enunciación, el primero escoge el espacio cubano, donde se concentra una masa intelectual perspicaz, cuyos intereses parecen coincidir con las directrices de la institucionalidad revolucionaria, y dispuesta a no dejarse engañar por «las maniobras del enemigo»; mientras que el segundo, quien para abrir una brecha en el diálogo ha tenido que emplazar a sus «superiores» del CLC, ve su identidad inscrita en el espacio reservado al intelectual solitario y confundido.

El modo combativo en que Fernández Retamar le sale al paso a los nuevos proyectos del CLC, la precisión con que trata de hacerle entender a Rodríguez Monegal la magnitud de su error al asumir un compromiso que lo vincularía a la política de los Estados Unidos, muestra el dominio de una estrategia que consiste en utilizar una argumentación que engloba al adversario para dar cuenta de sus insuficiencias. «Me dirás […] que me has pedido colaboración y no consejo», le escribe el director de *Casa*. Así, la capacidad de análisis y la visión política del uruguayo quedan en entredicho. En la carta del cubano, las razones del crítico parecen fácilmente descalificables. La pugna por la posesión de un territorio intelectual que se torna cada vez más central en la cultura literaria de los sesenta hace que la discusión sobre el surgimiento de una nueva revista se instale sobre el lugar de la verdad «oculta» que se interpone entre Fernández Retamar y su oponente: «Como te considero hombre de buena fe, te hablaré sin ambages, con igual buena fe». La sinceridad y la honestidad intelectual conforman el terreno moral en el que ambos coinciden, es la premisa común al debate, es el preámbulo a la revelación del «secreto» que Fernández Retamar insiste en hacerle creer a Rodríguez Monegal que él ignora. El cubano cuestiona el valor de la tesis del fundador de *Mundo Nuevo* al mostrarle que comporta consecuencias contrarias a su propio proyecto. El razonamiento *ad hominem* elaborado por Fernández Retamar pretende colocar a su adversario contra sí mismo, ridiculizarlo y mostrar que sus argumentos lo llevan a conclusiones opuestas a aquéllas en las que se apoya: «Nadie puede proponer en serio que estas fantasías se tomen por realidades».

La afectividad de las primeras tres cartas, que se concentra en el saludo y la despedida («Querido Roberto» / «A la espera de tus noticias va un gran abrazo»; «Amigo Emir» / «Recibe un saludo, con recuerdos genoveses») desaparece en las dos últimas. Ni siquiera al principio del intercambio epistolar, la intimidad entre los autores fue sellada por el pacto de silencio que toda correspondencia privada parecería cumplir. La reciprocidad inicial en la confrontación de ideas cedió rápidamente cuando las réplicas del cubano subieron de tono, acudiendo a la invectiva e incorporando a su discurso las formas de la sátira y el panfleto. En la misiva que cierra este debate, Rodríguez Monegal insiste en no distanciarse de los cubanos y en no renunciar a la sanidad del diálogo; tampoco acepta la polémica en los términos agresivos en que Fernández Retamar la había conducido: «no contestaré a groserías con groserías» y «no aceptaré el papel de enemigo de Cuba y de los escritores cubanos que con tanta avidez están diseñando para mí»[4].

Para llegar a Cuba

Ante la evidencia de que por la vía privada y cada vez menos diplomática de las epístolas no conseguiría mucho más del director de *Casa*, Rodríguez Monegal ensayó otra estrategia de aproximación, que hoy es posible reconstruir a partir de las cartas intercambiadas con César Fernández Moreno, uno de sus colaboradores más cercanos en la empresa parisina. En enero de 1967, el poeta y ensayista argentino viaja a La Habana como jurado del Premio Casa y también como participante en el Encuentro Rubén Darío, en «misión acercatoria», con el objetivo de escribir sobre Cuba para la revista del ILARI y captar, o por lo menos sondear, a los colaboradores que ya le habían sido negados a Rodríguez Monegal.

La marea cada vez más alta del antiimperialismo, que con tanta fuerza había crecido a través de la carta abierta a Neruda por su participación ese mismo año en el Congreso del PEN Club, deja a

---

[4] Carta de ERM a RFR, 6 de abril de 1966 (Rodríguez Monegal 1965-68).

Fernández Moreno lo suficientemente aprensivo como para descon-
fiar no sólo del éxito de su misión, sino también de las posibilidades
reales que tendría de establecer contacto con los escritores cubanos.
Los temores del argentino, largamente sopesados y calculados antes
de tomar la decisión de aceptar la invitación de los cubanos, también
se transparentan en su correspondencia con Rodríguez Monegal, y
dan testimonio de los dilemas en que dicha polémica colocó a un
sinnúmero de escritores, que se vieron abocados a optar por la toma
de partido en torno a cada revista, a cada director. «doy por supuesto»,
escribió también Fernández Moreno, «que allí ya deben estar entera-
dos de nuestros proyectos, y entonces, dado que ellos viven la "versión
Rama", yo resultaría un extraño invitado que en rigor encubriría a un
emisario de la CIA, en una isla que ellos consideran en pie de guerra.
La conclusión es fácil de sacar». La lógica culpable de este cercano
colaborador de *Mundo Nuevo* parece desprenderse de la repercusión
alcanzada por las respuestas de Fernández Retamar a su homólogo
uruguayo. Visiblemente indeciso ante la posible hostilidad isleña, el
director de *Mundo Nuevo* trata de convencerlo de la importancia de
su visita:

> Veo que te has tomado demasiado en serio lo de los tiburones. No
> creo que debas dejar de ir a la isla. Al contrario, desde nuestro punto de
> vista sería muy importante que fueras y que llevaras adelante tu misión
> de acercamiento entre la gente de la isla y nuestra revista. En esta misma
> misión estarán empeñados, según me acaban de informar, tanto Julio
> Cortázar como Mario Vargas Llosa. O sea, que no te faltarán apoyos.
> Lo que sí creo que no te conviene es anunciar oficialmente que piensas
> venir a trabajar a la revista. Para mí hay un matiz importante y es éste:
> ellos saben que eres colaborador de la revista y pueden suponer que
> estás de acuerdo con la línea de la misma. Si te invitan es porque les
> interesa tu colaboración. Eso no te obliga a ti a aceptar el punto de vista
> de ellos. Las ventajas de tu presencia en la isla ya te las he explicado en
> mi carta anterior. De ninguna manera se trata de una misión de espía

porque tú no vas a ver más de lo que te quieran mostrar. En cuanto a la gente como Lezama Lima, Piñera, etc., me consta que firmaron la carta abierta al PEN, porque no tenían más remedio. No hacerlo significaba exponerse a sanciones muy severas. La carta refleja un espíritu burocrático que no tiene nada que ver con el punto de vista de estos escritores. Por diversos conductos me he enterado de cuál es la posición verdadera de ellos. Esto no quiere decir que si tú vas a verlos en mi nombre te vayan a contar sus cuitas y abrirte el corazón. Lo más probable es que se cuiden de opinar nada que no sea completamente ortodoxo. Pero mi interés es que los veas, que hables con ellos de cosas literarias, que averigües qué andan escribiendo, que en fin tengas un contacto humano y artístico con ellos. Por todo esto es que insisto en que debes hacer el mayor esfuerzo posible dentro de tus medios para ir a la isla[5].

Rodríguez Monegal deposita ahora toda su esperanza en la gestión de Fernández Moreno, quien, contrario a lo que su amigo le explica, parece entender el viaje a Cuba no sólo como misión, sino también como conspiración; guardar el secreto de sus estrechos vínculos con la realización de *Mundo Nuevo* sería la garantía de acceso al interior de la Casa revolucionada, y también a un universo de colaboradores que Rodríguez Monegal codiciaba en la misma medida en que *Casa* parecía ignorarlos. Lezama Lima o Virgilio Piñera se asomaban con discreción por entre las páginas de la revista cubana, mientras permanecían anónimos, o casi inaudibles, bajo el vocerío que gritaba, gesticulaba, se deslumbraba con lo inefable de una realidad que dejaría al mensajero argentino «sin palabras con que expresar».

La fina, estratégica y bien argumentada labor de convencimiento de Rodríguez Monegal apela aquí al cálculo exacto de las ventajas y desventajas del modo en que su amigo debería conducirse frente a la izquierda y administrar sus dosis de verdad, sus puntos de vista.

---

[5] Carta de ERM a César Fernández Moreno, París, 1 de diciembre de 1966 (Rodríguez Monegal 1965-68).

Al disuadirlo de que «de ninguna manera se trata de una misión de espía», el uruguayo comparte con Fernández Moreno su propio malestar por saber que, no muy en el fondo, estaba elaborando argumentos con los cuales liberarse de un discurso que ya en las cartas dirigidas a Fernández Retamar se sabía culpable frente al amplio apoyo con que contaba la Revolución.

Si el argentino aún se resiente con la manera en que tendrá que distorsionar su imagen intelectual ante los cubanos –una imagen que al seguir las recomendaciones de su jefe no estaría exenta de huecos, vacíos, silencios, abstenciones sobre el tema *Mundo Nuevo*–, Rodríguez Monegal consigue convencerlo mostrándole el trasfondo de una verdad menos perfecta, menos armónica, menos idílica del ambiente intelectual cubano. Muy bien informado sobre los modos en que la oficialidad isleña se garantizaba el consenso y la cohesión interna, así como los bien pensados modos de acoger a los invitados extranjeros, Rodríguez Monegal sabe de la presión bajo la cual muchos escritores firmaron la carta a Pablo Neruda; sabe que ni siquiera fueron consultados antes de que sus nombres fueran publicados; sabe que muchos, por tanto, sentían miedo; sabe, sobre todo, que la culpa por sentirse un espía es, frente a los procedimientos cubanos, un escrúpulo innecesario.

Para el director de *Mundo Nuevo* ningún esfuerzo sería entonces vano, si se lo compara con la empresa a que iba destinada: un proyecto estético que se resistía a prescindir del centro político-cultural hacia el cual todos dirigían la mirada, y que para triunfar en su totalidad necesitaba incorporar a los autores cubanos, aun cuando él sabía que no se encontraban estrechamente vinculados a *Casa*. No obstante, la publicación habanera era la única puerta de entrada que, al mismo tiempo, cortaría el acceso y tornaría opacos los lenguajes que se distanciaban de la epifanía revolucionaria.

En el paso de 1966 a 1967 el manto de la sospecha, que como veremos más adelante provocó verdaderos *mea culpa* de índole mística en algunos colaboradores de *Mundo Nuevo*, había comenzado a caer sobre el currículo de muchos escritores, y los temores de Fernández Moreno sobre la eficacia de su misión conciliatoria no demoraron en confirmarse como reales[6]. De su acercamiento a la isla, lo que más importa aquí fue el modo en que hubo de aceptar y ceder ante el pedido «personal» de Fernández Retamar. Éste, en nombre de Cuba y de los cubanos, comprometió al argentino a no escribir sobre la Revolución en *Mundo Nuevo*, «porque cuanto mejor escribiera yo, peor sería para ellos (por publicarse en MN). Esta sutileza te da ya la pauta del nivel extrafino a que ha llegado la polémica sobre la llamada política cultural yanqui de penetración», le comenta finalmente Fernández Moreno a Rodríguez Monegal.

Fernández Retamar le pide a su amigo que no escriba, ni siquiera bien. Esta sutileza, además, da la medida de que no son ni la política de la institución, ni el credo ideológico del cubano, los lugares desde los que se inicia la discusión; ella parece responder, antes que nada, a la verticalidad de las decisiones partidistas, cuyo antiimperialismo era el nexo entre el resto de América Latina y la Revolución. Ninguna concesión, ningún intercambio, fue la respuesta categórica que Fernández Retamar ya le había adelantado a su oponente, y que en buena medida explica su insistencia en no ceder la imagen de una intelectualidad cubana en permanente resistencia contra el imperialismo a las páginas de una revista que insistiría en mostrar, a través de sus textos, el fin de la guerra fría cultural:

---

[6] Pero, al mismo tiempo, se vieron mezclados con las imágenes de lo épico y de lo folklórico con que la Revolución encantaba sus visitantes. El encuentro con la capital de la cultura revolucionaria fue para el argentino «una mezcla extraordinaria de heroísmo y adolescencia, universalismo y cerrazón, guerrillas, educación, poesía y cha cha cha, catolicismo y mulatas». Carta de César Fernández Moreno a Emir Rodríguez Monegal, Madrid, 4 de marzo de 1967.

La colaboración de intelectuales cubanos en una revista así no sería, desde luego, lo que erradicaría el maccarthismo, según nuestro deseo. De haber colaborado nosotros en *Cuadernos*, por ejemplo, no por eso tu antecesora hubiera sido una revista menos enemiga de nuestros pueblos: sus editoriales, sus notas, su orientación general, indicaban su razón de ser. Pues es obvio que una revista no es una simple suma de textos, por excelentes que éstos puedan ser. Al colaborar en una revista, no tenemos que coincidir absolutamente con su orientación: pero no es coherente que esa orientación sea opuesta a la nuestra.

Ante la negativa cubana y ante el «rudísimo golpe» (en palabras del propio Fernández Moreno) sufrido con la adhesión casi masiva[7] de los asistentes al Premio Casa y al Encuentro Rubén Darío (incluyendo a Julio Cortázar y Mario Vargas Llosa)[8] a la primera Declaración

---

[7] Fernández Moreno no firmó ninguno de los documentos emanados de los eventos organizados por Casa de las Américas y su revista.

[8] En su reseña de la traducción española del libro de Stonor Saunders, *La CIA y la guerra fría cultural* (2001), el argentino Néstor Kohan recuerda que Fernández Retamar «finalmente logró, por ejemplo, que un escritor de la talla de Julio Cortázar no cayera en la trampa de las "buenas intenciones" de Monegal y se negara sistemáticamente a publicar en *Mundo Nuevo*, a pesar de que al comienzo había mantenido una actitud ambivalente». Kohan cita extensamente la correspondencia del autor de *Rayuela* con el director de *Casa*, a través de la cual es posible acompañar su «proceso de definición» a favor del lado cubano, que no estuvo exento de la necesidad de escuchar consejos: «[...] Cortázar confiesa su intención de publicar en *Mundo Nuevo* un ensayo sobre *Paradiso*, de Lezama Lima, pero subordina esta decisión a la opinión de Fernández Retamar. Así le pregunta: "¿Qué ha pasado finalmente con *Mundo Nuevo*? Mis amigos de París me dicen que los tres primeros números son inobjetables desde el punto de vista que te imaginas. Sólo conozco el primero, y no sé si tú lo has visto y te han llegado los otros. Porque *como Monegal insiste en pedirme colaboración*, se me ha ocurrido ahora que si la revista se mantiene en un plano digno, la publicación en ella de esas páginas sobre Lezama sería bastante sensacional en muchos aspectos. Primero, porque "lanzaría" el nombre y la obra de un gran cubano entre millares de lectores que lo desconocen por completo; segundo, porque en mi texto se dicen

del Comité de colaboración, el desconfiado visitante le propone a su director otra estrategia con vistas a salvar «el proyecto originario de la revista de diálogo», cada vez más en crisis desde la izquierda:

> Uno será conseguir un *staff* de escritores de izquierda, progresistas o independientes, de tal valía que en algún modo contrapesen los que se han pronunciado en contra. Sería óptimo que este staff pudiera manifestarse en un sentido más o menos así: frente a la nueva política cultural yanqui los cubanos y quienes los siguen han dado tal respuesta; este otro grupo, en cambio, entiende que cabe otra, que puede consistir en aceptar las posibilidades de expresión de ideas progresistas que tal política norteamericana suministra.
>
> Otro medio, desde luego, sería intensificar en MN el tratamiento a fondo de los problemas que preocupan a la izquierda latinoamericana y mundial, en forma tal que se vea que la revista está comprometida en una actitud crítica realmente libre de toda traba.

----

cosas muy duras sobre el bloqueo a Cuba, las barreras del miedo y la hipocresía, con el tono y la intención que te imaginas. *No contestaré a Monegal hasta no tener tu opinión.* Por eso te pido una respuesta inmediata, me bastarán dos líneas"». «Finalmente», agrega Kohan, «las dudas de Cortázar se disipan. Para la política cultural antiimperialista éste fue un logro de alcance mundial, dada la centralidad de Cortázar en el mundo literario de aquellos momentos» (véase Kohan 2002). La revista trae como fecha de esta carta el 21 de julio de 1966, el mismo mes en que fue lanzada *Mundo Nuevo*, por lo cual resulta extraño que Cortázar haya mencionado la existencia de tres números, a menos de que conociera de modo anticipado el contenido de los números que Rodríguez Monegal editaría en lo sucesivo. Con relación al primero, que dice conocer y que además considera «inobjetable», veremos que la opinión de los cubanos fue bien diferente. Por otro lado, es evidente que para los escritores latinoamericanos publicar en una revista literaria organizada justamente por el crítico literario más internacional y mejor conectado del momento, y además en París, donde muchos de ellos vivían, era, a pesar de las pésimas referencias de la revista, una verdadera tentación que valía la pena negociar. Para la correspondencia de Cortázar con Fernández Retamar, véase *Casa de las Américas* 145-146, julio-octubre de 1984 (número de homenaje).

Y por último –y este punto me parece indispensable– habría que rehuir toda ambigüedad con respecto a la financiación de la revista y aclarar con pelos y señales qué es el Ilari, quién lo constituye, de dónde salen los fondos, sus relaciones con el Congreso, etc., etc., y, sobre todo, enfrentar y destruir las acusaciones respecto a la CIA.

La urgencia de Fernández Moreno en salvar un proyecto editorial que *Casa* amenaza echar por tierra ilustra con toda prolijidad el modo en que desde Cuba parece ponerse en juego la organización del campo intelectual latinoamericano, la legitimidad de las filiaciones y lecturas del contexto político desde el cual se producen los modelos intelectuales que se enfrentan en ambas revistas y fuera de ellas. La propuesta de rever las estrategias discursivas, la lista de colaboradores y la prioridad de los temarios haría de *Mundo Nuevo*, en todo caso, otra revista, esta vez regida por los parámetros establecidos desde Cuba. Sin embargo, lo que el argentino sugiere a Rodríguez Monegal es, a grandes rasgos, lo que éste ya venía haciendo desde el primer número:

> Es evidente por tu carta que algunas de las acusaciones que hacen los cubanos contra *Mundo Nuevo* (poca definición sobre problemas candentes como el cubano, dominicano, vietnamita, racial…) son acusaciones completamente gratuitas ya que *Mundo Nuevo* ha publicado artículos precisamente sobre cada uno de estos temas y con posiciones que no pueden ser tergiversadas: en el núm[ero] 1 sobre Cuba, en el núm[ero] 2 sobre el Vietnam, en el núm[ero] 3 sobre Santo Domingo, etc. Lo malo, querido César, es que los cubanos se prevalen de su condición de víctimas del imperialismo yanqui para atacarnos con cualquier clase de argumentos, incluso sin argumentos. Acabo de leer el número 40 de *Casa de las Américas* y hay un artículo[9] en que por un lado se nos acusa de frivolidad política, citando opiniones cuidadosamente recor-

---

[9] Se refiere a Ambrosio Fornet (1967): «New World en español» (CA 40: 106-115).

tadas de Fuentes y Sarduy e incluso una tuya sobre Martínez Estrada, y se omite decir en el mismo artículo que en los mismos números de la revista hay una presentación muy seria del caso Siniavski-Daniel, una discusión de alto nivel sobre el Vietnam, una nota mía sobre Martínez Estrada en Cuba, etc, etc. Creo que el error es tomarse muy en serio a los amigos cubanos como jueces en materia cultural, incluso política. Ellos están en el frente de batalla y bastante hacen con pegar gritos. Pero nosotros que no estamos en el frente de batalla y podemos hablar articuladamente no tenemos por qué confundirnos tanto. Precisamente nuestra responsabilidad empieza en el momento en que no estamos en el campo de batalla sino que estamos juzgando las cosas con toda lucidez y con toda calma.[10]

Pero Fernández Moreno no fue el único intelectual que tuvo que enfrentar el dilema *Casa / Mundo Nuevo* desde una perspectiva personal, y al mismo tiempo tratar de mantener, por sobre las asperezas del debate ideológico, los vínculos literarios y la fraternidad supra-revolucionaria que parecían resguardar al intelectual independiente.

Un caso de cornudos

En el contexto de la polémica, la postura adoptada por Gabriel García Márquez ilustra cómo la discusión repercutió sobre un escritor latinoamericano joven, de éxito, comprometido con la Revolución cubana, que entraba por la puerta ancha en el mundo internacionalizado de la literatura; contrasta, además, con el radicalismo de las decisiones tomadas desde el «campo de batalla», en la distancia de un exilio europeo que por momentos tornaba imperceptibles los gritos

---

[10] Carta de ERM a César Fernández Moreno, 6 de marzo de 1967 (Rodríguez Monegal 1965-68).

de la isla, e invisibles las aletas de los tiburones que angustiaban a Fernández Moreno.

¿Cómo afecta la polémica a quienes no son sus protagonistas? ¿En qué situación los deja? Según el novelista colombiano, en una «abrumadora situación de cornudos». El tono jocoso empleado en su carta del 24 de mayo de 1967 al director de *Mundo Nuevo* encuentra en la picaresca una figura que suele despertar más simpatías que odios; Rodríguez Monegal es el inocente engañado y no el malvado que merece ser cornudo. De cualquier manera, es una imagen hilarante, si se asocia a la reputación de que gozaba éste como crítico y profesor, y demuestra, más allá del buen humor con que García Márquez enfrentó el mal momento, el modo temperado –y ambiguo– en que llevó adelante esta especie de farsa epistolar.

A la carta «oficial», como él y el propio director de *Mundo Nuevo* la calificaron, le sucedieron otras, «privadas», donde el tono, el tratamiento y el lenguaje cambiaron radicalmente. La oficial acude a las formalidades de un «usted» distanciado y burocratizado, emergiendo de un lenguaje no menos controlado y culto; las privadas, por el contrario, gozan de las informalidades del «tú» y se descontraen en un prosaísmo franco, amistoso y solidario. Por un lado existe un vínculo personal que García Márquez no desea perjudicar, pero tampoco quiere que su imagen de escritor independiente sea cuestionada: «Se le va a uno la vida tratando de mantener una posición independiente, y a última hora resulta que lo salpican a uno por carambola… y lo peor de todo, por cuenta de una cuadrilla de cretinos. No me queda más remedio que mandarte esta carta, y espero y deseo que nada de esto interfiera nuestra amistad personal».

Con esta breve nota García Márquez introduce la epístola en que se retira como colaborador de *Mundo Nuevo,* mientras ejecuta todo tipo de malabarismos retóricos para permanecer «arriba del muro». A la concepción ideológica de lo que debe ser una revista, que Fernández Retamar ya había presentado a su oponente –«pues es obvio que una revista no es una simple suma de textos, por excelentes que éstos puedan ser», García Márquez le opuso otra, que le garantizaba su independencia de elección y justificaba, al mismo tiempo, el hecho de haber cedido las primicias de *Cien años de soledad* a *Mundo Nuevo*: «creo y seguiré creyendo que cuando se escribe para una revista es uno quien influye en ella, y no al contrario». Pero lo que está en cuestión tanto en la epístola oficial como en las privadas es el origen espurio de la financiación de *Mundo Nuevo*, y la urgencia que sienten director y colaborador en exhibir el gesto inmaculado con que se quieren distanciar de ese origen.

La carta, por otro lado, dio lugar a una intensa negociación antes de ser publicada. El 27 de mayo de 1967 Rodríguez Monegal acepta de buena gana el papel bufonesco que tan cordialmente el colombiano lo invita a compartir junto con toda una legión de «maridos engañados», pero le sugiere que haga «un distingo» en su carta oficial, justamente para aclarar que los fondos del ILARI provienen de la Fundación Ford, y que el momento que se discute es anterior a su entrada en *Mundo Nuevo*. Suspicaz y desconfiado, García Márquez continúa escéptico ante los datos suministrados por Rodríguez Monegal, reiterando con ello su postura de escritor independiente, exento de cualquier tipo de vínculos financieros con instituciones liberales o comunistas: «La verdad, mi querido Emir, es que a partir de este momento todos los organismos se me han vuelto sospechosos. El que no juega de un lado juega del otro. El objetivo es ensuciarnos, de frente o por la espalda, porque ninguno de los dos bloques quiere darle al mundo la oportunidad de que tenga escritores independientes».

Entre el monolitismo ideológico de los extremos en pugna, Gabo se yergue, aunque acosado por la presión que lo obliga a renunciar a su lugar literario en *Mundo Nuevo*; ve en la polémica un espacio igualmente espurio desde el cual las ideologías se configuran como amenaza al humanismo, como castración de lo individual, como privación de aquello que no se deja manipular. A pesar del credo independiente con que consigue sacarse del cuerpo las incomodidades de la polémica, no demora en bajarse del muro para caer directamente en el patio de «la Casa»: no atiende a la sugerencia de Rodríguez Monegal y, sin comunicárselo, publica su carta oficial en la revista *Encuentro liberal*[11], cuando aparentemente sería *Mundo Nuevo* quien ganaría ese privilegio. Al retirarle los derechos de exclusividad, García Márquez le niega también la posibilidad de defenderse, de «dialogar» y de darle relieve a la discusión a través de su imagen de escritor joven, de izquierda y de prestigio, cuya retórica, diferente de la utilizada por Fernández Retamar, si de algo se cuidaba era de caer en la toma de partido explícita.

Al igual que los editoriales, las declaraciones y cartas abiertas, la polémica epistolar entablada por Fernández Retamar y Rodríguez Monegal puede ubicarse dentro de la literatura de combate, por la claridad con que expresan la oposición entre los rasgos discursivos de dos proyectos ideológicos diferentes, y por la manera en que los modelos intelectuales en pugna se transparentan, mezclando los credos personales con las políticas institucionales y creando, por tanto, una identidad discursiva entre textos de índole muy diferente. Esta polémica, además, deviene la expresión de un momento de cambio en las relaciones de fuerza dentro del campo intelectual latinoamericano, que concierne no sólo las transformaciones estéticas, sino además los modos de relacionarse de los intelectuales en el continente. Por otro lado, se encuentra ubicada dentro del sistema cultural-político de los

---

[11] «La CIA financiaba el Congreso por la Libertad de la Cultura. Un editorial de *Mundo Nuevo* y una carta de Gabriel García Márquez». En *Encuentro liberal* 6, junio 3 de 1967. En la misma página se publica el editorial «La CIA y los intelectuales», que Rodríguez Monegal había remitido a García Márquez antes de salir el número 13 de *Mundo Nuevo* (julio de 1967) como parte de la negociación para conseguir que el colombiano se pronunciase desde las páginas de la misma revista a la cual estaba renunciando.

años sesenta como entrelazamiento de «tradiciones» específicas, esto es, formas retóricas, estrategias y posiciones ideológicas particulares.

La confidencialidad de los contenidos de las cinco epístolas que inauguraron el debate, que fue inmediatamente violada por ambos directores, dio lugar a que la discusión se extendiese a otras cartas y otros tipos de textos, y que introdujera a nuevos enunciantes, como Gabriel García Márquez, César Fernández Moreno y, veremos más adelante, a Ángel Rama. Aunque no fueron concebidas como cartas abiertas, en la práctica editorial funcionaron como tales, pues sus contenidos fueron enseguida divulgados al público intelectual latinoamericano y cumplieron con la función de provocar el debate en torno a la legitimidad de las opciones individuales.

EL DEBATE CONTINÚA

Antes de salir el primer número de *Mundo Nuevo*, ya en las páginas de *Marcha* se habían publicado las cartas de Fernández Retamar y Rodríguez Monegal a propósito de la revista. A partir de entonces comienza la ofensiva cultural contra los cambios de la política cultural de los Estados Unidos para América Latina (CA 38, 39, 40, 41, 42), cuyo foco de atención lo fue la revista del ILARI. Pero de modo general, todos los esfuerzos de *Casa* estuvieron encaminados a desautorizar la acción de las instituciones liberales en el continente, vistas como mecanismos de penetración imperialista[12]. El número 39, pensado en función de esta ofensiva cubana, fue dedicado a la literatura del Uruguay, país de origen de Rama y Rodríguez Monegal,

---

[12] La revista *Casa* publica los documentos de una polémica peruana en torno a las actividades de la Galería Cultura y Libertad, auspiciada por la Fundación Ford a través del ILARI. CA 40: Sección «Documentos»: «Manifiesto contra la Galería Cultura y Libertad» (125-125); «Respuesta de la Galería Cultura y Libertad» (125-127); «La Cia, Cultura y Libertad y el *New York Times*» (pp. 128-129).

y fue presentado como un documento de adhesión de los escritores uruguayos a la Revolución cubana, una primera respuesta a la disputa por el control de los colaboradores que silenciosamente ambas revistas entablaron. El editorial hacía resaltar la simpatía de Fidel Castro por el gobierno y por el pueblo uruguayos, además del valor literario de los colaboradores de ese país en *Casa*. De manera estratégica, en la edición siguiente, «Desde la Revolución veinte autores escriben» (CA 40), por segunda vez la revista dedica un número a la literatura cubana de la Revolución, que contrarrestaba el creciente volumen informativo-crítico-propagandístico que podría alcanzar la literatura cubana en *Mundo Nuevo*. *Casa* trató de oponerle, sin grandes repercusiones estéticas, la continuación de un proyecto encaminado a crear una poética revolucionaria, cuya primera muestra tuvo lugar en los números 22-23 preparados por Arrufat, en 1964.

En el número 41, el Comité de colaboración publica su primera declaración, la cual establece no sólo la posición de la revista cubana frente a la ofensiva cultural de los Estados Unidos, sino que además marca las pautas a seguir por los intelectuales de la izquierda latinoamericana, y que podrían resumirse en los siguientes puntos: combatir el «arte degradado» de la cultura de masas y la penetración cultural; conservar la libertad de creación; asumir una responsabilidad social con los pueblos del Tercer Mundo y a través del arte participar en las luchas de liberación; mantener la unidad.

Desde *Marcha*, Rama fiscalizaba los movimientos de *Mundo Nuevo*, a la que consideraba una «fachada cultural» de los Estados Unidos, cuya penetración en América Latina asumió la identidad del patrocinador cultural, mediante el financiamiento de eventos públicos y el otorgamiento de becas de estudio a los escritores. De ese modo, la revista nace estigmatizada por la izquierda, que la considera un medio de penetración cultural, una estrategia de disgregación discursiva, en un momento en que la versión sartreana del intelectual comprometido se agotaba y cedía lugar al imperativo de delinear una nueva figura, orgánica, que reuniera dos modelos: el hombre de ideas y el hombre de acción[13]. Así, a los ojos de los intelectuales que se identificaban con el patrón del revolucionario integral, el «estigma» de *Mundo Nuevo* correspondería al pecado original de los intelectuales cubanos, tal y como el Che Guevara lo había definido.

Mundo Nuevo tampoco perdió oportunidad para presentar un nuevo tratamiento de temas políticos relacionados con Cuba, y en su primer número publicó el artículo de François Fejtö, «Notas sobre Cuba». Adoptando el estilo del reportaje periodístico, el escritor pasa revista a las diferentes áreas (económica, política, cultural, social) de la vida cubana que tuvo oportunidad de conocer durante su visita. El texto de Fejtö, que contiene críticas provenientes de su propia experiencia, y que no fue redactado con la idea de mostrar apenas el lado homogéneo y perfecto de la Revolución, fue ampliamente criticado por Ambrosio Fornet en su reseña del primer número de la revista del ILARI, «*New World* en español».

Entretanto, Rodríguez Monegal emplazaba al ILARI a probar públicamente mediante documentos su total desvinculación financiera y política de la agencia de inteligencia estadounidense, llegando inclusive a sugerir su salida de la revista de no ocurrir una exposición

---

[13] *Marcha* publica en la sección «Los dichos y los hechos» las cartas intercambiadas por Fernández Retamar y Rodríguez Monegal (número 1295, 11 de marzo de 1966), así como los artículos de Rama «El mecenazgo de la CIA» (6 de marzo de 1966), «Las fachadas culturales» (3 de junio de 1966) y «El tigre en el flotante camalote» (17 de marzo de 1967). Posteriormente el semanario sintetiza esta polémica en «Historia de una calumnia» (número 1355, 3 de junio de 1967). Mario Vargas Llosa también responde a la salida de *Mundo Nuevo* y publica en *Marcha* «Epitafio para un imperio cultural» (número 1354, 27 de mayo de 1967). *Casa de las Américas* por su parte previene al público mediante el artículo de Ambrosio Fornet «*New World* en español» (número 40, enero-febrero, 1967). La respuesta de *Mundo Nuevo* aparece en los editoriales «Al lector» (número 11, mayo de 1967) y en las dos partes de «La CIA y los intelectuales» (número 13, julio, y número 14, agosto de 1967, respectivamente).

detallada de las pruebas[14]. Literalmente cercado por la combatividad de la izquierda y por la propia irritación de los escritores que a través del CLC vieron sus nombres vinculados a la CIA, en el editorial «La CIA y los intelectuales» (MN 13, julio de 1967) adelanta la magnitud de su respuesta a la ofensiva cubana, que aparece en el número 14, de agosto de 1967. El director de *Mundo Nuevo* construye una estrategia de argumentación basada en la interpretación de los textos que denuncian sus vínculos con la agencia de inteligencia en sus lenguas originales, en un empeño filológico por desviar la atención de los lectores hacia otras zonas del debate hipostasiadas por la prensa de izquierda, que asumió el control del discurso y creó una imagen negativa del intelectual liberal. Las siguientes palabras de Rodríguez Monegal constituyen no sólo un alegato de autodefensa, sino una declaración de principios y una manifestación de independencia intelectual. Muestra, por otro lado, que la «buena fe» que Fernández Retamar presenta irónicamente como un arma de doble filo es la que define, para el director de *Mundo Nuevo*, la condición del intelectual:

> Por dolorosas que sean, estas revelaciones no hacen sino confirmar algo que es obvio: lo difícil que es conquistar y conservar la libertad. La condición del intelectual independiente en el mundo moderno es

---

[14] En carta del 2 de mayo de 1966, ERM se comunica con Luis Mercier Vega, presidente del ILARI, buscando satisfacción y comunicándole que si la veracidad de las noticias publicadas en *The New York Times* (la primera del 28 de abril) fuera probada, él «no podría continuar asociado un minuto más al ILARI en la empresa de publicación de *Mundo Nuevo*». Posteriormente, el 21 de febrero de 1967, vuelve a insistirle a Mercier Vega en que la situación del ILARI y de *Mundo Nuevo* debía ser aclarada: «creo hoy más necesario que nunca, establecer públicamente, y sin lugar a equívocos la independencia total del ILARI y por consiguiente, de *Mundo Nuevo* [...] Es imprescindible que la misma pueda ser demostrada para acallar todo ataque malintencionado y terminar de una vez por todas con las suspicacias de los timoratos». Véase fuente citada.

una condición de riesgo y miseria. El escritor o el artista que no esté dispuesto a decir Amén o Heil, a firmar donde le digan y cuando le digan, a repetir humildemente el catecismo o las consignas, está por eso mismo expuesto a la más cruel aventura. Por un lado, es víctima de la calumnia de la reacción organizada, de la pandilla maccarthista o stalinista; por el otro, del engaño de la CIA. Afortunadamente, si la calumnia o el engaño pueden modificar la consideración –al fin al cabo efímera– de una obra o una conducta, no pueden alterar la calidad e independencia de la misma. La CIA, u otros corruptores de otros bandos, pueden pagar a los intelectuales independientes sin que éstos lo sepan. Lo que no pueden hacer es comprarlos.

Este editorial se enmarca en uno de los temas más recurrentes del género panfletario: la visión crepuscular del mundo, en la cual el sujeto nos habla desde un mundo privado de valor; seguro de poseer la verdad que con tanto esfuerzo ha conseguido resguardar, pero impedido de ejercerla. Su lógica trágica indica que está solo, aislado, pesimista, pero todavía encuentra fuerzas para reivindicar los valores que han sido traicionados. El mundo nuevo que la literatura reescribe corre el riesgo de transformarse, desde lo ideológico, en un *mundus inversus* (Angenot 1995).

Mundo Nuevo constituye, al menos en su primera etapa, una revista institucional en buena medida con carácter de revista de formación. Esto, no porque no cumpliera con una de sus «funciones» desde el punto de vista institucional (oponerse a los discursos estéticos e ideológicos que cruzan a *Casa*, órgano de difusión legitimante de la izquierda intelectual latinoamericana en los años sesenta), sino porque la presencia de una figura como Rodríguez Monegal, intelectual comprometido con la literatura antes que más nada, fue lo suficientemente fuerte y lúcida como para conseguir articular una especie de contramodelo de escritor independiente que rompiese con la hegemonía del discurso político que subordinó la literatura a la política en buena parte de América Latina.

En su trabajo «Emir Rodríguez Monegal o la construcción de un mundo (nuevo) posible», la investigadora Luz Rodríguez-Carranza considera al crítico uruguayo «eje y parámetro de toda lectura de su propio territorio» por la manera en que organizó y desarrolló el trabajo de la revista: «Él fue el dueño absoluto de su revista: él escogió sus colaboradores, seleccionó sus entrevistas y sus materiales; su función fue la del narrador omnisciente de "un" mundo (entre muchos mundos posibles) que fue su entera creación, y que se rigió según sus propias leyes» (Rodríguez-Carranza 1992: 199).

Así, en su respuesta a *Casa*, *Mundo Nuevo* se define por la orientación personal «exclusiva» de su director, «único responsable de la selección de todo material que publica», con lo cual se defiende de las acusaciones sobre el origen de su financiamiento[15]. Sin embargo, como ya ha señalado Mudrovcic (1997) algunos de los principios que la revista defendía –la apertura al diálogo, la independencia intelectual, el rechazo a los nacionalismos y a los populismos– coincidían con los del CLC y el ILARI, lo cual, lejos de librarla de cualquier sospecha, reforzaba su imagen de dependencia de los órganos desacreditados por la izquierda.

No fue la ingenuidad o la ignorancia política de Rodríguez Monegal lo que lo hizo aceptar la dirección de *Mundo Nuevo*. Poco más de una década en *Marcha*, la cual política y culturalmente estaba orientada hacia un público de izquierda, marca el período formador de su idea de lo que debe ser una revista, esto es, el producto de la decisión de intervenir políticamente desde la formación de opinión y no desde las estructuras partidarias, la valoración debidamente fundamentada, la originalidad discursiva, el desprecio de los lugares comunes, los nuevos enfoques analíticos, el didactismo cultural (Gilman 1993). Al mismo tiempo era consciente de que *Mundo Nuevo* tendría que enfrentarse a otras revistas fuera de cuyos espacios sería

---

[15] Véase «Al lector». En *Mundo Nuevo* 11, mayo de 1967.

difícil circular con legitimidad; de hecho, Rodríguez Monegal llegó a
ser considerado *persona non grata* por una zona de la intelectualidad
de izquierda ante su rechazo a apoyarse en plataformas políticas y
su inclinación a hacer resaltar las afinidades con la literatura internacional. En Santiago de Chile, durante una reunión del ILARI en
1967, el poeta Waldo Rojas lo agredió físicamente y fue considerado
un «infiltrado imperialista».

Cuando en 1971 la Fundación Ford abandonó la subvención de
varias revistas e instituciones, entre ellas *Mundo Nuevo*, *Casa* trajo
a colación la tortuosa genealogía de su antagonista, y reivindicó
para la institución cubana la función de tribuna a partir de la cual,
por primera vez, se organizó el cerco contra la publicación liberal:
«*Los lectores del* Boletín *recordarán que fue la Revolución cubana, y,
concretamente, la Casa de las Américas, la que inició y ha mantenido
continentalmente la denuncia de la penetración imperialista del ILARI
y de sus revistas*»[16]. Sin embargo, ni *Mundo Nuevo* ni la revista cubana
publicaron las cartas; *Casa* prefirió el espacio estrictamente doméstico
de la revista *Bohemia*, de circulación nacional, o el de sus publicitarias
en el exterior: *Marcha*, *La Rosa Blindada* y *Siempre!*

Como parte de los esfuerzos desplegados por *Casa* para restaurar
la hegemonía cultural-política de los años sesenta, en los años 2000
se ha dado a la tarea de negar su protagonismo en la polémica y ha
desplazado hacia otras figuras y publicaciones la autoría intelectual
del debate con *Mundo Nuevo*. Además de Fernández Retamar (sobre
quien volveremos en la siguiente sección), Ambrosio Fornet también

---

[16] Se trata del *Boletín del Instituto Cubano del Libro*, que en el número 10 del 1
de marzo de 1971 anunció la desaparición de *Mundo Nuevo*. *Casa de las Américas*
aprovecha la ocasión para una vez más erigirse en tribuna de denuncia a propósito
de la creación de la revista *Libre*, cuyo financiamiento también fue considerado
ilegítimo, al provenir del mecenazgo de Albina de Boisrouvray, esposa del marqués
francés du Boisrouvray y sobrina de Antenor Patiño, el «rey del estaño» boliviano.
Véase «Al pie de la letra» en *Casa de las Américas* 67, julio-agosto de 1971: 181.

insiste en negar la autoría de los ataques. Cuando en su artículo
«*Casa de las Américas*: entre la Revolución y la Utopía», comenta las
«limitaciones» de los trabajos que abordan la vida de esta publicación,
le da especial relieve a que:

> determinados enfoques tienden a hacerse unilaterales o confusos
> cuando ponen el énfasis –como lo he venido haciendo yo mismo– en los
> aspectos ideológicos y políticos del discurso cultural de *Casa* –sobre todo
> los vinculados con ciertas polémicas–, tal vez desconociendo que nin-
> guna de ellas –pienso en las relacionadas con la revista *Mundo Nuevo*,
> con Neruda y con el llamado «caso Padilla», por ejemplo– se originó en
> la Casa de las Américas, lo que no significa que ésta no tomara partido
> con respecto a las mismas. (Campuzano & Fornet 2001: 20-21)

El nuevo consenso adoptado por los cubanos se repite también en
la reseña del libro de María Eugenia Mudrovcic *Mundo Nuevo. Cultura y Guerra Fría en la década del 60*, que la revista cubana publicó.
Miembro del Consejo de redacción de la revista *Casa* en 1998, cuando
fue publicado el texto, Ernesto Sierra[17] menciona algunos «antecedentes literarios e ideoestéticos inscritos en la prehistoria de la polémica»,
con lo cual ésta aparece más como la continuación de los rencores
de Rama y Rodríguez Monegal, que como un momento de singular
importancia para la historia y el análisis del campo intelectual latinoamericano de los sesenta, por el modo en que caracterizó su fragilidad,
permanentemente escindido entre el apoyo a la Revolución cubana,
las tensiones de la Guerra Fría y sus respectivos «pecados originales».
Este reciente afán cronológico por establecer el momento exacto en
que se dio inicio a la oposición cerrada a *Mundo Nuevo* consigue
situar la primera pista en un pequeño grupo literario de Montevideo,
cuando en la reunión que clausuraría la revista *Número*, Rodríguez
Monegal aceptaría comenzar otra, financiada por el CLC. Es de este

---

[17] Véase Sierra 1998.

encuentro que sale, vía Mario Benedetti, la información que algunos meses más tarde Rama, durante el Congreso del Columbianum, le contaría a Fernández Retamar.

Pero la reseña sobre el libro de Mudrovcic se centra en un asunto que la propia autora apenas menciona: la polémica con *Mundo Nuevo* y el papel de *Casa* en su desarrollo. En la lectura de Sierra, Rodríguez Monegal aparece como un manipulador anticubano, y su revista como «el centro que ayudó a prefigurar la política de rupturas de la intelectualidad latinoamericana en torno a Cuba y su Revolución, política que marcaría el comienzo de los 70». La responsabilidad histórica por los fracasos de la intelectualidad comprometida con la Revolución, que *Casa* hoy transfiere a la revista del ILARI, pasa silenciosamente sobre las políticas y polémicas surgidas en la isla, en especial las ocurridas entre 1968 y 1971, con dos eventos protagonizados por Heberto Padilla. Culpar a una revista liberal (cuya línea anticubana fue en gran medida estimulada por los propios intelectuales de *Casa* que antes de su nacimiento ya la habían condenado) por la división de la izquierda parece no tener mucha lógica; en todo caso, la responsabilidad debería recaer, ya que se insiste en mostrar a un «culpable», sobre el centro epifánico de la utopía guerrillera, que cerró las puertas al debate y cortó, con palabras del propio Fidel Castro, cualquier posibilidad de crítica o de diálogo desde el mismo espacio revolucionario, tanto para los extranjeros como para los cubanos.

Se hace necesario, pues, recordar que en 1968 el poemario *Fuera del juego*, de Heberto Padilla, fue premiado con un voto unánime en el concurso Julián del Casal, de la UNEAC, por un jurado internacional entre cuyos miembros se encontraban el poeta cubano Manuel Díaz Martínez, el crítico y traductor inglés J. M. Cohen y el fundador de la revista *Orígenes*, José Lezama Lima. Al premiar este libro, lo que le interesaba a los jurados era justamente lo que sólo podían encontrar fuera de la norma, y lo que hasta hoy constituye la originalidad de Padilla: su calidad formal, su «intensa mirada sobre los problemas

fundamentales de nuestra época y una actitud crítica ante la historia».
Para los jurados, lo que le daba sentido revolucionario a este libro
era el hecho de no ser apologético. A pesar de ganar el premio y ser
publicado, *Fuera del Juego* recibió el veto de la burocracia cultural,
estampado en la propia edición del libro, y no fue incorporado al
canon de las novísimas obras revolucionarias, pues no contribuía a
perpetuar el modelo afirmativo del entusiasmo sin crítica. Vale recordar, además, que este episodio culminó también con la expulsión de
Jorge Edwards de La Habana, cuyo relato minucioso aparece en su
libro *Persona non grata*.

Mientras que en el Congreso Cultural de La Habana de 1968 se
acababa de constatar el apoyo internacional de la izquierda intelectual
a la Revolución cubana, con el llamado caso Padilla toda una década
de epifanía y adhesión se cerraba para los intelectuales. En abril de
1971 el poeta fue preso por la Seguridad del Estado acusado de cons-
pirar contra la Revolución, y después de un mes liberado y conminado
a autocriticarse ante sus colegas de la UNEAC. Allí denunció a otros
intelectuales que como él eran considerados disidentes o contrarre-
volucionarios. No medió un proceso en el sentido jurídico, no hubo
acusación formal; la ley fue impuesta de forma tal que el reo hubo
de convertirse en su propio acusador y, de cierta manera, hubo de
reajustar todo el enmarañado mecanismo de la justicia a la ley fuera
de la justicia. Lo que se juzgaba no eran los hechos, sino las ideas;
lo que quedó expuesto fue la violencia política en las relaciones de
poder; lo que se practicó eran las técnicas de que se valía el poder
para garantizar su hegemonía.

El autor de *Fuera del juego* se convirtió en la pieza clave sobre la
cual sostener una nueva economía del castigo, pero también una
nueva economía del discurso. Su confesión actuó como mecanismo
regulador de futuras actitudes políticas; su efecto fue ejemplarizante,
y su función más importante fue la de enfatizar la superioridad del
poder. Importantes escritores latinoamericanos y europeos, por otro

lado, escribieron dos cartas dirigidas a Fidel Castro[18], en las que en un tono enérgico solicitaban la liberación de Padilla y el respeto a la libertad de expresión. *Le Monde* difundió ampliamente este hecho, provocando la ira de las autoridades cubanas y causando, más allá de la isla, nuevas rupturas, nuevos desencuentros.

Mientras tanto, en su número 67 la revista *Casa* lanzó un *dossier* que recoge las declaraciones de los latinoamericanos que se posicionaron a favor de la Revolución cubana y contra Mario Vargas Llosa, quien acababa de renunciar al Comité de colaboración y que, a través de una carta difundida por la prensa internacional, criticaba las sanciones del gobierno cubano contra la libertad de expresión[19]. Este *dossier*, titulado «Posiciones», sintetiza y define no sólo la polarización de la izquierda, sino también es la culminación de un diseño ideológico que durante toda una década se fue configurando sobre una discursividad escindida entre el compromiso colectivo y la libertad individual. Copiosos textos, firmados por escritores y artistas de Perú, Cuba, Uruguay, Argentina, Chile, Colombia, Ecuador, México, además de algunos europeos, reafirmaban la adhesión al paradigma ideoestético que subordina el arte a la política, y por tanto, reafirmaban que el único modelo de intelectual posible en la coyuntura era el que se comprometía con tal paradigma.

En esta nueva «polémica» la revista no cita ni publica las cartas de *Le Monde*, en las que los nombres de cercanos colaboradores como Vargas Llosa, García Márquez y Julio Cortázar (ahora traidores)

---

[18] Las cartas de los intelectuales europeos y latinoamericanos a Fidel Castro fueron publicadas en *Le Monde* los días 9 de abril y 20 de mayo de 1971. Además de traducidas al español y publicadas en diversos órganos de prensa de la época, es posible encontrarlas en Casal 1971 y Padilla 1998.

[19] La carta de Mario Vargas Llosa, dirigida a Haydée Santamaría, apareció publicada al pie de página de la larga respuesta de la directora de Casa de las Américas. En «Posiciones»: «Haydée Santamaría / respuesta a Mario Vargas Llosa» (CA 67: 140).

parecían provocar una escisión todavía más honda. La identidad de
los autores de las protestas contra el encarcelamiento de Padilla aparece revelada desde el silencio que se cierne sobre sus nombres. Como
intelectuales, ellos son ahora un enemigo sin rostro y sin nombre particular, transfigurados en «mercenarios» culturales del imperialismo
norteamericano. Los firmantes de las cartas de solidaridad con la
Revolución, al contrario, consideran a la isla una «avanzada geográfica
del socialismo», y a sus críticos, «quinta columnistas», «zapadores
ideológicos», «agentes a sueldo del enemigo», «gusanos», «señoritos»,
«agitadores literarios», «elucubradores mentales»; toda una retórica
inspirada en el lenguaje de la propaganda y la agitación política. Para
ellos, el hombre-escritor es el desdoblamiento del hombre-político;
la Revolución, la víctima de un enemigo transformado en metáfora,
en invectiva.

El conjunto de las cartas-posiciones publicado en dicho número
plantea la cuestión de la visibilidad y autoridad con que la revista
reescribe el género epistolar. Las cartas son el espacio desde el cual
se narra una verdad íntima, se revela un secreto, se entrega una experiencia que parece única, con un lenguaje que hace de la confesión
política un estilo, y que modifica la sintaxis de varios números de la
revista. Las cartas funcionan también a manera de interrogatorios, o
de monólogos que constantemente interpelan a un opositor ausente,
invisible en el texto.

La siguiente cita extraída de un discurso pronunciado por Fidel
Castro en 1971, poco tiempo después de la confesión de Padilla, se
desborda en elocuencia: más que una ilustración, es una prueba concreta del antiintelectualismo de la clase dirigente, que rápidamente
se instauraría como base de la política cultural del país:

> ¿concursitos aquí para venir a hacer el papel de jueces? ¡No! ¡Para
> hacer el papel de jueces hay que ser aquí revolucionarios de verdad,
> intelectuales de verdad, combatientes de verdad! Y para volver a recibir

un premio, en concurso nacional o internacional, tiene que ser revolucionario de verdad, escritor de verdad, poeta de verdad, revolucionario
de verdad. Eso está claro. Y más claro que el agua.

De esta manera, excesivamente locuaz, se establecieron las pautas
que han regido el desarrollo institucional de la cultura en Cuba, al
tiempo que se consolidó el modelo de intelectual comprometido
con el socialismo. Así, el caso Padilla aparece como la confirmación
de aquello que no se debía hacer: liberar al lenguaje de la tiranía
de lo real. Todas las obras que en sus rasgos más originales no se
correspondiesen con el programa ideológico de la Revolución serían
expurgadas y anuladas, y con ellas sus autores. Los únicos textos e
interpretaciones válidos eran los que satisfacían las necesidades institucionales, por lo cual se los justificaba tal como eran: imperfectos,
su obra viva. Existía el consenso de que era esa la imperfección que
los haría más humanos, una interpretación usada para esconder la
necesidad que tenía la Revolución de ese discurso.

Así, queda claro para los intelectuales que su posición frente al
control del discurso es totalmente subalterna, pues es el poder político
quien determina la interpretación. Incluso poetas como Cintio Vitier,
Eliseo Diego y Fina García Marruz, origenistas que diez años atrás
habían sido objeto de críticas y ofensas por parte del propio Padilla y
sus colegas desde *Lunes de Revolución*, comenzaron a producir textos
en la norma conversacional, de tema revolucionario, dedicados a las
organizaciones de masa, a la zafra azucarera y a los obreros.

Pero regresemos ahora a París, donde, mientras tanto, Rodríguez
Monegal optó por otros formatos discursivos, cuando la réplica y la
dúplica se transformaron en modos insuficientes del diálogo, y en su
lugar surgieron nuevas estrategias.

Los diarios de Emir Rodríguez Monegal

Entre julio de 1966 y agosto de 1967, cuando el origen del financiamiento de *Mundo Nuevo* continuaba ocupando la atención de *Casa*, dos eventos de gran porte llegaban al escenario intelectual latinoamericano para atizar aún más el fuego de los ataques esparcidos en cartas, declaraciones y respuestas: el XXXIV Congreso del PEN Club celebrado en Nueva York bajo el tema de «El escritor como espíritu independiente», y el XIII Congreso Internacional de Literatura Iberoamericana, que coincidió con la entrega del premio Rómulo Gallegos a Mario Vargas Llosa por su novela *La casa verde*. Dichos eventos, que fueron vistos con desconfianza desde la publicación habanera, se convirtieron en material para dos elaboradas y estratégicas respuestas de Emir Rodríguez Monegal a sus opositores. En octubre de 1966 el uruguayo publica su «Diario del PEN Club»; más tarde, en noviembre de 1967, un «Diario de Caracas» ocupaba las primeras dieciséis páginas de *Mundo Nuevo*. Ambos textos, como trataré de mostrar, no fueron apenas el registro de su participación en dos reuniones intelectuales que, como venía haciéndose tradicional en América Latina, afinaron las perspectivas políticas de sus participantes y determinaron su grado de relación (distante o próxima) con la Casa de las Américas. Desde el escenario «enemigo», rodeado por la hostilidad de la izquierda, sus diarios cumplen con la finalidad de dar a conocer los eventos considerados ilegítimos por la agenda editorial cubana, al tiempo que sugieren una afinidad discursiva con la nueva plataforma ideológica puesta en circulación por el CLC.

La participación de Pablo Neruda y Carlos Fuentes en el XXXIV Congreso del PEN Club provocó inmediatamente una reacción de condena entre los cubanos, que firmaron una «carta abierta» contra el poeta chileno, mientras que las declaraciones de Fuentes, entonces convencido de que entre todos acababan de enterrar a la Guerra Fría en literatura, fueron ampliamente criticadas y debatidas en la mesa redonda protagonizada por los miembros cubanos del Comité de colaboración de *Casa*. El punto de vista de los cubanos, basado en la imposibilidad de llevar adelante cualquier tipo de intercambio o diálogo entre escritores de diferentes creencias políticas, así como la actitud hostil hacia los que ratificaron desde dicho congreso su «independencia de espíritu», motivó que *Mundo Nuevo* también buscara nuevas opciones para extender el debate con los cubanos, colmando el espacio público con las formas de lo íntimo.

En *Casa*, el procedimiento epistolar se había convertido –y con el transcurso de los años se afirmaría todavía más, llegando a su apoteosis con el Caso Padilla– en una de las formas más elaboradas de exposición de credos políticos personales. Las polémicas y la toma de posiciones asumieron un sentido confesional que, lejos de renunciar a sus atributos de intimidad y sinceridad, los reforzaron ante el público lector. El «pacto epistolar» entre los autores, el director de la revista y los lectores trasladaba hacia el terreno de lo afectivo-privado discursos que habían sido pensados para destacar la presencia de lo revolucionario en el ámbito público, potenciando así la construcción de un nuevo retrato (moral y políticamente íntegro) del intelectual comprometido, y capacitándolo para exponer en público la verdad única de sus pensamientos. Por otro lado, el deseo explícito en la utilización del género sería el de acortar la distancia entre los firmantes de las cartas –«abiertas» cuando fueron pensadas para su publicación (lo que presupone además una circulación previa entre los posibles firmantes, o sea, una previa y oximorónica «publicidad íntima»), o «reveladas», cuando la motivación primera fue la necesidad de expresar ciertas ideas con urgencia– y sus destinatarios, dando por sentado que entre ellos existiría un grado de relación capaz de facilitar el uso de dicha forma. Así, lo que autorizaba a los cubanos a utilizar una carta abierta para criticar a Neruda era, en primer lugar, el sentimiento de haber compartido hasta entonces un mismo ideal revolucionario e idénticas formas de compromiso social que habían sido traicionadas.

Mundo Nuevo, por su lado, también siente la urgencia de posicionarse ante estos hechos, lo cual le plantea el problema de las formas
de la publicidad que mejor se adecuarían a su retórica aséptica y
anti-hiperbólica. El marco pensado para la exposición de las grandes figuras del *boom* era la entrevista literaria, de la cual los temas
políticos fueron premeditadamente excluidos. Entonces, ¿a través de
qué género configurar, desde el interior de una política editorial que
imponía restricciones discursivas, una respuesta personal / institucional que, trabajando también sobre los códigos de la moralidad y
la sinceridad, tornase legítima otra versión de la verdad, construida
justamente desde el espacio textual que *Casa* atacaba? El porqué
Rodríguez Monegal escoge el diario –y no la crónica periodística o
el reportaje– para mostrar en todos sus detalles «la otra cara» de dos
eventos repudiados desde Cuba tal vez se encuentre en el modo en
que las formas de lo íntimo consiguen funcionar como dispositivos
eficaces para la circulación de los mensajes políticos.

Vista como unidad independiente, la carta presupone un orden
cronológico que no necesariamente conecta su contenido a la fecha en
que es redactada, mientras que el diario suele inscribir lo inmediato
en una temporalidad regular. Por su periodicidad, el diario consta
además de varias entradas que, vistas en su conjunto, ordenan una o
varias secuencias en las cuales es posible leer (y mezclar) con mayor
soltura las experiencias de quien escribe. Sin embargo, cada entrada
del diario es también un texto único, y en ese sentido puede ser
equiparado a las cartas, por el modo en que permite asimismo aislar
lo que ha sido fijado en sus diferentes entradas. De cualquier modo,
ambas son formas en las que lo privado y lo público se entrecruzan, y
con frecuencia facilitan el trazado de determinado itinerario histórico,
ideológico, afectivo. Pero lo que mejor las relaciona es el hecho de
marcar enfáticamente la pertenencia a un momento que quiere ser
preservado, y la necesidad inminente de dejar su constancia desde
un territorio que, en principio, se quiere absolutamente privado. Las

cartas, por otro lado, presuponen en muchos casos la existencia de
un borrador, de una genealogía escritural de la cual el diario suele
carecer. Según Philippe Lejeune, por definición el estudio genético
del diario carecería de sentido, pues cuando se trata de un auténtico
diario no existe el *avant-texte*:

> Il est écrit au jour le jour: c'est ce qui fait sa valeur aux yeux de celui
> qui l'écrit, puis aux yeux du lecteur, si un jour lecteur il y a. Lisant
> un journal, j'aime à croire que je lis vraiment ce qui a été écrit, en ces
> termes, au jour dit, et non quelque artefact réécrit ou arrangé après. Il
> ne s'agit pas de sincérité. Peut-être l'intimiste s'est-il trompé, ou a-t-il
> essayé de se et de nous tromper ce jour-là: mais je suis au moins sûr que
> c'est bien sa mauvaise foi de ce jour-là que j'ai sous les yeux. Ses aveu-
> glements ou ses silences. Les mots mêmes qu'il a employés. (1998: 317).

Del mismo modo que Lejeune ha elaborado una teoría del «pacto
autobiográfico» (véase Lejeune 1975) para definir el consenso establecido entre el que narra su vida y aquel que la lee, y que más arriba he
adaptado al género epistolar, nuevamente la noción de *pacto* aparece,
en el caso del diario, ligada a la noción de verdad, de veracidad y de
autenticidad. Así, cabría pensar además cuáles son los rasgos de los
diarios escritos por Rodríguez Monegal que, a partir de lo expuesto
por Lejeune, nos llevan a dudar de la «autenticidad» de la forma
empleada, aunque no de la veracidad de los hechos narrados.

El Congreso del PEN Club le rindió a la revista de Rodríguez
Monegal cinco textos diferentes esparcidos a lo largo de tres ediciones, en las que el director recorta para sus lectores los momentos de
reflexión más importantes del evento, o reseña las reacciones de la
prensa a favor o en contra de la participación de dichos escritores[20]. El

---

[20] Saul Bellow, «La influencia del intelectual norteamericano» (MN 3: 13-16);
«El Congreso del PEN Club» [«Sextante»] (MN 3: 75-76); Emir Rodríguez
Monegal, «Diario del PEN Club» (MN 4: 41-51); «Papel del escritor en América

congreso de Caracas cubre las dos semanas que Rodríguez Monegal
pasó en la capital venezolana, y en sus primeros días es narrada en un
registro cinematográfico, pues coincidió con el terremoto de sacudió
la ciudad el 29 de julio de 1967.

El diario institucional

Más allá de las perspectivas (variadas y exhaustivas) que estos
diarios ofrecen prevalece el deseo de mostrar los hechos desde un
ángulo que combine la experiencia individual con la institucional.
Al tratarse de textos firmados por Rodríguez Monegal y estar escritos
en la primera persona del singular, y estando por otro lado divididos
en entradas correspondientes a cada uno de los días que duraron los
congresos, así como al contener el término «diario» en los títulos de
cada uno de los textos, la cuestión de los rasgos formales básicos del
género parece reducirse sensiblemente. Sin embargo, hay en ellos
elementos que los separan de la preceptiva del diario tradicional. Se
trata, en primer lugar, de textos escritos para enseguida publicarlos
en *Mundo Nuevo* y ofrecer una versión diferente de la que *Casa de
las Américas* había mostrado. En segundo lugar, la voz del autor se
transforma, en muchas ocasiones, en mero recurso narrativo para
referirse a episodios específicos de la vida de la literatura como institución, esto es, en lugar de un diario personal e íntimo, Rodríguez Monegal nos entrega un *diario institucional*[21]. El texto con que
Rodríguez Monegal introduce este diario termina con la siguiente
precisión: «Como una contribución a la crónica de ese importante
acontecimiento, publico ahora las páginas de un *Diario* que refleja,

---

Latina» [mesa redonda] (MN 5: 25-35); Emir Rodríguez Monegal, «El PEN Club
contra la guerra fría» [«sic»] (MN 5: 85-90).

[21] Lejeune se refiere al diario de Remi Hess, *Le Lycée au jour le jour* (1989)
como «pionnier du "journal institutionnel"» (1998: 324).

desde un ángulo muy especializado, los días del Congreso» (MN 4: 41). El registro detallado de las declaraciones a la prensa, actividades colectivas, almuerzos íntimos en restaurantes, reuniones nocturnas con sus correligionarios, son la prueba escrita de una memoria que quiere prevenirse contra el olvido, pero también contra la tergiversación, contra la destrucción de un modelo autonómico que ni desprecia el compromiso ni tampoco se le subordina.

El verdadero protagonista de los diarios es el modelo de intelectual cosmopolita, joven, preocupado con el destino político, social y económico de América Latina. Así, en el Congreso del PEN Club, Rodríguez Monegal nos entrega la imagen rebelde de un Vargas Llosa que, en «un francés impecable», denuncia la indiferencia de las oligarquías locales ante la condición de *clochard* en que viven los escritores de su país. Un año después, homenajeado en Caracas, lo retrata como un «perfecto caballero peruano», impecablemente peinado y atento a su condición de estrella de las letras, preocupado por las implicaciones políticas de la aceptación del premio Rómulo Gallegos, temeroso de «que se pueda confundir su aceptación del premio con la aceptación de un régimen».

Ambos diarios escapan a la definición tradicional del género; su publicación inmediata busca en la «censura estética» un aliado técnico que delata una falsa apropiación o, dicho con otras palabras, autoriza el recurso a la simulación. Carecen, por otro lado, de casi todos los elementos que mejor los definirían: extensión, repeticiones, presencia masiva de lo implícito; pero, sobre todo, del impudor y la indiscreción con que se escriben «sinceramente» las debilidades y faltas de los que lo rodean (Lejeune 1998). Tanto los títulos como los modos de intervenir en el texto dejan claro que no se trata del diario *de* Rodríguez Monegal; su mirada sobre los escritores aparece siempre mediada por un juicio crítico exclusivamente profesional. Cuando conversa con García Márquez en Caracas se centra en la valoración estética de *Cien años de soledad,* mientras que excluye otros hechos que «desde un ángulo especializado» parecerían impertinentes, y sugieren que el diario no fue totalmente escrito «*au jour le jour*». En su visita a una librería inmediatamente después del terremoto que asoló Caracas en las vísperas del Congreso, Rodríguez Monegal descubre la colección de las *Obras Completas* de Andrés Bello, editada por Miguel Luis Amunátegui en Santiago de Chile entre 1881 y 1893, y registra en el diario: «Nunca la había visto en una librería y me siento horriblemente tentado a adquirirla. Pero si está al alcance de mi deseo, no lo está al de mi bolsillo. [Terminaré por tenerla, pero no me corresponde contar aquí cómo. Es otra historia]». Toda vez que en los acontecimientos de su día a día como congresista caraqueño algún «impulso» lo desliza hacia lo personal, el celo por borrar del texto cualquier marca de sus relaciones íntimas se manifiesta con fuerza. Así, las esposas de otros escritores son identificadas por sus nombres propios, mientras que la suya es apenas nombrada como «mi mujer». Desde París, donde ella ha permanecido, esta vaga alusión parece ser el nexo con una vida que parece merecer otro diario. En Caracas y Nueva York, el director de *Mundo Nuevo* es un yo público políticamente correcto, que al mismo tiempo se diluye en una especie de trinidad literaria formada por críticos, novelas y novelistas.

La «edición» de la cotidianeidad, su encubrimiento bajo algunos signos estéticos –lo real (in)trascendente siempre es asociado a lo irreal (in)trascendente (películas de Hollywood, personajes literarios)–, la introducción de referencias para orientar al lector, aparecen como marcas textuales de una cierta inautenticidad genérica que, en cambio, no hace más que aliviar al diario institucional de las marcas de lo personal. La opinión de Rodríguez Monegal es *la autoridad*, siempre presente valorando, aconsejando; su figura puede hacer creíbles los hechos narrados. Lo que le interesa destacar no es la visualidad revolucionaria, sino la visualidad literaria como *otro* modo de la verdad. La selección de detalles que componen, en sus diversas entradas, el retrato de familia de los escritores latinoame-

ricanos, parece despejar cualquier duda sobre su integridad moral
e ideológica, sobre el modo en que la esfera artística se posiciona
frente a la esfera política y participa activamente sobre esta última.
La intervención de Vargas Llosa en el PEN Club y su posterior discurso en la recepción del premio Rómulo Gallegos («La literatura
es fuego») surge entonces como el modelo retórico de tal relación
entre lo artístico y lo político, colmando el espacio literario latinoamericano de un dramatismo que supo administrar el equilibrio
entre el radicalismo de izquierda y de derecha, dejando más o menos
complacidos tanto a los militantes cubanos como a sus críticos. Sobre
una escenografía compuesta por dos cuadros de Wifredo Lam, y
que a los ojos de Rodríguez Monegal había sido montada «como
para subrayar mejor la presencia cubana», en la oncena entrada del
diario venezolano asistimos a una solemnidad que se tensa sobre la
«sinceridad aterradora» de Vargas Llosa al declarar, en un país y bajo
un gobierno declaradamente hostil a la Revolución cubana, «su fe
en el socialismo y su convicción de que en Cuba se está realizando
la justicia social». Sin embargo, algunas líneas después el fundador
de *Mundo Nuevo* registra la siguiente reflexión: «Como apuntaba
alguien: ¿Es concebible imaginar a la Casa de las Américas entre-
gando un gran premio a Borges por una de sus obras y permitiendo
que el escritor argentino ratifique en público en La Habana su simpatía por los Estados Unidos?» (MN 17: 17).

Los diarios del PEN y de Caracas se transforman así en expresiones de un género que metonimiza la política dialógica y el credo
«no comunista» de *Mundo Nuevo*, siendo además el género productor
del espacio de la coincidencia entre las voces que hacen realidad tal
política. El diario se alza como otra forma de la inmediatez, capaz
de representar textualmente el debate de esos momentos en torno
al compromiso y la función del intelectual; muestra a los diferentes
modelos de intelectual negociando sus espacios, ocupándolos. En
ese sentido, estos diarios son también el testimonio y la memoria de

un momento de intensa confrontación política en la vida intelectual latinoamericana.

A diferencia de la epístola, que presupone una proximidad entre el que la escribe y su destinatario, el diario parecería privarnos de la posibilidad de dialogar que implica dividir con el otro nuestra intimidad. Sin embargo, ese registro individual aquí exhibe al protagonista posicionado en un escenario público en el que todos interactúan y desde el cual se comunican mensajes institucionales, como la unidad literaria continental, el principio del fin de la Guerra Fría y, por tanto, el predominio de un modelo de intelectual independiente distante de capillas o partidos. A juicio de Rodríguez Monegal, el Congreso del PEN Club se justificó en particular por dos cosas: «(a) demostró con los hechos que el diálogo es posible en la comunidad intelectual y que para lograrlo, nadie debe renunciar a sus convicciones o sus doctrinas; (b) también demostró que en este momento hay una literatura latinoamericana que funciona por encima de las separaciones nacionales y que tiene, cada día más, una fuerza y una pujanza internacionales» (MN 4: 41). Luego, en Caracas, en el marco del premio Rómulo Gallegos, retoma el discurso de los organizadores del Premio, el cual subraya el carácter literario de los eventos registrados, así como la total independencia de los mismos de cualquier intención política: «Un premio literario debe estar libre de ataduras» (MN 17: 17). A pesar de su insistencia en destacar la especificidad literaria de los acontecimientos, el énfasis político implícito en estas citas aparece como prueba convincente de la total movilidad del intelectual independiente.

Por otro lado, el no pensar dicho diario como una construcción básicamente autobiográfica lo convierte en un texto híbrido, del cual emerge la crónica. Rodríguez Monegal no es sólo el sujeto que registra su vivencia, sino también el corresponsal que se las ingenia para trasmitir una imagen «objetiva» a través de una forma que expresaría diferentes instancias de su subjetividad. Al asumir el papel de testigo, el director de *Mundo Nuevo* sella un pacto de identidad con su revista, y asume el diario como «respuesta» a la presión pública que la moralidad revolucionaria ejercía desde Cuba. Desde la versión de la verdad (personal e institucional) que emana de su diario, el uruguayo encuentra una manera «transparente» de mostrar que, a pesar del dudoso vínculo con la CIA, los intelectuales «independientes» no tenían nada que esconder.

El crítico como estratega: Rama & Retamar vs. Monegal

Al ser interrogado acerca de la posible influencia de Emir Rodríguez Monegal en la expulsión de Ángel Rama de los Estados Unidos a comienzos de la década del ochenta, el director de *Casa de las Américas* respondió:

> Emir Rodríguez Monegal fue sencillamente un instrumento, y creo que no es el dedo de Emir Rodríguez Monegal, es el dedo que estaba detrás de Emir Rodríguez Monegal [...]. Si me pregunta usted, y esto es una conjetura, no creo que Emir hubiera hecho eso. Creo que Emir escribió algunas majaderías en las cartas que se han publicado después, sin embargo era un caballero, y no hubiera hecho una cosa de esa naturaleza. Pero repito, Emir no era el que decidía en estas cosas, él era sólo el director. (Morejón & Chiampi 2005: en línea)

En su respuesta, Fernández Retamar funde dos momentos cronológicamente distintos en la carrera de estos dos críticos uruguayos (iniciados los ochenta, Rodríguez Monegal era catedrático en Yale, mientras que Rama intentaba serlo en Stanford), reforzando así la imposibilidad de Casa de las Américas de desvincular al ex director de *Mundo Nuevo* de la imagen estigmatizada de colaborador de la CIA con que había sido rotulado más de tres décadas atrás. Al (con) fundir las temporalidades y funciones de Rodríguez Monegal como director de revista y como «agente», Fernández Retamar demuestra su actual disposición para explicar y justificar la tan criticada actuación del fundador de *Mundo Nuevo*. Al mismo tiempo que el empleo del adverbio «sólo» sirve para delimitar las atribuciones de orden político-práctico de Rodríguez Monegal, también sirve para mostrarlo en un plano de subordinación, más que ante la política institucional de su organismo financiador (el CLC, el ILARI), ante la política de los Estados Unidos, lo que significaría, en la visión de la izquierda militante, estar al servicio de quienes se oponían al modelo revolucionario latinoamericano.

La apelación a la integridad moral de Rodríguez Monegal –«sin embargo era un caballero»– para aliviarlo del peso de la «culpa» que durante casi cuatro décadas ha recaído sobre su participación en *Mundo Nuevo,* tal vez se explique por la resistencia de su revista tanto al tiempo de la historia política como al de la literatura, y nos enseñe hoy que lo que ha sobrevivido para la literatura latinoamericana de la disputa entre el radicalismo de derecha y el de izquierda en los animados años sesenta es justamente mucho de lo que trató de mantenerse al margen o contra dicho radicalismo. Desde el interior del campo de valores de Fernández Retamar, el adverbio «sólo» propone la silueta de un Rodríguez Monegal manipulado, no lo suficientemente capaz de resistir a las maniobras de la CIA o de colocar su talento crítico al servicio de las demandas de una comunidad intelectual amante de la Revolución planetaria. Pero la ausencia de responsabilidad que parece recaer sobre el director de *Mundo Nuevo* podría ser pensada además como la reevaluación de Fernández Retamar sobre el papel que jugaron ambas revistas en un debate que, si bien él pretende inspirado en la vocación rebelde de un solo hombre (Ángel Rama), sus mismos contenidos muestran cómo fueron creadas para operar dentro de campos de poder en que las jerarquías a partir de las cuales polemizaban compartían un mismo nivel de subalternidad, al responder en diferentes grados y con discursos opuestos a políticas institucionales y a ideologías que colocaban en juego, en primer lugar, el control político y económico sobre determinados espacios geográficos.

Detengámonos en el sintagma «él era solo el director» para comentar la nueva esfera de actuación de los críticos en el contexto político sesentista y cuestionar de qué modo (re)define la naturaleza y funciones del director de una revista, su marca de institucionalidad, ya que también hace explícita la actuación de *Casa* y *Mundo Nuevo* como receptoras, portadoras y divulgadoras de ideologías que circulan y se asientan en torno a figuras claves en la crítica literaria latinoamericana de los años sesenta. Más que indagar sobre las razones o los motivos que llevan al director de *Casa* a presentar la actuación secundaria de Rodríguez Monegal como una derrota de la ingenuidad o de la estrechez ideológica, interesa explorar la intensidad con que el sintagma «él era sólo el director» espejea la funcionalidad de otro sintagma: hacer una revista (y dirigirla) implicaría la yuxtaposición de prácticas personales y políticas institucionales ante las cuales los directores se verían abocados a optar en diferentes grados. Y es justamente en función de los conceptos políticos que circulan dentro de los campos de poder en que se mueven, que cada uno de estos directores opta por un modelo retórico, por un diseño intelectual. La idea del director como El Maestro, como la figura espiritual que rige la discursividad y ordena la sintaxis de una revista, y que como un hilo nada invisible había atravesado algunas de las principales publicaciones latinoamericanas de la época (*Sur*, *Orígenes*), es desplazada a partir del triunfo revolucionario cediendo lugar a una colectividad que reproduce los mitos y ritos participativos de la nueva estructura social. La imagen del intelectual como voz de los sin voz, como «técnico» letrado y reproductor de los cambios sociohistóricos, transforma, en el espacio cubano, las formas «tradicionales» de hacer una revista.

Si durante el quinquenio en que se mantuvo al frente de *Casa* Antón Arrufat trató de preservar ciertos espacios textuales en bene-

ficio de la libertad de creación y la polémica estética, reivindicando
así su formación en el interior de las páginas de *Ciclón*, Fernández
Retamar (que en su juventud fue colaborador de *Orígenes*) negocia
dichos espacios hasta el punto de llegar a ser totalmente controlado por la institucionalidad. Mientras tanto, desde otro contexto
Rodríguez Monegal mantuvo una concepción más unipersonal y
centralizada del trabajo editorial. Para mantener su imagen de revista
de diálogo, *Mundo Nuevo* produce cierta heterogeneidad interna,
aunque basada en una plataforma institucional que, al oponerse a
las grandes líneas de la política cultural de la Revolución cubana, se
contradice con la política de tolerancia que aparentemente mantenía
con los escritores de izquierda que se insertaron en la estructura de
su discurso liberal.

Al contar con un comité de colaboración integrado por escritores
de diversos países del continente, la revista cubana aparece como el
producto de cierta representatividad latinoamericanista, que guía
la elección de autores y temarios. Los miembros de este consejo
editorial son los mediadores y suministradores de una larga lista de
adhesiones. *Mundo Nuevo*, por el contrario, siembra la duda en el
estrecho espacio que separa la práctica canonizadora de Rodríguez
Monegal de la plataforma ideológica del ILARI, de la Fundación
Ford o del Congreso por la Libertad de la Cultura (CLC). El Comité
de colaboración de *Casa* también participa como voz del consenso
de la izquierda revolucionaria, mientras que *Mundo Nuevo*, al no
tomar decisiones colectivamente, no torna público el espacio y el
modo de negociar con las instituciones que la financian. Las copio-
sas manifestaciones de apoyo a la Revolución cubana lanzadas en
cartas colectivas e individuales, en declaraciones y congresos hacen
de *Casa* un frente organizado capaz de asumir el papel de denun-
ciante posicionado desde el lugar productor de la verdad (revolucionaria). *Casa* proyecta la voz de la urgencia, la voz del cambio,
siempre convocando a los intelectuales a posicionarse y a tornar

públicas sus creencias. La urgencia está dada por la proximidad geográfica de los Estados Unidos y por la profundidad de su presencia en la vida económica y política latinoamericana. La urgencia es el resultado de la inminencia de hechos concretos, como las agresiones imperialistas en los primeros años de la Revolución, o la exclusión de Cuba de la OEA. Así, el discurso de *Casa* se convierte en una suerte de llamado público contra la política norteamericana, y la izquierda revolucionaria puede contar incondicionalmente con la revista para promover a sus integrantes[22].

En contrapartida, el estilo didáctico adoptado por Rodríguez Monegal fue el eje que organizó la sintaxis de su revista. Aunque existen números monográficos en la forma *dossier*, el didactismo está dado por la articulación de diversos géneros en torno de una figura (Darío), un tema (el erotismo) o una literatura (la literatura argentina). Su empresa, entre pedagógica e ilustrada, se convierte en un lugar para lo «alternativo» frente a las poéticas comprometidas de la izquierda, por medio de la restauración y exposición (parcial) de figuras y temas excluidos de la mirada revolucionaria –como es el caso de la escritura de Manuel Puig, la animada ensayística de Cabrera Infante en torno al erotismo en la novela folletín o la estratégica aparición internacional de José Lezama Lima.

La historia de *Casa* y *Mundo Nuevo* no es sólo la de dos revistas, sino también la de la conformación de grupos intelectuales que se ubican en polos ideológicos opuestos, configurando así una diná-

---

[22] *Mundo Nuevo* también promueve no sólo a los autores de ideología liberal, sino a los que habían participado y luego roto sus vínculos con el régimen cubano. María Eugenia Mudrovcic ha trabajado con el enfoque sociológico y la línea de debates sobre el militarismo, el movimiento estudiantil y el latinoamericanismo que ocupó el grueso de la revista principalmente en su segunda fase, pero también debe ser recordado que la revista llega a oponerse a la política estética de su primer director, principalmente a través del cuestionamiento del lugar preponderante otorgado por Rodríguez Monegal a la nueva novela.

mica cultural que reestructura el campo intelectual de la izquierda, a medida que las adhesiones y deserciones van aconteciendo. A pesar de las dificultades para circular internacionalmente (incomunicación, censura), la difusión de *Casa* desde el inicio estuvo respaldada por el prestigio de la Revolución, lo cual le garantizó una progresión constante, que corría pareja a su compromiso político y a la situación privilegiada de la izquierda en el plano internacional. Basta recordar cómo la propia revista recoge en la sección «Al pie de la letra» sus modos de intervención en publicaciones e instituciones extranjeras, pero también cómo los escritores utilizan el espacio de congresos y reuniones para promover el proyecto cubano[23]. *Casa* es la puerta de entrada de los intelectuales a la Revolución, y al mismo tiempo funciona como puerta de salida para la circulación instantánea de la utopía.

De la opinión de Fernández Retamar sobre la poca credibilidad que le restaba a Rodríguez Monegal al dejarse manipular por la política cultural de los Estados Unidos para América Latina se desprende, en buena medida, su autoconciencia de haber sido también un instrumento, más que un verdadero protagonista de la reorganización de las fuerzas intelectuales de izquierda. Su artículo «Ángel Rama y la Casa de las Américas» está construido sobre la imagen de Rama como figura cumbre de la crítica de izquierda de los años sesenta, pero fundamentalmente como artífice de la ofensiva anti-imperialista que colocó a *Mundo Nuevo* en el ojo del ciclón. Basado en la correspondencia de Rama con el propio Fernández Retamar y con Marcia Leiseca, entonces secretaria de dirección de la Casa de las Américas, este artículo saca a la luz todo el proceso subterráneo

---

[23] En *Historia Personal del Boom* José Donoso nos trae la imagen de Carlos Fuentes discursando a favor de la Revolución cubana, en pleno Congreso de Intelectuales de 1962 (Universidad de Concepción), cuando todavía la mayoría de los escritores latinoamericanos no había establecido vínculos entre sí o con La Habana.

de construcción de una comunidad de avanzada revolucionaria y, fundamentalmente, presenta a Rama como un estratega político tratando de llevar a la práctica la reunión definitiva de la vanguardia estética con la política.

Sin embargo, el hecho de que el mismo director de *Casa* delegue en el crítico uruguayo la responsabilidad y el éxito de varias empresas que han contribuido profundamente a la solidez estructural e ideológica de la institución que la publica[24] me hacen cuestionar hasta qué punto no está siendo erguido y recuperado como autoridad que, al igual que Rodríguez Monegal, serviría para resistir al tiempo cambiante de las ideologías. Por otro lado, su protagonismo en la creación de una política internacional más agresiva para Casa de las Américas revela que, más allá de los vínculos profesionales o personales, la institución cubana buscó suplir con su figura pública la carencia bastante acentuada en Cuba de una crítica modernizadora, de un intelectual que reuniera en sí tanto un «cuerpo de doctrina» como las cualidades organizativas necesarias para ponerlo en funcionamiento.

Rama aparece como el sujeto que, a través de la revista, le da densidad y dinamismo a la proyección política de la institución cubana. Las citas extraídas por Fernández Retamar de esta correspondencia componen el retrato del autor intelectual de la avanzada cultural antiimperialista lanzada desde la isla. Muestran muy especialmente que su autoría se configura a partir de la toma de decisiones, del cálculo preciso de los pasos a seguir, de los pactos a ejecutar, inclusive de las ideas que deberían transformarse en directrices de la revista. Sin ningún pudor, Rama no es presentado como colaborador, y sí como uno de los principales ideólogos de Casa de las Américas. En

---

[24] La presencia intelectual uruguaya en Casa de las Américas es fundamental en su configuración estructural. Fueron las iniciativas de Mario Benedetti y del propio Rama (entre otros no uruguayos) las que contribuyeron a la fundación del Centro de Investigaciones Literarias de la institución cubana, así como a la instauración del testimonio como género en el Premio literario, a partir de 1970.

los fragmentos citados de su correspondencia se torna más explícita
no sólo su relación con las personas que trabajaban en el centro
cubano, sino también su convicción sobre la necesidad de que más
allá de sus errores, la Revolución cubana prevaleciese como modelo.
Por otro lado, este recorte epistolar muestra cómo circula la polémica
antes de ser divulgada en el continente, específicamente en Argentina, Chile, Venezuela, México, Uruguay y Cuba; muestra también
cómo se organiza la izquierda, cómo se arma una campaña, y cómo
el campo intelectual se reagrupa en torno a las imágenes críticas de
Rama y Rodríguez Monegal.

En el artículo de Fernández Retamar, Mario Benedetti aparece
como una de las fuentes a través de la cual Rama actualiza las
informaciones sobre el cambio de política seguido por el CLC, que
contaba con una sede en Montevideo. La plataforma del Congreso,
ampliamente difundida en su red de publicaciones, se refería al
«desgaste de los esquemas ideológicos», así como a «la necesidad de
una creación ajena a la política», francamente opuesta a la convicción revolucionaria de que la lucha armada sería la única salida para
los problemas económicos y sociales del continente. La propuesta
liberal de desideologizar la cultura preocupa a Rama, quien llama
la atención de Casa de las Américas sobre una izquierda intelectual
debilitada, que necesita unirse y fortalecerse usando a la Revolución
cubana como símbolo. Plantea además la necesidad de cambiar las
estrategias, esto es, modernizar, sofisticar los recursos para acceder
a la lucha ideológica en un mismo plano de igualdad con las instituciones liberales:

> Se necesita lo que hace el imperialismo: una revista en París, reu-
> niones periódicas de escritores, acción militante en todas las causas,
> organismos supranacionales como habíamos encarado. Nada hicimos,
> y nos hemos confiado a nuestras flacas y exclusivas fuerzas en todo.
> ¿No es hora de cambiar esta política? (Fernández Retamar 1998: 177)

La inv(c)itación de Rama a la reestructuración de los flancos culturales es también un reproche y un llamado a la responsabilidad de los cubanos:

> Ustedes por allí están tan salvaguardados que no se dan cuenta de la situación y del desaliento en que se mueve ahora el intelectual de izquierda en Latinoamérica: todos los días se presencia una traición, más exactamente una venta a buenos dólares [...] Estamos retrocediendo en casi todos los frentes, y me temo que, sin tener que creer en las tesis trotzkistas [*sic*], la misma Cuba se retira de Latinoamérica. (Fernández Retamar 1989: 175)

Ante la urgencia de estos reclamos, la serie de episodios que le seguirán se inicia con el intercambio epistolar de Rodríguez Monegal y el director de *Casa* y, bajo la forma de la coincidencia, nuevamente Rama aparece como autor intelectual y estratega de la polémica:

> lo bueno de nuestra amistad es la coincidencia espontánea en asuntos de arte o de política, así estemos separados por mares y continentes. Cuando yo te escribía sobre la nueva revista del Congreso la carta que sospecho ya has recibido, tú escribías la carta de respuesta a Monegal que has enviado a José Pedro [Díaz] y él me ha mostrado. De total acuerdo [...] Agradecería que le dieras a tu carta *la mayor difusión posible*, entre los mencionados y muchos más, sobre todo el equipo de izquierda que es el que ha sido asignado para el confucionismo de la nueva revista. Estoy dispuesto a publicarla en *Marcha* si a ello me autorizas, enviándome alguna copia, y sugeriría una acción intensa para la zona mexicana que es la que, en todo el continente, me parece la más débil y más sensible a este tipo de conmixtiones. (Fernández Retamar 1998: 175-176)

A partir del momento en que esta correspondencia es publicada –específicamente a partir de la publicitada respuesta del director de *Casa* donde niega al uruguayo la colaboración de los cubanos con la revista del ILARI, le expresa la imposibilidad de invitarlo a participar como jurado en el Premio Casa y finalmente lo alerta por su falta de suspicacia ante la presencia norteamericana en su proyectada revista–, la imagen del intelectual ingenuo, desprevenido, irresponsable e indiferente pasa a ser utilizada como figura retórica por la revista cubana, que la exporta a otras publicaciones. El paternalismo se instaura como valor crítico y, junto con él, la figura del *intelectual ingenuo* gana cuerpo. Basta recordar este párrafo con el cual *La Rosa Blindada* introduce la publicación de las cartas cruzadas entre los directores de *Casa* y *Mundo Nuevo*:

> Las dos cartas que publicamos hablan de por sí sobre la candidez de ERM y la enérgica reacción del joven poeta cubano Roberto Fernández Retamar [...], y que de paso servirá para ubicar a algunos publicables que ya estaban preparando sus originales, «despistados» por la inocente criatura que dirige la nueva revista.[25]

Es Ángel Rama, como parece probarlo una de sus cartas a Fernández Retamar, quien sugiere la estrategia de no enfrentar con abierta hostilidad a los intelectuales que colaboraban con las dependencias del CLC, sino por el contrario, hacer que se reconocieran como objetos de la manipulación imperialista: «Pero una advertencia, que a esta altura ya debes haber comprendido por mi carta anterior: son muchos en América, y de los mejores, que no vieron el asunto y *que fueron engañados*» (Fernández Retamar 1998: 175). Sin embargo, el que Rama sugiera el trazado de una figuración intelectual inmadura, ideológicamente incapaz de mantener su autonomía frente al poder imperialista encuentra un doble origen en las propias críticas, quejas y defensas esgrimidas por los directores y colaboradores de las revistas del CLC que fueron vinculados al escándalo sobre el financiamiento

---

[25] E. R. Monegal / R. F. Retamar, «Correspondencia». En *La Rosa Blindada* 2 (8), 1966.

de la CIA. En una declaración oficial de 1967, los miembros de la
asamblea general del Congreso llegarían a condenar «de la manière
la plus énergique la façon dont *ils ont été trompés* par la CIA et le mal
qu'elle a fait à leur cause»[26].

Uno de los momentos pivotales de esta construcción del carácter
y la psicología del intelectual «alienado» por su falta de suspicacia
política se da en la mesa redonda «Sobre la penetración intelectual
del imperialismo yanqui en América Latina»[27], en la cual a los intelectuales que no participan de las tareas militantes de la izquierda no
se les reconoce la capacidad para pensar las consecuencias políticas
de sus actos, al tiempo que se les demuestra la necesidad que tienen
de ser alertados contra el aprovechamiento que el Departamento
de Estado norteamericano haría de su imagen pública. El siguiente
fragmento de la intervención de Ambrosio Fornet, que me parece
necesario citar en extenso, acude al tono apocalíptico y proselitista
de la retórica revolucionaria para configurar a la izquierda militante
como líder y conciencia crítica de la intelectualidad:

> Pueden ser militantes o no, pero todos saben que hoy, en Cuba,
> se está jugando el destino de nuestros pueblos… y hasta el destino de
> nuestras literaturas, de nuestro arte nacional. La política norteamericana
> en la cultura sólo puede engañar a otros dos tipos de escritores y artis-
> tas: engañar a unos y desorientar a otros. Por eso hemos declarado un
> «estado de alerta» en el campo de la cultura. Hay un tipo de intelectual
> que no nos interesa: es el que está pidiendo a gritos «ser engañado». Todo
> el mundo lo conoce, se sabe incluso cuánto valen: una traducción, una
> beca, un premio, una embajada… depende de las ambiciones. Te repito:
> esos no nos interesan; se dejarán «engañar», pero no podrán engañar a

---

[26] «Le congrès pour la liberté de la culture condamne "la façon dont il a été
trompé par la CIA"». En *Le Monde*, 18/5/1967: 2 (énfasis mío).

[27] Trasmitida por la radio internacional Radio Habana Cuba el 10 de agosto
de 1966, y publicada en el número 39 de *Casa*. Participantes: Roberto Fernández
Retamar, Ambrosio Fornet, Lisandro Otero y Edmundo Desnoes.

nadie... Pero hay intelectuales, como decía Lisandro, o más bien artistas que, aunque parezca extraño –a nosotros nos parece inconcebible, pero hay casos–, que son ingenuos, se trata a veces de un problema de carácter... Ese artista es honesto, aspira –desde luego– al bienestar de su pueblo, pero dice: no, yo no soy político, yo de eso no sé nada, yo ¿qué puedo hacer? A ése tenemos el deber de ponerlo en guardia. Si colabora, le estará haciendo el juego, sin quererlo, al enemigo... al que invade Santo Domingo, al que estrangula la economía de su país, al que apoya a los gorilas del continente, al que prepara los planes «Camelot», al que considera a Puerto Rico como una colonia vitalicia... al que, en último caso, lo desprecia a él y a su propia cultura –a *nuestra* cultura– aunque ahora pretenda interesarse por ella. A ese escritor, a ese artista hay que exigirle que reflexione... A lo mejor ve que otros, que pasan por «izquierdistas», que han leído mucho marxismo, se dejan cortejar, transigen, y entonces piensan: ¿por qué no yo, entonces? ¿Qué hay de reprochable en eso? A ése, al desorientado, al de buena fe, hay que decirle: esos que parecen saber más, saben menos, esos no saben nada. Son pícaros, simplemente. Y a la larga pierden. Como decía Martí: todos los pícaros son tontos...

El tono de urgencia, la ironía, la responsabilidad por la reeducación y la salud ideológica de una comunidad descarriada apela a un lenguaje proselitista y doctrinario que, a través de la culpa, funciona como máquina mutiladora de la libertad individual. Apoyado en la «sabiduría popular» del padre fundador José Martí, Fornet indica dónde está el peligro, advierte a los «pícaros» colaboradores de *Mundo Nuevo* su transformación en los «tontos» de mañana. Este llamado de alerta a los intelectuales latinoamericanos le rindió al elenco cubano más de una adhesión, más de una retractación por parte de algunos colaboradores de *Mundo Nuevo*:

a) Carta de Augusto Roa Bastos a Fernández Retamar en la cual se posiciona públicamente a favor de las directrices políticas emanadas de la institución cubana y se «autocritica»:

No estoy reclamando un *bill* de indemnidad o prerrogativas de tolerancia y privilegio para los que, como yo, hemos incurrido *sin mala fe* [el subrayado es mío] en algunos de los descuidos y equivocaciones fustigados en la carta a Pablo; mi colaboración en *Mundo Nuevo*, por ejemplo. No voy a pretender ahora justificarla con argumentos que ya carecen de oportunidad. Sólo puedo decirte, en mi descargo, que cuando Emir comprometió mi colaboración para esa revista, a su paso por Buenos Aires, a fines de 1965, no se había desencadenado aún la esclarecedora polémica que fue iniciada precisamente por ti. Yo lo hice en la confianza de que, de acuerdo con sus declaraciones, él iba a abrir la revista a un amplio y franco diálogo sobre todos los problemas de América Latina, sin exclusiones, y en el que los compañeros cubanos tomarían parte activa.[28]

b) El poeta peruano Alejandro Romualdo declara en una nota publicada también en la revista que él no colaboró con *Mundo Nuevo*, sino que fue Julio Ortega quien lo incluyó en una antología de la poesía peruana sin consultarlo previamente[29].

En contraste con estos escritores, cuyas rectificaciones fueron en apariencia suficientes para restablecer el orden de la izquierda que *Mundo Nuevo* parecía interrumpir, la biografía intelectual de dos cubanos ha debido contemplar, a partir de sus colaboraciones con la revista de Rodríguez Monegal, al menos un momento de ruptura y otro de negociación con las autoridades cubanas:

a) Guillermo Cabrera Infante pierde su permiso de entrada a Cuba a comienzos de 1967, entre otras razones, por actuar como corresponsal de *Mundo Nuevo*. Ya en noviembre de 1965, a camino del

---

[28] «Cartas a la Casa» (CA 43: 136).

[29] «Al pan pan». En «Al pie de la letra», CA 48: 152. Las colaboraciones de estos escritores en *Mundo Nuevo* son: Augusto Roa Bastos, «Él y el otro» [cuento] (MN 1: 31-36); Alejandro Romualdo, «El caballo o la piedra» y «Canto coral a Tupac Amaru que es la libertad», en Julio Ortega, «Siete poetas peruanos» (MN 13: 31-32).

exilio londinense y de paso por París, el antiguo director de *Lunes de Revolución* había sido advertido: «La va a dirigir un argentino llamado Monegal con pretensiones literarias. No te asocies con esta gente porque te va a traer malos resultados» (Cabrera Infante 1987: 39).

b) El 2 de julio de 1968, luego de que un fragmento de su novela *Celestino antes del alba* fuera publicado en *Mundo Nuevo*, Reinaldo Arenas le escribe una carta a Rodríguez Monegal que revela mucho del clima vigilante y hostil de la burocracia cubana ante la revista del ILARI y sus colaboradores. Si desde el exterior Roa Bastos se explica ante la izquierda cubana como alguien que ha sido engañado, desde el interior revolucionado Arenas le expone al crítico uruguayo la doble cara de su «traición»:

> A raíz de la publicación de un fragmento de mi novela *Celestino antes del alba* en su prestigiosa revista, lo cual le agradezco profundamente, me he visto, sin embargo, conminado por los oficiales de la UNEAC y sus policías, a redactar una carta de protesta que ellos, los directores de la UNEAC publicarán inmediatamente en su periódico, *La Gaceta de Cuba*. Primero me negué a escribir la carta, y entonces ellos, encabezados por Nicolás Guillén en persona, me presentaron la expulsión de la UNEAC donde además trabajo, expulsión que significa ir a parar a un campo de trabajo forzado y desde luego la cárcel. Hice entonces una carta benigna. Pero el mismo Guillén la rechazó: quería algo agresivo y denunciante. Así pues tuve que elegir entre la redacción de la infame carta o la prisión. Quiero seguir escribiendo, creo que esa es mi verdad por encima de todas las otras. Y espero que mis manuscritos inéditos (por razones obvias) lleguen a sus manos, para que vea cuál es mi labor… En la misma carta oficial me las arreglé para decir que «no me quedaba otra alternativa» y contra la revista *Mundo Nuevo* puse los insultos que ellos han publicado, no los míos, que no existen. Admiro tanto su revista, como su labor crítica. No soy un personaje político. Pero sé que todo lo que se dice contra *Mundo Nuevo* es una infamia. Espero que algún día podamos hablar. Espero, aunque sin mucha esperanza, ser algún día un hombre libre. Pero por ahora espero,

por lo menos que esta carta llegue a sus manos, y sepa comprender mi situación, mi realidad; y perdonarme. (Arenas 1987: 47)

Además de los numerosos editoriales, notas, declaraciones y mesas redondas de denuncia contra la política cultural de los Estados Unidos para América Latina que *Casa* promueve y publica, la institución realiza una serie de eventos que aparecen como respuestas concretas de la ofensiva cultural montada por Rama. La primera reunión del Comité de colaboración[30] en enero de 1967, después de que con la entrada de Fernández Retamar en octubre de 1965 hubiera sido reestructurado y ampliado, responde ampliamente a la crítica de Rama ante la actitud hasta entonces pasiva de la revista cubana, cuando ya desde inicios del propio 1965, durante el Congreso de Génova, él mismo se había encargado de alertar a los delegados cubanos sobre el proyecto encomendado a Rodríguez Monegal. Diferente de Fernández Retamar, que critica la fundación de la Comunidad Latinoamericana de Escritores, podríamos pensar también que la oposición cubana no se refiere únicamente a la presencia de la política norteamericana tras esta tentativa de unificación intelectual, sino que puede estar relacionada con el hecho de que Casa de las Américas desde su surgimiento se había proyectado como líder cultural latinoamericano y por primera vez en el continente aglutinaba a los escritores. No dividir ese espacio era esencial para no perder aliados ni influencia. Rama, por el contrario, pensaba que la creación de la Comunidad fortalecería sobre todo a la izquierda. A diferencia del cubano, que expone los argumentos como si fueran verdades inexpugnables, Rama valora las consecuencias negativas que esta oposición de los cubanos podría significar para la reorganización de las fuerzas intelectuales;

---

[30] Las reuniones del Comité de colaboración, que convirtieron la sede de la revista en una suerte de cuartel general de la izquierda intelectual, decidieron, organizaron o propiciaron otros eventos que rebasan los marcos textuales para transformarse en episodios concretos, como el Congreso Cultural de La Habana, de 1968.

dice claramente que la creación de la Comunidad Latinoamericana de Escritores se vio afectada por los antagonismos ideológicos entre los intelectuales de izquierda que defienden la Revolución cubana (fueron veinte firmas negando su participación) y los que están a favor del diálogo entre izquierdistas y liberales. Llama a los primeros de «antiimperialistas» y a los segundos de «proimperialistas». Así, la Comunidad nace ya escindida.

En «Ángel Rama y la Casa de las Américas», la canonización ideológica del uruguayo se convierte al mismo tiempo en la autocanonización ideológica de la revista y de sus patrocinadores. El recorte que Fernández Retamar hace de la correspondencia misma indica que para él lo fundamental son los vínculos con la institucionalidad. De ese modo, el interés está en focalizar su papel en los ataques a *Mundo Nuevo*, al ser una disputa que le da protagonismo a la revista cubana, y por tanto a su director.

En la entrevista arriba citada, Fernández Retamar hace la salvedad de ignorar, en el momento en que Rama le comunica los proyectos del CLC para América Latina, que entre el jefe cultural de *Marcha* y el futuro director de *Mundo Nuevo* existían hondas desavenencias personales. Así, no se debería descartar la hipótesis de que en buena medida la ira desatada por Rama contra la revista del ILARI estuviera justificada, además, por el hecho de que su oponente fuera un coterráneo de renombre internacional, de quien lo separaban sus visiones políticas y literarias. ¿Cómo no pensar que una de las grandes preocupaciones de Rama con la aparición de *Mundo Nuevo* no estuviera relacionada con la presencia de Rodríguez Monegal, y no con la de otro intelectual que hubiera podido ocupar la dirección de la revista? Pensemos además que la extinta *Cuadernos* circuló sin penas ni glorias, pero principalmente sin los ataques vehementes de la izquierda, más olvidada que sacudida por el clima revolucionario que comenzó a despertarse entre los intelectuales latinoamericanos a partir de 1959. *Cuadernos*, hasta donde era conocido en ese momento, no disfrazaba sus filiaciones, y la política cultural del CLC, que hasta el triunfo de la Revolución cubana se mostró más preocupada con su presencia en la dividida Europa de posguerra, parecía no alterar un campo intelectual que, según declaraciones del propio Rama, no había sido sacudido por las transformaciones políticas al punto de reorganizarse del modo en que lo estaban haciendo las instituciones liberales[31]. Por otro lado, la zona de influencia de Rodríguez Monegal ultrapasaba las fronteras literarias del Cono Sur. En las nuevas circunstancias, el hecho de que su oponente asumiese el mando de *Mundo Nuevo* se convirtió ante la mirada de Rama no sólo en un peligro para la reorganización de las fuerzas de izquierda, sino también en la posibilidad y en la inminencia de una derrota a par-

---

[31] Este punto de vista sobre la correlación de las fuerzas intelectuales en América Latina a partir del triunfo de la Revolución cubana fue fundamental en el cambio de política llevado a cabo por el CLC. Peter Coleman narra esos cambios del siguiente modo: «When Adlai Stevenson, the U.S. Ambassador to the United Nations, met with Michael Josselson and Nicolas Nabokov in Geneva in the middle of 1961, a few weeks after the Bay of Pigs imbroglio to discuss the Latin American situation, Stevenson's view was that the magazine *Cuadernos* relied too much on «the great Hispanic humanists» (the Madariagas, the Romeros, the Reyeses) and that younger writers had to be found to develop contemporary themes. It was at this meeting that Josselson suggested the non-Communist Left theme of *Fidelismo sin Fidel*. *Fidelismo* had brought a new sense of urgency to the Congress for Cultural Freedom. In 1961 the Secretariat changed *Cuadernos* from a bimonthly to a monthly, and in 1962 it assigned Keith Bostford to Rio de Janeiro and Luis Mercier Vega to Montevideo in the hope of redirecting and revitalizing Congress activities in Latin America. In 1963 the Colombian writer Germán Arciniegas replaced Julian Gorkín as editor of *Cuadernos* and set out to attract younger writers and to open *Cuaderno's* pages to debate and confrontation. But it proved impossible to overcome *Cuaderno's* reputation as basically a magazine for aging Spanhish émigrés. John Mander, after a tour of Latin America for *Encounter*, assured Josselson that "a majority of Latin American intellectuals" detested *Cuadernos*, confirming what Keith Bostford had also told him. Finally, after its hundredth issue, the Secretariat closed down *Cuadernos* and prepared to launch an entirely new magazine [*Mundo Nuevo*]» (Coleman 1989: 193-194).

tir del proselitismo puesto en práctica por Rodríguez Monegal, el cual se traducía en «captar» autores cuyos nombres garantizarían la legitimidad y la circulación de su revista[32]. Su correspondencia con Fernández Retamar contiene pasajes donde esta preocupación queda claramente explicitada:

> [Rodríguez Monegal] Ha viajado por toda América –todos los gastos pagos por los americanos– para conseguir colaboraciones dirigiéndose sobre todo a la izquierda no comunista, desde [...] hasta Mario Benedetti, y me temo, por lo que Mario me ha contado, que en algunos casos ha obtenido éxito. Aquí ninguno: ni Benedetti, ni [Carlos] Martínez Moreno, ni ninguno de los escritores importantes de la nueva generación participarán del engendro, y tampoco en Buenos Aires, pero en México ya no sé qué puede ocurrir. Una información más detallada la tendrás por Mario cuando vaya a La Habana. Convendría que averiguaras la situación: no sería raro que pretendiera incluso algún cubano para dosificar la cosa y conseguir una entrada en la izquierda (Fernández Retamar 1998: 174).

Mundo Nuevo descansa en los años de Rodríguez Monegal sobre el peso de su prestigio crítico, como lo muestra su correspondencia de aquellos años con algunos de sus colaboradores. Rodríguez Monegal hipostasia el debate ideológico, que no cobra una forma homogénea en las páginas de *Mundo Nuevo*. Su proyección ideológica (no me refiero a la que podemos entresacar de sus ensayos, diálogos y valoraciones) se torna explícita en la correspondencia particular con los colaboradores. La misma acompaña el trazado de una elaborada estrategia para recuperar el espacio y las fuerzas que la nueva política del CLC, volcada hacia la izquierda «no comunista», había comenzado a conquistar dentro del circuito latinoamericano.

---

[32] Fernández Retamar hoy reconoce que «*Mundo Nuevo* se quedó con los mejores escritores» (Morejón Arnaiz & Chiampi 2005: en línea).

El modo de dialogar con críticos, poetas y narradores, así como el contenido de algunas de sus epístolas, nos revelan la ardua faena del uruguayo para hacer de la revista un espacio de consagración tanto de su figura como de su modelo ideoestético. En la carta que dirige a Pablo Neruda a raíz de su polémica con Fernández Retamar se advierte su *performance* como negociador político. Rodríguez Monegal procura el apoyo del poeta chileno y lo erige en testigo y depositario de una verdad que, aparentemente, no desea tornar pública ante el director de *Casa*, para así explicar la sinceridad de su postura de distensión y de colaboración estética ante Cuba y ante la izquierda; al mismo tiempo se construye una imagen de transparencia, honradez intelectual y ética que contrasta con el lenguaje agresivo y con la actitud de confrontación asumida por *Casa*: «Le he escrito a Fernández Retamar una carta cuya copia te mando para que veas en qué términos proyecto mi empresa. Ya tengo planeado un viaje a Cuba porque no pienso descansar hasta discutir estas cosas cara a cara con gente que me importa mucho»[33]. Esta estrategia de sumarse aliados o de pensar en probables defensores ante las acusaciones de Fernández Retamar muestra que si de algo carecía Rodríguez Monegal era de ingenuidad política. Su actitud confidencial contrasta con la manera abierta y frecuente con que su desempeño crítico queda registrado dentro de la revista que dirigía. En carta a José Donoso (París, 23 de septiembre de 1966), Rodríguez Monegal escribe:

> No sé si a Guanajuato o a Iowa te han llegado los ecos de una loca polémica de los cubanos contra Neruda por su participación en el Pen Club. Allí también nos dan algunas cachetadas a Carlos y a mí por crímenes parecidos o tal vez peores. El asunto no es sólo grotesco sino muy lamentable porque revela quienes dirigen ahora la cultura cubana. No son, por cierto, los firmantes de la carta, en que hasta hay escritores

---

[33] Carta a Pablo Neruda, París, 24 de febrero de 1966 (Rodríguez Monegal 1965-68).

de verdad, sino los viejos y queridos comisarios de siempre. Con Mario
Vargas [Llosa], con [Carlos] Martínez Moreno, con Carlos Fuentes,
hemos conversado mucho de estas cosas llegando a la filosófica conclusión de que el sitio a que viven sometidos los tiene fuera de quicio.
Con mucho humor, Juan Goytisolo decía la otra noche, que se habían
creado una psicología numantina. Esto conmueve y es triste a la vez.
Después de algunas vueltas, Carlos y yo decidimos no contestar nada
y dejar que se frían en sus propias exageraciones. Lo único que haré
en la revista es una crónica larga, que sale en el número 5 sobre todas
las tergiversaciones que han aparecido en la prensa a propósito del Pen
Club. En esa nota, y muy discretamente, esa rectificación está hecha en
un estilo puramente documental, sin atribuir ninguna intención a los
cubanos y dejando que cada lector saque sus conclusiones.[34]

De la misma forma en que Rama y *Casa* desdoblarían a su Comité
de colaboración en equipo editorial y partido político, Rodríguez
Monegal ya mantenía su propia corporación intelectual no registrada
en el machón de su revista, que si de algo no carecía era de escritores de izquierda con los cuales discutir y evaluar las estrategias a
seguir frente a la posición cubana. La «filosófica conclusión» sobre
la *demencia* de los cubanos declara un nuevo estado de tolerancia
que se manifiesta en la pretensión de mantener el silencio en torno
a las diatribas procedentes de la isla; esta es una nueva estrategia de
encubrir el debate bajo la política aséptica que caracterizará su difícil
mandato en *Mundo Nuevo*. El nuevo estilo de «decir sin decir», la
sutileza elegante, la moralidad caballera de Rodríguez Monegal y
de las estrellas que circulan tanto por París como por los pasillos de
«la Casa» tal vez cifren, con una lógica aparentemente dispuesta a
zanjar (o por lo menos condescender ante) las diferencias, el camino
de regreso de la utopía revolucionaria. A diferencia de la Declara-

---

[34] Carta a José Donoso», París, 23 de septiembre de 1966 (Rodríguez Monegal 1965-68).

ción de 1967 surgida de la primera reunión del comité de *Casa*, el diálogo del director de *Mundo Nuevo* con los escritores del *Boom* se caracteriza por su moderación, aunque la adhesión incondicional a la Revolución cubana sea vista también con suspicacia, al tiempo que es elaborada a partir de una mirada que torna políticamente «insanos» a los miembros del Comité de colaboración.

Mientras tanto, en la publicación cubana la figura de Roberto Fernández Retamar no asume un protagonismo crítico-literario, sino la función de enlace entre la política cultural instituida y los diferentes modos en que los intelectuales se posicionaron frente a esa política. Si por un lado la «reconstrucción de los hechos» llevada a cabo por Fernández Retamar a partir de este recorte epistolar muestra el papel central de Rama en la polémica con *Mundo Nuevo*, por otro se distancia de las implicaciones personales latentes en la misma para reforzar el latinoamericanismo antiimperialista) del pensamiento de Rama.

El hecho de que estas «revelaciones» hayan sido realizadas una década después de su muerte, por un lado muestra las motivaciones y el estilo de muchos de los debates intelectuales de aquel momento, y por otro, el interés de Casa de las Américas, y consecuentemente del director de su revista, en delimitar cuál fue la participación de los cubanos en un evento que marcó el punto más alto del debate ideológico durante toda una década, encontrando en las polémicas del pasado un puente a través del cual investirse de autoridad histórica y política para operar dentro de un contexto globalizado, en el que las relaciones intelectuales han sido sustancialmente modificadas con el fin de la Guerra Fría, la desaparición del bloque socialista europeo y el restablecimiento de gobiernos democráticos en la mayor parte de los países latinoamericanos.

El lavado de las identidades

En 1986, en «Calibán revisitado», Fernández Retamar afirmó que la discusión en torno a *Mundo Nuevo* es una de las raíces del ambiente en que se iba a gestar su ensayo de 1971, «mientras me sentía acorralado por algunos de los hombres que más había apreciado». De ahí, pues, «los cabos sueltos en el trabajo, que dieron lugar a malentendidos» (Fernández Retamar 2000a: 105, 116). Posteriormente, en diversas entrevistas y artículos[35], ha insistido en establecer su participación como secundaria en la arremetida contra *Mundo Nuevo*, delegando toda la estrategia organizativa de la misma en la figura de Rama. Tampoco ha tenido reparos en colocarse en una posición subalterna dentro de la jerarquía institucional cubana, que en buena medida aparece como realizadora de las indicaciones llegadas desde *Marcha*, o más precisamente de Ángel Rama. La posición de asistente que pasa a ocupar queda definida ya en el momento en que el uruguayo «autoriza» a Fernández Retamar como director de la revista. En dicha carta aparecen dos de los requisitos que la misma pretendió instituir como marca registrada: «Nadie mejor en Cuba para dirigir la revista de la Casa, nadie mejor informado de la literatura americana, nadie con mejor equilibrio en lo artístico y en lo político» (Fernández Retamar 1998: 173). Y: «Ángel me escribía constantemente haciéndome sugerencias», recuerda Fernández Retamar. De las características personales del nuevo director parecían desprenderse también las líneas de trabajo que satisfacían las expectativas del crítico uruguayo; la manera balanceada de fundir política y literatura, para su futura insatisfacción, como veremos más adelante, no dependerían exclusivamente de la figura del entonces joven director. La revista no era una empresa independiente; era, del modo en que el propio Fernández Retamar la percibía desde enton-

---

[35] Véase Fernández Retamar 1998, 2000b y 2003a, y Morejón Arnaiz & Chiampi 2005.

ces, parte de una institución, por tanto, con funciones específicas y jerarquizadas en el plano político e ideológico, que en gran medida definieron la rigidez con que fueron seguidos sus discursos literarios, en los cuales la combinación equilibrada a que aspiraba Rama no colocó en idénticas proporciones ni la estetización de lo político ni la politización de lo estético. En compensación, basta regresar a la figura de Rodríguez Monegal e indagar en el catálogo de «sus» autores la respuesta negativa a los «excesos» políticos de la revista cubana.

Después de que Rama considerase un fracaso el Congreso Cultural de 1968 (pensaba que de no haber muerto el Che Guevara, el evento hubiera cumplido su objetivo de apoyar a las guerrillas en el continente), en la segunda reunión del Comité de colaboración de *Casa*, celebrada en enero de 1969, no sólo propuso la introducción de lo que al año siguiente sería la categoría Testimonio en el Premio Casa, sino que se opuso a la militarización de la cultura y a la censura de la libertad de expresión que rodeó el premio UNEAC de poesía otorgado a Heberto Padilla en 1968. Ya no se trataba sólo de perfeccionar las estrategias contra los Estados Unidos y la izquierda «no comunista», sino de atender a las amenazas reales que cercenaban la libertad de la crítica en el interior del socialismo cubano. La última reunión del Comité latinoamericano fue celebrada en enero de 1971, tomando como acuerdo el cierre definitivo de una fase en que las decisiones políticas, a pesar de ser dictadas por los dirigentes revolucionarios y defendidas por los miembros cubanos, eran enfrentadas en la revista por las voces críticas y divergentes de algunos extranjeros[36].

---

[36] Lisandro Otero recuerda que una de las discusiones de este último encuentro se dio en torno al proyecto de Julio Cortázar de publicar la revista *Libre*. La negativa de los cubanos a participar de la misma estuvo basada prácticamente los mismos argumentos que un lustro antes habían sido utilizados contra *Mundo Nuevo*: la falsedad de un diálogo que beneficiase a la Revolución cubana en un contexto que no le era inmanente; el origen de su financiamiento (Otero 1997: 127-129. Pero, principalmente, creo que lo que más preocupaba a la revista cubana

Cabría pensar además cómo la institucionalidad en que se inscribía la revista era percibida desde una zona geográfica, cultural y política tan diferenciada de la cubana como lo era Montevideo en los años sesenta, y de qué modo la línea democrática de izquierda que articulaba los discursos de *Marcha* no sería el lente a través del cual los colaboradores uruguayos de *Casa* veían y pensaban la revista cubana. Esto es, partiendo de un principio de libertad crítica que dentro de Cuba se restringía a una plataforma moral revolucionaria cuyo eje ideológico estaba constituido por los discursos de los líderes guerrilleros.

En mayo de 1971, cuando *Mundo Nuevo* había desaparecido como polo de tensión del contexto latinoamericano, y en plena efervescencia del escándalo provocado por el caso Padilla, *Cuadernos de Marcha* publica un recuento pormenorizado de los hechos que dentro del campo intelectual cubano acabaron desembocando en la política represiva oficializada por el I Congreso Nacional de Educación y Cultura. El autor del artículo «Una nueva política cultural en Cuba»[37] era un Ángel Rama ahora decepcionado con el rumbo de la cultura en la isla, una vez más tratando de erguirse sobre las malas políticas, esta vez provenientes del socialismo; pero sobre todo, tratando de autoafirmarse como crítico y vigía del paisaje ideológico latinoamericano.

Aunque su texto se articula a partir de un hecho concreto (el encarcelamiento y «confesión» de Padilla), el acento teórico y el interés en devolverle a la polémica su estatus crítico definen el punto de

---

eran las limitaciones innatas a su institucionalidad, que la obligaban a enfrentar en desigualdad a un equipo de estrellas literarias que no tardarían en firmar, bajo el asombro causado por la realización de sus propias previsiones, la carta a Fidel Castro por el encarcelamiento de Padilla. La «Declaración» del tercer y último encuentro del Comité de colaboración vino a ser publicada en las páginas de *Casa* apenas veinticuatro años más tarde, en el número 200 (conmemorativo), el mismo en que su director recuerda la polémica con *Mundo Nuevo*, entre otros episodios.

[37] Véase Rama 1971.

vista desde el cual narra y comenta los hechos. A diferencia de *Casa* (que sistemáticamente acudió al ataque personal contra escritores e instituciones sin profundizar en los problemas estructurales que ocasionaban las polémicas), Rama trata de «enmarcar un debate intelectual de este tipo dentro del pensamiento de la izquierda», desplazando así la centralidad que un lustro atrás él mismo había reivindicado para la Revolución cubana, cuando veía en ella una potencia capaz de liderar la lucha cultural contra el imperialismo, tan precisamente articulada por él a través de los ataques a *Mundo Nuevo*. Ensanchar los marcos del debate a toda la izquierda significa aquí incluir a muchos de los intelectuales excomulgados por la revista cubana, esto es, abrir espacio a un pensamiento que no toma como eje cronológico o temático la política cultural de la Revolución. Por otro lado, expandir los límites de la crítica al interior de la izquierda implicaba para el uruguayo asumir el distanciamiento de los ritos publicitarios y de los mitos discursivos cubanos, empañados hasta la ceguera por el caso Padilla.

El conocimiento detallado que tenía Rama sobre las interioridades de la política cultural cubana (las declaraciones de los líderes revolucionarios, las polémicas internas entre los escritores y los burócratas de la cultura) revelan que, a pesar de su conocimiento sobre la realidad de la isla y de su experiencia política, anteriormente probada con la organización de la campaña anti-*Mundo Nuevo*, él también fue «estafado en su buena fe». Para insatisfacción de Rama, los hechos escandalosos ocurridos en La Habana a partir de 1968 –principalmente el veto militar de la revista *Verde Olivo* a los premios literarios de Casa de las Américas y de la UNEAC otorgados a cubanos[38]– se convirtieron en la confirmación de sus propias sospechas acerca del

---

[38] Norberto Fuentes, *Condenados de Condado* (cuento), Premio Casa de las Américas, y Heberto Padilla, *Fuera del juego* (poesía), Premio de Poesía Julián del Casal, UNEAC.

radicalismo con que los intelectuales cubanos estaban encarando las oscilaciones ideoestéticas de la política cultural. En la composición de su artículo no resulta difícil percibir que la exposición y análisis de los avatares del ámbito cultural cubano va siempre precedida por la mención del lugar de autoridad desde el cual emanan los cambios, y ese lugar de autoridad rara vez es uno diferente del líder Fidel Castro. Inclusive, cuando comenta la arremetida antiintelectualista y estalinista de *Verde Olivo*[39], la voz de la burocracia es presentada como eco reductor de las ya ceñidas posibilidades reales de expresión en la isla. Él mismo indica cómo, a pesar de que la discusión en torno al realismo socialista y a la libertad formal parecía zanjada por medio de las garantías orales y las formulaciones teóricas de los líderes partidistas, en la práctica los dilemas de la cultura en el socialismo rebasaban las expectativas oficiales de conseguir administrar sin grandes tensiones los vínculos entre los intelectuales y el poder político.

En el diario que llevó durante sus años de exilio Rama vuelve a confirmar su decepción con los rumbos de la política cultural cubana y reflexiona sobre la entrega de Fernández Retamar al burocratismo y a la hipocresía crítica:

> Un funcionario más, dirá el lector objetivo. Ocurre que yo conozco al «otro»; yo puedo repetir el verso juanramoniano «yo sé qué fuiste», y por eso la imagen que él nos ofrece me resulta alucinante, como todo disfraz grotesco de pintarrajeada máscara, sobre un rostro que fue bello y luminoso [...] El santo y seña es el mismo que le conocí a [José Antonio] Portuondo en Alemania: aquí no ha pasado nada, todo está igual, continúa idéntica la producción, se premia en los concursos lo que es artísticamente válido, sin más, los escritores trabajan, los lectores leen, el socialismo es la bienaventuranza sin conflictos. Lo grave de este fingimiento diplomático es la falta de defensa beligerante, de acción esclarecedora y proselitista acerca de la vía que tomó la litera-

---

[39] Órgano oficial de las Fuerzas Armadas Revolucionarias (FAR).

tura y el arte en Cuba [...] Del mismo modo que en anterior período (1959-1968) hubo escasísimas aportaciones teóricas (pero al menos las hicieron los compañeros extranjeros y dentro de Cuba se evidenció en el rechazo del dogmatismo de los viejos cuadros del partido), del mismo modo ahora tampoco se teoriza, define y propaga una concepción cultural «socialista» o «revolucionaria» o «realista socialista» o «proletaria». Los mismos textos del Congreso de Educación dentro del cual estalló el «caso Padilla» parecen olvidados, salvo en las aplicaciones casi administrativas (literatura para niños en mayor dosis, etc.), pero a cambio de este vacío teórico, los textos que publica la revista *Casa* valen por una penosa confesión. (Rama 2001: entrada del 29 de septiembre de 1974)

El dogmatismo en la cultura cubana se encontraba en pleno apogeo; las estrategias habían dejado de ser críticas para transformarse en manifestaciones opacas de un consenso que en las páginas de *Casa* se tradujo, para mayor decepción de Rama, en «editoriales seudo revolucionarios» y «pacotilla retórica»[40]. Sabiendo que no podría actuar más desde los mismos frentes ni siquiera modificando las tácticas, el breve episodio entre *Casa* y *Mundo Nuevo* terminó sus días como una caliente bola de nieve que no tardaría en derretirse sobre el campo de batalla textual de los cubanos, para debilitar todavía más la inalcanzable unidad de la izquierda en torno a la utopía. Pero, sin lugar a dudas, los años 1966 y 1967 fueron los más intensos y productivos para la crítica cultural-política de la revista cubana, y en particular para Ángel Rama, su primer animador.

La polémica *Casa / Mundo Nuevo* combina sus contenidos eminentemente ideológicos a modos de enunciación y a procedimientos

---

[40] En las entrelíneas de su artículo, Fernández Retamar ha sugerido el error que significó publicitar y apoyar sin reservas el endurecimiento de la política cultural cubana, así como de cierta manera haber hecho el ridículo ante la intelectualidad latinoamericana y europea al publicar la autocrítica de Padilla, una vez que su intención de burlarse del poder que lo castigaba era evidente (2000: 189).

formales diversos. A través de las cartas y de los diarios se tiene una presencia inmediata (casi física) de los enunciantes, que lanzan una nueva mirada sobre sus oponentes; al exponerse públicamente a través de las formas de lo íntimo, tanto los directores de estas revistas como los escritores que los rodearon se entregan al examen político-moral de sus actos por parte de sus contrarios.

Si bien las estrategias discursivas adoptadas por los oponentes son variadas y se basan en la manipulación de la información y de los posibles aliados, el estilo de la polémica es simple, se despliega sobre un lenguaje que echa mano de los recursos que mejor le permiten acortar la distancia física para sustituirla por «las evidencias» que se desprenden de «la verdad». Las cartas y los diarios dejan marcas de intensa subjetividad en el enunciado (en especial el uso del pronombre sujeto «yo»), que sin embargo no son únicamente la expresión de una individualidad, sino el modo en que en dos modelos «universales» de intelectual se manifiestan a través de ámbitos textuales y de campos de pensamiento particulares. A través de las revistas, tanto Rodríguez Monegal como Fernández Retamar expresan sistemas doxológicos (credos ideológicos institucionales) que se convierten, o al menos tratan de hacer coincidir con sus propias opiniones. En determinado momento de la polémica ambos acuden a un mismo argumento de autoridad («creer en cuentos de hadas») para restarse fuerza persuasiva y credibilidad frente a una legión de lectores que, a partir de esta discusión, deberían definir sus posiciones.

El éxito de los ataques de *Casa* contra *Mundo Nuevo* está basado también en el recurso constante a la privación de valores *a priori*. Mientras que Rodríguez Monegal apuesta su legitimidad sobre matices semánticos para mostrar la transparencia de su posición y la claridad de sus principios, en la forma como Fernández Retamar conduce la polémica todo es juzgado al máximo, sin atenuaciones o pequeñas salvedades, con una mentalidad maniqueísta basada en la «regla del enemigo único» (Angenot 1995), la cual contrasta con la orientación pensada para la revista cubana: «una revista de ideas, con un amplio criterio intelectual que permita confrontar visiones variadas en el campo de la cultura americana». El modo combativo desarrollado por *Casa*, y el modo defensivo en que se escuda *Mundo Nuevo* hacen del discurso epistolar, de los diarios y de los editoriales «medios de acción» que, a través de la palabra, conectan a los intelectuales a lo real, a una dimensión de lo histórico-político susceptible de verificar en hechos concretos, como el mismo destape de las relaciones CIA/CLC.

La polémica, además, se presenta como un conflicto de opinión entre puntos de vista completamente opuestos. Fernández Retamar habla desde un estatus de superioridad que le permite «atacar», tal vez porque se siente mucho mejor respaldado por «lo real», impregnado por la imagen mítica y martiana de la Revolución como el pequeño David blandiendo la honda que acertará el ojo de Goliat. «La honda» sería el discurso que las cartas, notas y editoriales difunden, y «el ojo», en ese momento, la nueva política cultural de los Estados Unidos, con sus proyectos sociológicos y sus revistas culturales.

Así, toda la discusión queda articulada en torno al tema de la conspiración –políticas, gobiernos, sistemas económicos que se confabulan contra el progreso y el triunfo de sus respectivas ideas. Para Fernández Retamar la conspiración proviene del CLC, de los Estados Unidos; para Rodríguez Monegal, tanto del modo en que los cubanos reaccionan ante la política norteamericana como de la propia «traición» del CLC al intelectual independiente. La lógica que impera (amigo / enemigo) se estructura a partir de acoplamientos nocionales que refuerzan no sólo el maniqueísmo, sino también la coherencia con que construyeron sus discursos, a pesar de que la connotación negativa que adquieren los términos manejados para evaluar al intelectual independiente es mayor: a través de oposiciones exclusivas como comprometido/independiente, comprometido/traidor, comprometido/culpable, comprometido/ liberal, comprometido/manipulado, subyacentes en las cartas, diarios, declaraciones y editoriales, las revistas y sus directores constituyen sujetos maniqueos, en los que el «yo» y el «nosotros» se oponen al «tú» y a «los otros».

En la polémica, la fuerza simbólica del dinero desestructura el campo de valores de *Mundo Nuevo*; las referencias a la financiación de la CIA permiten que *Casa* aproveche al máximo las analogías entre la legitimidad del poder político en América Latina y el capital estadounidense. Con esto, *Casa* se beneficia del contexto histórico y político latinoamericano del momento para armarse mucho mejor que *Mundo Nuevo* mediante el reforzamiento axiológico de su genealogía antiimperialista, y aprovecha este camino al máximo, en un momento en que si algo compromete a *Mundo Nuevo* es justamente el carácter desprestigiado de sus filiaciones.

CASA Y MUNDO NUEVO:
DOS MODOS DE DOCUMENTAR

En la sintaxis de *Casa* y *Mundo Nuevo*, el testimonio y la entrevista ocupan, respectivamente, una centralidad que formaliza sus conexiones con las políticas que vehicularon. Ambas se apoyan en una economía de la reciprocidad, en un doble tránsito entre prensa y literatura, entre literatura y política, que las sitúa en planos de inversión y antagonismo. Se trata, en fin, de géneros a través de los cuales ambas publicaciones proponen dos modos diferentes de formular su relación con lo literario.

Es en el espacio masificado de la prensa que entrevista y testimonio se tornan ejes constitutivos de ciertas formas de publicidad. Con la visibilidad que les confiere a los sujetos letrados interpelados, la entrevista en *Mundo Nuevo* señala el paso de la masificación del periódico, al campo restringido y elitista de las revistas literarias, el cual había sido estimulado en buena medida por la manera en que la cultura se organizaba en torno al crecimiento de la industria editorial y del entretenimiento. La entrevista fue utilizada como mediadora entre el público urbano de alta escolaridad y un reducido número de escritores que, a través del diálogo que algunas revistas propiciaron, consiguieron divulgar su trabajo. Además de promover las nuevas propuestas estéticas, fue uno de los canales utilizados por los intelectuales para posicionarse en la esfera pública. La entrevista se introduce en las revistas literarias como un medio de propaganda para vender libros y obtener visibilidad en los debates del momento;

fue utilizada, así, como género legitimador. En algunos casos asume la función típica del folletín y del taller, al ofrecer pequeños adelantos, breves entregas de la producción letrada más reciente; a través de ella los autores no sólo narran la manera en que construyen sus textos, sino que además transforman algunos fragmentos en relatos orales. La entrevista pasa a indagar en la literatura desde una perspectiva desacralizadora; no está interesada en presentar a grandes figuras, ya consagradas, sino que más bien procura mostrar lo que hay de nuevo en la literatura del continente, o cuáles son las líneas ideológicas que circulan y son debatidas en ese momento.

El testimonio es un género que la revista *Casa* contribuyó a instituir, pero sobre todo, que impulsó a ingresar a lo literario para cumplir con una función política explícita. Ganó categoría literaria en el Premio Casa de 1970, y fue una de las primeras que desde su fundación facilitaron el acceso al lenguaje de la Revolución a partir de bases estrictamente documentales, lo cual la inscribe como memoria del tránsito hacia la institucionalización del testimonio. El mismo es el resultado de la desconfiguración de los géneros tradicionales de la literatura, que incorporó las prácticas del nuevo periodismo norteamericano, de la sociología y la antropología modernas.

Tanto la entrevista como el testimonio promueven nuevos modos de reflexionar sobre el lugar de la literatura en los medios masivos de comunicación, y sobre el papel que han tenido en la actualización del canon literario latinoamericano a partir de la segunda mitad del siglo xx. También podemos pensarlos como expresiones de poéticas que en *Mundo Nuevo* refuerzan, y en *Casa* desplazan, la centralidad de lo ficcional. Por otro lado, se hace necesario discutir la función consagratoria y la función crítica de estos géneros frente a las nociones de «compromiso político» y «libertad de creación». ¿Qué *dicen* los testimonios? ¿Y las entrevistas? ¿Cuáles son los espacios, los sujetos y los temas que las revistas visualizan en esas formas? ¿Por qué en *Casa* el testimonio se convierte en un género centralizador del espacio revolucionario? ¿Por qué lo documental se torna tan importante para el debate entre ambas publicaciones?

LAS ENTREVISTAS EN MUNDO NUEVO

En 1975 la *Revista Iberoamericana* publicó un número especial donde se recogían trabajos sobre la nueva literatura cubana, todos atravesados por una misma preocupación: su lectura crítica. Significativamente, dicha edición estuvo a cargo de Emir Rodríguez Monegal, que contribuyó con dos artículos: «Literatura: Cine: Revolución» y «La nueva novela vista desde Cuba» (Rodríguez Monegal 1975). Aunque sin explicitarlo, el segundo parece contener los motivos que lo llevaron a renunciar a la dirección de *Mundo Nuevo*, una vez que el ILARI decidió trasladar su sede a Buenos Aires, y guarda una estrecha relación con su insistencia en crear un *corpus* crítico para la literatura latinoamericana partiendo de criterios exclusivamente estéticos[1]. Brillante y lúcido, muestra –como era su costumbre, mediante artículos y documentos publicados en Cuba y en el exterior– cómo en la tentativa de crear una poética revolucionaria las obras quedaron circunscritas al terreno político, y cómo la tibia respuesta de la crítica literaria cubana a la explosión del *boom* de la novela no sólo era el resultado de una deficiencia en la formación teórica de los cubanos, sino también una estrategia gubernamental, para mantener el control

---

[1] En el último número de *Mundo Nuevo* dirigido por Rodríguez Monegal (número 25, julio de 1968) se reproduce el texto de la entrevista que la Agencia France Presse (AFP) hizo al director saliente de la revista, donde expresa de manera sumaria sus puntos de vista sobre la necesidad de mantenerla en París y explica cómo su localización geográfica había contribuido a que siguiera siendo «una revista de diálogo y no una revista de capilla o comité político». Pero es en el artículo de la *Revista Iberoamericana* donde el crítico uruguayo documenta las «distintas formas de censura a la actividad intelectual».

de la imagen de la Revolución en el resto de los países de América Latina.

Dicho número especial parte de un único presupuesto: el valor determinante de la Revolución cubana en la creación de un espacio literario continental. Pero lo más sorprendente, y es lo que el texto de Rodríguez Monegal pretende explicar, es el hecho de que tamaña influencia haya repercutido tan pobremente en el país donde la Revolución cultural parecía garantizar material suficiente para la formación de una crítica literaria capaz de influir en el plano estético, pero que estaba dirigida básicamente al plano político.

Ya en la presentación del primer número, *Mundo Nuevo* se posiciona como mediadora entre «las voces casi siempre inaudibles o dispersas de todo un continente» y el diálogo «realmente» internacional (MN 1: 4). Lo que Rodríguez Monegal pretende como realmente internacional no es tanto el lado cosmopolita de la literatura –algo que ya había sido alcanzado con la experiencia de las vanguardias– sino recuperar un espacio propicio para el diálogo entre los propios latinoamericanos. Por tanto el diálogo es, más que una línea, la propia concepción editorial de la revista, el eje de una política de la escritura encaminada a publicitar la literatura. De hecho, la correspondencia de su director con escritores y críticos, anterior a su salida de la revista, ya coloca en perspectiva esta dinámica comunicativa. La entrevista, el ensayo y la reseña crítica se presentan en calidad de géneros mediáticos o transversales, que atraviesan diferentes medios de comunicación y desplazan la frontera entre el periódico y la literatura (Cambron & Lüsebrink 2000). Aparecen como recursos para la actualización del canon literario, como prácticas discursivas predominantes y como formas que explican las transformaciones literarias.

Sobre las condiciones sociales que participan en la transformación de la escritura en la segunda mitad del siglo xx se ha escrito bastante, específicamente sobre la influencia de la cultura de masas en la llamada nueva novela. Dentro de ese registro, la entrevista se destaca por servir de medio de propaganda estética e ideológica a un conjunto de escritores que en ese período comenzó a ocupar posiciones de prestigio dentro del mercado literario internacional. Si en la era de los medios masivos de comunicación la entrevista pasa a gozar de una amplia variedad de formas y de canales expresivos –programas radiales y televisivos, documentales cinematográficos, todo tipo de publicaciones impresas–, cabría entonces tratar de señalar cuáles son los elementos que hacen que la entrevista en *Mundo Nuevo* se constituya como una de las formas más originales de debatir sobre los cambios literarios. Su valor está dado por el hecho de que, siendo un género propio del periódico, de él emergen la crítica y el debate, pero también la nueva literatura y el diseño de modelos de escritura y de escritores.

Dicha emergencia de la entrevista es una consecuencia directa de la modernización de los estilos y géneros periodísticos que ocurre a finales de la década del cincuenta. Cuando en 1977 Rodríguez Monegal reúne en un volumen las entrevistas realizadas en *Mundo Nuevo* y en otras publicaciones, una de las que menciona como precursora de la transformación de la entrevista en género literario es *The Paris Review* (Rodríguez Monegal 1977: 9). Fundada en París en 1953, *The Paris Review* trajo al mundo de las letras un modelo alternativo para la crítica y el público, que consistía en presentar a autores famosos hablando sobre su trabajo literario. El formato de los diálogos de *Mundo Nuevo* reproduce aquél que había sido puesto en circulación por dicha revista algunos años antes, con el objetivo de garantizar la presencia de grandes voces legitimantes en un momento de crisis financiera, que no le permitía pagar colaboraciones de otro tipo. Su éxito inmediato no estuvo dado únicamente por el nombre o la actividad del entrevistado, sino también por el enfoque de las preguntas, que consistía en profundizar el análisis sobre un número limitado de temas, de manera que fuese posible particularizar la visión de cada entrevistado. Esto se llevaba a cabo mediante la articulación de los rasgos ideológicos y éticos, con los aspectos novedosos de la obra de los entrevistados, y que eran, en definitiva, los que garantizaban su presencia en las páginas de la revista. Con la ayuda del entrevistador (por lo general algún profesor universitario o crítico de renombre), el escritor aparece en una dimensión creadora y crítica, ya que junto al entrevistador participa activamente en la lectura de su propia creación; pero también es presentado en una esfera política que lo posiciona a favor o en contra de determinado grupo social, de determinada línea de pensamiento. *The Paris Review*, por otra parte, todavía no había dialogado con los que posteriormente serían los autores dorados de América Latina. Desde París, e inspirada en este modelo, *Mundo Nuevo* aparece como una de las primeras publicaciones literarias en español que introduce y cultiva la entrevista en el espacio literario con un éxito sostenido, manteniendo a la vez el lenguaje sofisticado de la crítica y la espontaneidad de un pensamiento «improvisado» en la oralidad. En el volumen de entrevistas de *The Paris Review* dedicado a los escritores latinoamericanos, el diálogo más antiguo es el de Ronald Christ con Jorge Luis Borges, que data de julio de 1966, la misma fecha de nacimiento de *Mundo Nuevo*[2]. Pero ni éste ni los posteriores sobrepasan en extensión o en profundidad los mantenidos por Rodríguez Monegal, en algunos casos con los mismos autores, en las páginas de su revista.

Mientas tanto, en América Latina la entrevista se venía transformado en un marco para la modernización de la prensa cultural. Cuando John King analiza las transformaciones políticas y culturales que desplazaron la revista *Sur* del lugar central en que se mantuvo

---

[2] AA.VV. 1996. Prólogo de Noé Jitrik. Autores entrevistados: Adolfo Bioy Casares, Jorge Luis Borges, Guillermo Cabrera Infante, Julio Cortázar, Carlos Fuentes, Gabriel García Márquez, Pablo Neruda, Octavio Paz, Manuel Puig, Mario Vargas Llosa.

durante casi tres décadas, entre los elementos que presenta como determinantes se encuentra el triunfo de la Revolución cubana, que provocó la ruptura de los jóvenes escritores con los grupos «tradicionales», que hasta ese momento venían imponiendo un gusto y un modo de lectura; pero también otorga un lugar especial a la incapacidad de *Sur* para incorporar el nuevo periodismo literario que, junto con las necesidades de un no menos exitoso mercado editorial, proponía otras formas de lectura y de consumo. Según King, el semanario *Primera Plana* aparece en el contexto argentino de los años sesenta como el modelo de esa nueva tendencia que *Mundo Nuevo* perfeccionó y explotó al máximo:

> *Sur* fue amenazado por un diferente estilo de revista cultural, que podía halagar los nuevos gustos. Se dio gran importancia a la entrevista, a la presentación del escritor como «estrella». El autor se convirtió en un tipo de marca de fábrica, una marca de calidad industrial, que garantizaba los nuevos productos. «El último libro de García Márquez, autor de *Cien años de soledad*». Una crítica favorable, aparecida en *Primera Plana*, hacía que se vendieran los libros, y una entrevista literaria ayudaría a vender el producto que llevara el nombre de Cortázar o de García Márquez. Esto no es criticar la calidad de la escritura –*Primera Plana* publicaba periodismo literario de alta calidad– pero tal no era ya el mundo con que *Sur* estaba familiarizado. (King 1990: 212-213)

Las entrevistas podrían agruparse según las zonas de la cultura por las que *Mundo Nuevo* transita: la literatura, y asociada a ella la promoción del *boom*; las artes plásticas; América Latina en su dimensión sociológica y política. El teatro aparece únicamente a través de textos importados (algunos de la misma *The Paris Review*), en diálogos con los dramaturgos Edward Albee, Arnold Wesker[3] o Harold

---

[3] La entrevista con Arnold Wesker que publica *Mundo Nuevo* fue tomada de *The Paris Review*.

Pinter, cuyos éxitos teatrales los habían convertido en una suerte de líderes de opinión sobre la función del escritor y la responsabilidad del crítico en la sociedad.

En total, durante la fase en que *Mundo Nuevo* estuvo a cargo de Rodríguez Monegal (25 números), se publicaron 26 entrevistas, de las cuales 15 son con escritores hispanoamericanos. Las mismas aparecen distribuidas en dos secciones: «Diálogos» –que es extensa, de tono intelectual– y «Entrevista» –más breve, formal y diversificada en sus temas. La primera suele ser una conversación extensa en la que se tratan temas literarios, mientras que en las entrevistas la presencia del entrevistador es más pasiva, casi siempre limitada a la formulación de preguntas y no al intercambio de ideas.

En el plano de la autoría, «Diálogos» invierte el orden formal, la jerarquía del género periodístico; el nombre del entrevistado aparece en un lugar de destaque, mientras que el entrevistador, que es un interlocutor tan activo como el entrevistado, no se presenta como autor de la entrevista, sino que su voz se desplaza hacia el texto de presentación, que suele firmar con sus iniciales, en algunas ocasiones llegando incluso a dispensar ese procedimiento. Esto indica el valor y el lugar protagónico que *Mundo Nuevo* da a los novelistas aun cuando se trata, en muchos casos, de escritores con una obra si no incipiente por lo menos no lo suficientemente (re)conocida por la crítica y el público. El hecho de que el entrevistador en la mayor parte de los casos fuera Rodríguez Monegal lo convierte en una especie de espejo a partir del cual los discursos individuales se refractan y se contemplan en su propia novedad, reordenándose hasta crear un consenso ideoestético, del cual la mayor beneficiada es la propia publicación. A través de los entrevistados, su director también actualiza y enriquece su visión de la literatura contemporánea. Además del estudio crítico y de la publicación de fragmentos de obras inéditas, la entrevista es el género de que se vale *Mundo Nuevo* para promover a los escritores junto con los conceptos que validan su novedad. Por eso se llama

«Diálogos» la sección en que se debate sobre los cambios operados en la novela latinoamericana.

La constelación Mundo Nuevo

El crítico uruguayo crea un catálogo de autores representativos de las tendencias más recientes de la literatura de América Latina. En este catálogo que después se haría canónico están representados los escritores que se encuentran en una posición marginal respecto al poder político y buscan la centralidad a través de la escritura. *Mundo Nuevo* funciona, a partir de estas conversaciones, como mecanismo mediador entre el anonimato y el éxito de sus estrellas literarias. Las obras de Carlos Fuentes comenzaban a ser traducidas en Europa; Severo Sarduy y Guillermo Cabrera Infante apenas publicaban su primera novela fuera de Cuba; desde su exilio parisino Juan Goytisolo confirmaba que el cambio literario era un fenómeno del idioma. Como la revista se legitima a sí misma a partir de estos nombres, su apuesta y su riesgo es doble. Al igual que a los jóvenes, la revista se aproximó a autores con una obra ya madura pero que no habían tenido una recepción crítica favorable de sus obras, justo en una época en que el escritor capaz de plasmar en sus narraciones el compromiso con la Revolución constituía el modelo predominante. Ernesto Sábato y Jorge Luis Borges, José Lezama Lima o Max Aub se sumaron a la lista de consagraciones elaborada por Emir Rodríguez Monegal, interlocutor casi exclusivo de *sus* autores.

Rodríguez Monegal se presenta en el papel de provocador y estimulador, de ejemplo a seguir en la conversación culta. Tanto es así que el propio Cabrera Infante, célebre por su postura lúdica y por sus desbordes de ingeniosidad verbal se rinde ante el rigor de su interlocutor, su cuidado del lenguaje y su tono didáctico, así como su manera de organizar y resumir las exposiciones para despojarlas

de cualquier elemento retórico que reste claridad a lo que le interesa
comunicar. El propio director de *Mundo Nuevo* describe el proceso de
producción y finalización de la entrevista en los siguientes términos:

> Nuestras entrevistas se basan en un método que puede calificarse de
> improvisación oral. Se graba la entrevista hablando ante el magnetofón,
> luego se pasa en limpio a máquina y esa copia se corrige en todos sus
> detalles, cambiando cosas que no estaban bien dichas o bastante cla-
> ras, incorporando otras que habían sido soslayadas y omitiendo toda
> expresión o frase que se considere innecesario reproducir. Este trabajo
> está hecho a medias entre el entrevistado y el entrevistador. Lo que se
> publica es, pues, un texto que ha sido hablado y escrito o re-escrito.
> Nunca publicamos una entrevista que no haya sido revisada por el
> entrevistado. Las ventajas de este método son obvias, por un lado se gana
> en precisión y seriedad, por el otro se conserva cierta espontaneidad y
> hasta un desorden natural de la entrevista hablada. (Carta de ERM a
> GGM, París, 29 de diciembre de 1967)

Los diálogos, que por lo general aparecen en las primeras páginas
de la revista, cumplen no sólo esa función más conocida de la propaganda sino también otra, doble, que es la que les da un sentido de
actualización: ellos enseñan qué leer y también cómo leer. De ese
modo, Rodríguez Monegal libera al género de su previsible fugacidad
y lo transforma en un acto de construcción literaria. Al mismo tiempo,
cuando dialoga o publica estudios sobre autores canónicos –Rubén
Darío, por ejemplo– está relacionando las raíces de una tradición a
los cambios de la modernidad literaria. Lo canónico en la revista se
da, además, por el vínculo entre determinados autores y la crítica.
Sus elecciones literarias son también elecciones ideológicas (Kermode
1988), por eso presenta autores que se reclaman como miembros de
la tradición occidental y reivindican el derecho al tratamiento de
temas hasta el momento exclusivos de la literatura europea, como el
holocausto, tratado por Carlos Fuentes en su novela *Cambio de piel*.

En marzo de 1968, *Mundo Nuevo* reprodujo en su número 21 la entrevista que el mexicano concediera a la Radiotelevisión italiana, a raíz de la edición de su novela en la casa Feltrinelli, en diciembre de 1967[4]. Lo que llama la atención es la postura didáctica que Fuentes tiene que asumir ante un periodista y un público desconocedores de la literatura latinoamericana, educados dentro del pintoresquismo ultramarino. Su interés se centra en explicar de manera convincente cuál ha sido el reajuste de las posiciones estéticas en un continente secularmente considerado subalterno y dependiente, donde los escritores «están acostumbrados a tratar con críticos de escuela secundaria» (MN 21: 21). ¿Cómo podía una novela de América Latina apropiarse de temas que los europeos consideraban exclusivos? Esta duda lo obligó a improvisar una suerte de «abc» literario que preparase al público para el consumo de sus obras destacando la influencia joyceana y de la sátira latina. Así, la aproximación a la crítica y al público europeo se da a través de la tradición de la que se reclaman miembros. Fuentes critica la ausencia de voces en Hispanoamérica capaces de sobrevivir a los cambios, pues no se encuentran preparadas para operar, a nivel discursivo, dentro de las nuevas corrientes del estructuralismo, del *new criticism* o de la *nouvelle critique*.

Los escritores actúan dentro de un nivel de competencia tácito, y su principal alianza en Europa es con *Mundo Nuevo*, al ser Rodríguez Monegal uno de los pocos críticos, en su momento apenas emulado por Octavio Paz, capaces de dominar las modernas jergas profesionales y de mantener un contacto vivo con las teorías de su época. Combatir la vieja crítica filologizante, que a través de la sociología se había renovado entre los críticos de izquierda, era también un propósito de *Mundo Nuevo,* encaminado a demostrar

---

[4] Además de la publicación de *Cambio de piel, La ciudad y los perros* de Mario Vargas Llosa y *Cien años de soledad* de Gabriel García Márquez ya estaban siendo traducidas para su publicación en marzo del año siguiente.

que la riqueza del idioma estaba en la renovación de sus lenguajes. En una carta a Octavio Paz a mediados de 1967, Rodríguez Monegal suscribe la crítica del mexicano a la «ausencia casi total de una crítica de alto nivel» en las páginas de la revista, cuya causa principal había sido la dificultad de «conseguir material latinoamericano de alto nivel». Además de concordar con Paz, el uruguayo le atribuye una cierta responsabilidad en la superación de esta deficiencia: «De todos modos, le prometo tener muy en cuenta todas sus observaciones y con un poco de ayuda suya, iremos orientando *Mundo Nuevo* en un sentido verdaderamente creador»[5]. Desde su punto de vista, Paz era el autor que, por el mismo hecho de haber insistido en las consecuencias de esta ausencia de crítica en el continente, se encontraba en mejores condiciones de superar las deficiencias. Ese mismo año, Paz publica *Corriente alterna*, en cuyas páginas se ocupa de la ausencia de un «cuerpo de doctrina» capaz de crear un «espacio intelectual» dentro del cual la misión de la crítica no sería inventar obras,

> sino ponerlas en relación: disponerlas, descubrir su posición dentro del conjunto y de acuerdo con las predisposiciones y tendencias de cada una. En este sentido, la crítica tiene una función creadora; inventa una literatura (una perspectiva, un orden) a partir de las obras. Esto es lo que no ha hecho nuestra crítica. Por tal razón no hay una literatura hispanoamericana aunque exista ya un conjunto de obras importantes. (Paz 1978: 41)

Si por un lado el estado de la crítica literaria en América Latina era objeto de denuncia entre los escritores, esto no significa que la crítica europea, a pesar de su dominio teórico, hubiera desarrollado hasta ese momento algún tipo de análisis que enfocara los elementos

---

[5] Carta a Octavio Paz. Por el contenido de la carta se presume que fue escrita a mediados de 1967 (Rodríguez Monegal 1965-68).

principales en la actualización del canon, a diferencia de la crítica académica estadounidense, que había incorporado las obras de Borges y Carpentier a los programas de estudio universitarios. El aval de la crítica europea (traducciones, reseñas en periódicos y suplementos culturales de prestigio o de gran circulación) con que *Mundo Nuevo* «prueba» la inserción de la novela latinoamericana en la literatura internacional es apenas funcional en la medida en que hace visible la nueva literatura. Un caso excepcional es el de Roland Barthes, cuyo comentario a la edición francesa de *De donde son los cantantes* fuera traducida para el número 14 de la revista (agosto de 1967)[6]. Lo que Barthes destaca en la novela de Sarduy es el acto de escribir en su dimensión ontológica, las posibilidades estéticas del significante sobre el valor del significado, esto es, el rechazo a la literatura como «algo respaldado por lo que se dice» (MN 2: 25).

Al no estar editadas, algunas de las obras fueron, más que comentadas o criticadas, corregidas por Rodríguez Monegal en los originales, con lo cual se adelanta a la gestión editorial. Es el caso de los comentarios que hace a la novela de Fuentes, *Zona sagrada*, a *De donde son los cantantes*, de Severo Sarduy, o a *Obsesivos días circulares*, de Gustavo Saínz. De esa manera se hace público un momento del proceso narrativo anterior a la fase en que la obra entra en el mercado y finalmente es conocida por los lectores.

La función crítica de Rodríguez Monegal, a su vez, se renueva a partir de los autores que entrevista al compartir con ellos idénticos valores culturales. Sería entonces la afinidad intelectual el criterio que reúne a *Mundo Nuevo* y a los escritores que promueve. En el plano estético, está dada por la inquietud de crear un *corpus* literario cuyos ejes estructuradores sean al mismo tiempo los elementos básicos para

---

[6] El texto de Roland Barthes fue tomado *La Quinzaine Littéraire*, Paris, 15-31 de mayo, 1967. La novela de Sarduy, traducida y publicada primero en francés como *Écrit en dansant*, apareció algunos meses más tarde en español, gracias a las gestiones de Rodríguez Monegal, en la editorial mexicana Joaquín Mortiz.

la actualización del canon. A Rodríguez Monegal le interesa mostrar
el afloramiento, en la literatura latinoamericana, «de cosas realmente
nuevas» (MN 1: 6). La segunda parte de los diálogos generalmente
queda reservada a la presentación las obras, que son «desmontadas»
para el análisis mostrando sus innovaciones en el plano narrativo,
pero también buscando los puntos de contacto con la cultura universal.

Una de las figuras principales en esta alianza entre crítica y creación es la del mexicano Carlos Fuentes. Su diálogo con Rodríguez
Monegal, titulado «Situación del escritor en América Latina», constituye la versión crítica y cosmopolita del escritor latinoamericano, y la
justificación de su necesidad de distanciarse para conseguir trabajar
en pro de la cultura de sus países. Dicha conversación inaugura lo
que podría considerarse un foro de debate, pues aparecen en discusión algunos de los principales elementos estéticos e ideológicos
usados en la actualización del canon, que resumo en los siguientes
tópicos: visión desterritorializada de la literatura latinoamericana
(el escritor contra los provincianismos; el escritor en defensa del
cosmopolitismo; el escritor contra los *ghettos* culturales); énfasis en
la originalidad de la nueva novela latinoamericana (la influencia
de otros lenguajes en el literario, específicamente el cinematográfico; los cambios en la estructura narrativa; las particularidades del
narrador; los cambios radicales en la perspectiva temporal de la
Historia, del Mito; los diferentes niveles de significación; la defensa
de la «ficcionalidad absoluta»); se presentan visiones de lo político
y lo literario en América Latina diametralmente opuestas a las del
discurso oficial (académico).

Estos son los aspectos del trabajo de interpretación de *Mundo
Nuevo* que afloran en las entrevistas siguientes, y que las tornan
homogéneas desde el punto de vista estético. Se trata de tópicos que
en el propio intercambio entre crítico y escritores se presentan como
cualidades requeridas para valorar una obra como nueva o moderna.

La postura cosmopolita de los escritores entrevistados se desprende de la insatisfacción con la realidad de sus países, específicamente con la posición subalterna que el poder político reserva a los intelectuales. Por otro lado, dicha postura es una manera de enfatizar que el exilio no es una traición, que no es el problema central del escritor y sí un beneficio para la creación. Para Fuentes, el exilio es apenas un recurso contra el aislamiento del escritor latinoamericano, su convivencia con sociedades provincianas y con poderes que desprecian la innovación del lenguaje.

Cabe a Rodríguez Monegal articular las ideas de cultura y de libertad que los novelistas defendían. París no sólo es el lugar de enunciación de la revista sino también el de los entrevistados, ya sea porque vivan allí o porque estén de paso. Esto ocurre en un momento en que los escritores comienzan a organizarse en torno a determinadas ideas sobre la literatura, lo cual facilitó su modo personal de interpretar las obras escritas durante ese período. Cuando *Mundo Nuevo* publica «Las estructuras de la narración», «Destrucción de la España sagrada» y «Las fuentes de la narración», diálogos con Severo Sarduy, Juan Goytisolo y Guillermo Cabrera Infante, respectivamente, más allá de los aspectos políticos que conforman su *status*, estos escritores también sostienen una visión totalizadora y distanciada frente a las realidades de sus países y coinciden en la idea de que la identidad sólo puede ser construida desde el exterior, destacando en el lenguaje su valor fundador, su capacidad de articular los recursos idiomáticos para, a partir de estructuras universales, expresar lo local. Para ellos, la literatura es un fenómeno vivo del idioma, un *work in progress* que desde el presente goza de perdurabilidad. Existe una conexión entre la manera despojada en que estos escritores abren su literatura al espacio público y la propia estructura de la revista, que funciona a manera de taller, sustentando cada una de sus secciones entre sí, mostrando al mismo tiempo el pensamiento de los autores, los textos en elaboración y la opinión de la crítica sobre esos textos.

En su ensayo *La nueva novela hispanoamericana*, de 1969, Fuentes retoma los tópicos que Rodríguez Monegal había discutido en sus diálogos, y los inserta en esta suerte de fundamentación ideoestética del *boom*. Fuentes decreta, en primer lugar, la muerte del realismo como forma burguesa de la novela: «Hoy [...] la novela es mito, lenguaje y estructura» (Fuentes 1971: 20), un enunciado que en *Mundo Nuevo* aparecía sintetizado desde los propios títulos de las entrevistas (*estructuras, destrucción, fuentes*). El autor mexicano retoma la tesis, ya articulada en su diálogo con Rodríguez Monegal, de que la universalidad de la literatura latinoamericana sólo puede ser planteada teniendo como base la idea de la decadencia de la tradición burguesa occidental. Así, el lado de la tradición occidental que se recupera o que se reivindica como influencia es el de la novela experimental, o el de la narrativa que no sacrifica la forma por el mensaje, esto es, el lado en que mito, lenguaje y estructura se entrelazan como un «haz de categorías» (Fuentes 1971: 24). Otro elemento que Fuentes retoma es el de la centralidad literaria que se hace accesible mediante el descentramiento o la excentricidad; la literatura latinoamericana ha creado cuerpo cuando ha conseguido borrar los márgenes que la contenían: el capitalismo norteamericano y las oligarquías criollas. Desde la periferia, la literatura se mueve hacia el centro, y lo que fundamenta ese proceso es el lenguaje como estructura universal, frente a la fragmentación de lo histórico y lo geográfico.

La recepción de Juan Goytisolo en *Mundo Nuevo*, unido al acápite que Fuentes le dedica en su ensayo «Juan Goytisolo: la lengua común» (1971: 78-84), ratifican la visión de la literatura como un fenómeno de la lengua. El novelista español aparece como la prueba de que la explosión de la literatura latinoamericana no es principalmente un fenómeno geográfico; sus rasgos y procedimientos literarios coinciden con los de los escritores latinoamericanos. En la jerga crítica empleada por Rodríguez Monegal, Goytisolo «experimenta con la estructura párrafo, las unidades narrativas y los puntos de vista»

(MN 12: 44), esto es, destaca los aspectos técnicos de la novela y evita el tema de la denuncia político-social. Una de las secciones del diálogo entre Rodríguez Monegal y Juan Goytisolo lleva por título «La putrefacción del idioma». En ella el autor de *Señas de identidad* aparece como un *outsider* que desafía el canon literario español, su casticismo, y observa que la renovación del lenguaje es obra exclusiva de los latinoamericanos:

> Han trasladado el interés del léxico a la semántica, es decir, a la estructura narrativa, a la estructura rítmica de la frase, adaptándolo a las corrientes lingüísticas argentinas, mexicanas, cubanas, peruanas [...] Esta situación permite a los novelistas latinoamericanos crear una prosa nueva en ruptura con la norma académica española, una prosa que se apoya en una corriente lingüística real. (MN 12: 48)

De cierta forma sería ésta una estrategia de asimilación de España al Nuevo Mundo, y también a *Mundo Nuevo*, un mundo escrito en el lenguaje del colonizador, construido como lectura de sí mismo, aprehendido por el lector como identidad narrativa. Pertenecer a Occidente significa también poseer un idioma común, es reivindicar una herencia y la libertad de despojarla de su centro territorial. Tanto Rodríguez Monegal como Fuentes ven en la escritura de Goytisolo un puente entre la necesidad de crear una lengua y al mismo tiempo desposeerse de ella. Este papel protagónico del lenguaje como representante del ser latinoamericano que se opone a los falsos lenguajes del poder es lo que sobresale tanto en las entrevistas como en el ensayo de Fuentes.

LAZOS DE FAMILIA

En su panfleto autobiográfico *Historia personal del Boom* el novelista chileno José Donoso dedica un capítulo entero a narrar su relación con Carlos Fuentes y a destacar su importancia como figura más representativa del *boom*. No se detiene únicamente en los aspectos literarios de las obras del mexicano que hasta ese momento habían sido publicadas, sino que aborda además la imagen cosmopolita y moderna que su apariencia física transmitía como valor simbólico a la literatura latinoamericana. Lo que narra es el impacto causado por el *glamour* y la vastedad de la cultura de Fuentes, y lo contrasta con su propia imagen de joven provinciano aislado en el ambiente chileno, buscando de manera apenas intuitiva un camino que Fuentes había proyectado, convencido del lugar que como latinoamericano ocupa en la cultura de Occidente:

> Hablaba inglés y francés a la perfección. Había leído todas las nove-las –incluso a Henry James, cuyo nombre todavía no había sonado en las soledades de América del Sur, y visto todos los cuadros, todas las películas en todas las capitales del mundo–. No tenía la enojosa arrogancia de pretender ser un sencillo hijo del pueblo, como más o menos se usaba entre los intelectuales chilenos de esos años, sino que asumía con desenfado su papel de individuo y de intelectual, uniendo lo político con lo social y lo estético, y siendo, además, un elegante y un refinado que no temía parecerlo [...] Vestía con riqueza y era fácil darse cuenta de que le importaba su ropa: hay que acordarse de que estoy hablando de una época pre-Carnaby Street, pre-mod, cuando los hombres, y para qué decir los intelectuales hispanoamericanos, no podían, no debían darle importancia a algo tan frívolo y burgués como la elegancia o la imaginación o la audacia en el atuendo, ya que, sobre todo si se estaba en la posición política de Fuentes, esta frivolidad resultaba evidentemente irreconciliable con las altas y duras misiones que había que cumplir. (Donoso 1998: 59-60)

No se trataba de modificar apenas las convenciones del lenguaje literario, sino también las del lenguaje del cuerpo. Pero esta aparien-cia, que Donoso coloca a la misma altura de los acontecimientos literarios, no se limita sólo a la figura de Fuentes; el chileno también es uno de los protagonistas de un grupo literario que compartía, fuera de las afinidades creativas, un gusto por la vida mundana, por los placeres de la comida y el vino, por las tertulias y la vida nocturna.

La gran familia literaria del *boom* se componía también de pequeños núcleos de esposas abnegadas e hijos felices, viviendo en una especie de reino platónico al que se accedía únicamente viendo el arte como símbolo divino. De la misma manera lo había hecho Hemingway cuando transformó sus años parisinos en una especie de cuaderno de bitácora restaurado con derecho a pesquería en el Sena aunque con pobre ambientación, a pesar de que la mayoría de los pasajes narrados ocurren en los cafés, en las calles. Lo único que le interesaba a Hemingway era el discurso oral, las palabras de los otros. Y bajo esa costra París se pierde, para reaparecer tres décadas después con acento hispánico.

Los idílicos años de exiliados que narra Donoso sobre su convivencia con Cortázar, Fuentes, García Márquez, Vargas Llosa, son también los años en que *Mundo Nuevo* les dedica entrevistas y valoraciones que los hacen brillar como astros literarios, constantemente viajando de una capital a otra, tratando con sus agentes o con sus traductores, expresando su satisfacción o su insatisfacción con las opiniones de la crítica internacional, utilizando su propia imagen de joven talento en la promoción televisiva o radiofónica de sus libros, insistiendo de manera didáctica en los tópicos que prepararían al lector europeo para una interpretación desprejuiciada de la literatura latinoamericana.

Curiosamente, no es la figura de escritor joven y exitoso la que *Mundo Nuevo* utiliza para contrastar talento literario y compromiso político. En diciembre de 1967 la revista publica dos entrevistas. La primera, «Harto de los laberintos», es una conversación sobre poesía entre Jorge Luis Borges y Cesar Fernández Moreno, centrada en las figuras de Macedonio Fernández y Leopoldo Lugones, nombres que atraviesan todo el diálogo y a través de los cuales se reconstruye, por un lado, un momento importante de la historia de la literatura argentina en el que el esteticismo del grupo de Florida y la tendencia socializante del de Boedo marcaron las tensiones del campo intelectual; por otro, de manera sutil se muestran las tensiones entre los peronistas y sus opositores.

En su presentación, Rodríguez Monegal traza una genealogía de las influencias en la cual Borges aparece como el mayor escritor argentino vivo y como el que más ha influido en la escritura de los latinoamericanos, especialmente en los de la nueva novela. Esta presentación no pretende ser tanto la defensa de uno de los escritores más atacados por los intelectuales de izquierda en los años sesenta, sino un reconocimiento de su valor para la literatura. La segunda conversación, «Distinguir para entender», ocurre entre el mismo Fernández Moreno y Leopoldo Marechal. En enero de ese mismo año, Marechal había participado como jurado de novela en el Premio Casa de las Américas. A su regreso a la Argentina, ocurrió un acto de censura en el semanario *Primera Plana* que obligó a su director cultural, Tomás Eloy Martínez, a retirar de la revista tanto las impresiones de Marechal sobre su viaje a La Habana, como a cambiar la portada, en la cual aparecía el escritor junto a Fidel Castro. En el número 44, septiembre-octubre de 1967, esto es, dos meses antes de la aparición en *Mundo Nuevo* de estas entrevistas, *Casa* había comentado lo ocurrido en la sección «Al pie de la letra», y había reproducido un párrafo de la declaración censurada, asumiendo así la denuncia de la falta de libertad en Argentina como el obstáculo mayor a que se conociera «la verdad cubana». El fragmento seleccionado muestra un continente en plena efervescencia revolucionaria, cuyo líder, Castro, encauzaría por los senderos de la modernidad: «Desde hace tiempo América Latina vive en estado "agónico", vale decir de lucha, según el significado etimológico de la palabra. Y esa lucha tiende, o debe tender, a lo que Fidel Castro llamó anoche "segunda independencia".

Yo diría que nuestro continente pugna por entrar en su verdadero "tiempo histórico": lo que vivió hasta hoy es una suerte de prehistoria» (CA 44: 171).

Ante la protesta de la revista cubana y el escándalo de la censura argentina, *Mundo Nuevo* se interesa en mostrar, para beneficio de Borges, los argumentos de corte ideológico con que una zona de la intelectualidad argentina valora y trata de deslegitimar su obra. El mismo título de la conversación denota un interés marcado en establecer algunas precisiones que ajusten la posición de cada escritor dentro del campo literario. Marechal arremete contra Borges, calificándolo de autor poco talentoso pero de mucha dedicación, hacedor de una literatura fácil que ha sido fuente de imitadores y que ha causado una reacción internacional. Frente a la imagen de maestro, de «denominador común» que le asigna Rodríguez Monegal, el autor de *Adán Buenosayres* lo presenta como un intelectual inhumano, aislado en su preocupación estética, indiferente «a nuestro mundo y su problemática». Cuando Fernández Moreno interroga a Borges acerca de su familiaridad con la poesía popular, éste le dice que escribe milongas espontáneamente, para divertirse: «Si yo jamás he pensado en acercarme al pueblo, ni acercarme a nadie» (MN 18: 19). Si confrontadas, puede verse que a pesar de que ambas declaraciones contienen un mismo enunciado (Borges no está interesado en escribir una literatura que aborde los problemas de la Argentina actual), una funciona como acusación, como crítica y desvalor, mientras que la otra reitera una idea que para Borges no entraña un conflicto.

Ambas posturas reproducen las tensiones entre preocupación estética y compromiso social, y son el testimonio de las contradicciones y polémicas de los escritores frente a la recepción de la obra de Borges. Así, *Mundo Nuevo* expresa en las entrelíneas que el nivel de compromiso de un escritor con su época no es necesariamente proporcional a su calidad estética, ni mucho menos a la influencia que puede ejercer sobre sus contemporáneos, con lo cual, por otro lado, no pretende

rebajar el trabajo literario de Marechal. Con las declaraciones de
este último, en las cuales Borges es calificado de «falso mago» y
mistificador, se hacen patentes las oscilaciones de índole ideológica
a que están sometidos los escritores, y cómo existe una dinámica de
la competitividad que echa mano a la desvalorización del intelectual
como ser humano cuando desde el punto de vista estético resulta
difícil descalificar su obra.

La composición de imágenes realizada por *Mundo Nuevo* se inserta
en una estrategia de consagración a través de los espacios que reserva
a cada escritor: la conversación con Marechal aparece bien al fondo de
la revista y es bastante breve, si se la compara con el espacio concedido
a Borges. Mientras que Borges habla sobre la poesía de sus contemporáneos o de sus predecesores, Marechal lo hace insistentemente sobre
sí mismo. Sin embargo, al aparecer en las páginas finales se observa
que su posición dentro del campo de valores estipulado por *Mundo
Nuevo* es totalmente subalterna, y transmite una imagen maniquea
del intelectual comprometido políticamente[7].

A través de la entrevista resulta fácil percibir los desequilibrios
que *Casa* y *Mundo Nuevo* experimentaron en relación a este género,
en general pensado más como política textual que como política
editorial. Con la excepción de Rodríguez Monegal, la revista literaria
latinoamericana se resistía todavía a articular a su sintaxis una de las
formas más representativas del periódico[8]. Una vez que *Mundo Nuevo*
ingresa en su segunda fase –cuando pasa a ser preparada en Buenos

---

[7] En la ya mencionada entrevista de Rodríguez Monegal con la Agencia
France Presse, las conversaciones con Borges y Marechal, quienes durante la
dictadura de Juan Domingo Perón militaron en grupos opuestos, aparecen como
ejemplos de la política editorial de apertura y pluralidad ideológica de *Mundo
Nuevo*.

[8] No ocurriría lo mismo con las notas, o las reseñas, o inclusive con la publicación de capítulos de novelas, cuyo origen es el folletín, formas todas surgidas
en la prensa diaria, y que llevarían la literatura al mercado y al gran público.

Aires bajo la tutela de Horacio Daniel Rodríguez–, el proyecto de construcción literaria, de distanciamiento político y de oposición intelectual que el uruguayo había desarrollado es abandonado. Los diálogos son sustituidos por polémicas, las reseñas y valoraciones pierden su brillo, las entrevistas dejan de cumplir su función publicitaria y modernizadora de lo literario, y la imagen de los escritores se politiza tanto como en *Casa*. En esta fase, *Mundo Nuevo* se ajusta más a la política internacional del ILARI, y su oposición abierta a la izquierda cubana no coincide con las estrategias personales llevadas a cabo por su primer director. El interés inicial de crear un espacio que colmase la carencia de crítica de alto nivel en América Latina es sustituido por el enfoque ideológico, que era la línea de formación del nuevo responsable de la revista. Por tanto, en la misma se adopta una política de confrontación abierta contra *Casa*, la Revolución cubana y los intelectuales que la apoyaban.

La entrevista prácticamente desparece de las páginas de *Mundo Nuevo*. En más de tres años de existencia después de la salida de Rodríguez Monegal, que contabiliza la edición de 33 números, solamente en cuatro ocasiones el género es retomado. Específicamente, tres de ellas se encuentran relacionadas a escritores, y son publicadas en circunstancias que reducen o desautorizan la presencia enfática que los latinoamericanos habían disfrutado en la primera fase. Enseguida la parodia aparece como recurso desacralizador de lo político, pero también como reducción burda y maniquea de un debate que, además de haber atravesado la revista desde su surgimiento, había articulado un modelo de intelectual preocupado no sólo con su literatura, sino muy en especial con la realidad de su tiempo. A partir de 1968, *Mundo Nuevo* pasa de la fase de construcción de un modelo de escritor moderno a la de su desarticulación, cuando la postura esencialmente literaria sostenida por Rodríguez Monegal comienza a perder credibilidad dentro de la propia revista, para sumergirse en la sátira de otro modelo, el del intelectual comprometido políticamente.

EL TESTIMONIO REVOLUCIONARIO EN *CASA DE LAS AMÉRICAS*

El día 31 de agosto de mil novecientos sesenta y cuatro
el señor Ezequiel Sotomayor,
leyó en la segunda página de Revolución el texto siguiente:
«Este río, como todos los anteriores y los que pasaría-
mos después,
estaba crecido.
También se hacía sentir la falta de calzado
en nuestra tropa».

Hecho esto dobló el diario
y comparó mentalmente lo anterior
con los versos de cierto poeta de décimoquinta fila;
consultó con temor su sensibilidad
y para asegurar su juicio hizo llamar
a su joven sobrina que estudiaba Letras.

Escrutaron minuciosamente ambos escritos:
Se decidieron por el texto del periódico.

Domingo Alfonso, «Arte poética»

He escogido este poema (Alfonso 1965) para proponer una lectura
del testimonio como puerta de pasaje hacia el interior de «la casa» en
construcción, porque nos habla sobre cómo la Revolución ocupó una
zona del territorio letrado de la isla, pero además, porque introduce el
tópico que justifica la unión de entrevista y testimonio en este capítulo: el empleo que hacen los escritores, y en consecuencia la literatura

y la poesía, de los géneros del periódico (crónica, entrevista, reseña), así como de otras formas documentales –fotografías, cartas y diarios.

El autor del poema propone la cita testimonial como ceremonia de entrega de la escritura poética a lo real, como ritual de iniciación a otro lenguaje. El poeta no sólo cita el texto del periódico, sino que lo transforma en verso; con esto se convierte en editor del testimonio, y lo real revolucionario en acervo documental. Desde la escena narrada en el poema, el señor Sotomayor y la joven estudiante de Letras escrutan en conjunto un texto del *diario de la Revolución* y un poema; la duda de ambos al momento de escoger se presenta como un gesto antagónico, por el modo en que polariza el discurso en torno al compromiso del escritor con la Revolución, o con las letras.

Junto con el lenguaje del periódico, la poesía testimonial, así como todos los otros géneros que han debido ser (re)nombrados, («novela testimonio», «literatura carcelaria», por ejemplo), escoge la realidad cotidiana y cambiante para tener acceso al lugar de la verdad revolucionaria. La poesía testimonial instaura una noción de lo poético que apela a lo documental –el «narrador» del poema nos ofrece los datos necesarios para que podamos verificar su autenticidad en el periódico–, al tiempo que descomplejiza el lenguaje, que se vuelve narrativo y directo. Nos dice que la poesía se encuentra en la realidad, y que la función predominante en el poema debe ser la comunicativa. Por lo tanto, el poeta trata de «ver poesía» en la esfera específicamente revolucionaria, a través de la acción de los jóvenes protagonistas de la historia local, los mismos que Ezequiel Sotomayor había descubierto en las páginas del periódico mientras cruzaban un río, y cuya acción «poética» instalara primero la duda, e inmediatamente después la definición en torno al valor del testimonio. Además de suponer una legitimación política del contrato realista, lo que justifica este comienzo con «los versos de cierto poeta de décimoquinta fila» es el modo en que lo literario se repliega frente a lo documental, y sobre todo, frente a la espectacularidad de lo revolucionario. Al proponer la realidad como más creativa que la ficción, y estetizarla bajo la forma del verso, esta *ars poetica* excluye otras, que no aparecen explicitadas.

Casa dedica varias ediciones a visualizar la épica revolucionaria en su cotidianeidad, a organizar la memoria reciente del calendario histórico cubano: la invasión a Bahía de Cochinos, la Campaña de Alfabetización, la muerte del Che Guevara o la Zafra de los Diez Millones son algunos de los eventos que ocupan números enteros de la revista. El escritor no es aquí «la voz de los sin voz», puesto que el nuevo orden de igualdad ha dotado al antiguo sujeto subalterno de los poderes elementales del letrado, a saber, la capacidad de leer y de escribir. El escritor se perfila, sin embargo, como un escriba que se esfuerza para sustituir lo literario por un lenguaje cuyo referente procede del ámbito histórico-político, y que favorece el uso de documentos.

La discusión en torno al realismo socialista como paradigma, que desde las altas esferas parecía zanjada con las consideraciones de Guevara en «El socialismo y el hombre en Cuba», continúa apareciendo como una diferencia mal resuelta entre los escritores y la política estatal. En su ensayo «Cuba: caña y cultura» Edmundo Desnoes propone la visión del escritor y la del político como complementarias, con lo cual desea establecer una paridad entre «literatura» y «Revolución». Aunque, como se puede leer en la cita siguiente, el resultado es la mirada esquemática del escritor sobre la realidad. De idéntico modo, el sujeto que en su poema Domingo Alfonso rescató de la mortalidad de la noticia diaria se había detenido para crear, a través del gesto con que dobló el periódico y salvó la duda, una nueva visión en la que lo literario ocupa un lugar determinado por lo político:

> El político no describe las cosas, no las transforma en figuras simbólicas, sino que las utiliza, actúa sobre ellas. Mucho más si es un político revolucionario. El dirigente político presenta las cosas como deben ser y no como son, de ahí que el realismo socialista sea la expresión de la

violencia política sobre la literatura; es el político el que nos puede dar una «visión de la realidad en su desenvolvimiento revolucionario», y no el artista. Las dos visiones son necesarias, y una cultura, una sociedad entra en crisis cuando se suprime un polo de esta dialéctica entre la visión política y la artística; si triunfa la primera tendremos una especie de idealismo revolucionario; y si la segunda, un regodeo en la reificación de la experiencia. (Desnoes 1970: 57)

La afirmación de Desnoes implicaría constatar que existe una restricción por parte de los escritores a la hora de testimoniar lo real revolucionario, y que a pesar de que el «pecado original» les impide manifestarse como testigos puros y espontáneos, sus colaboraciones testimoniales no entrarían en la categoría «realismo socialista»[1]. Pero, no es difícil percibirlo, la práctica del testimonio en la revista *Casa* cumplió en su momento una función análoga a la del realismo socialista en la producción literaria soviética. Lo documental fue incorporado a varios géneros literarios y estimulado institucionalmente, ganando un amplio espacio en editoriales, revistas y periódicos; invadió la industria del cine, que contribuyó ampliamente a crear una nueva imagen de la nacionalidad, una identidad que debía ser articulada sobre nuevos valores, conservando del pasado apenas los vínculos con cierto linaje revolucionario. Lo documental avanzaba desde las vallas, emisoras de radio, altoparlantes, reuniones, discursos, canciones «protesta», eventos culturales de denuncia antiimperialista, exposiciones fotográficas; se inspiraba en un modelo de hombre políticamente consciente. Los líderes partidistas aparecían siempre en una dimensión afirmativa, mientras que la crítica pedagógica y

---

[1] Este punto de vista de Desnoes puede ser contrastado con su defensa de la libertad del escritor para ponerse «al servicio» de su propia visión: «Toda literatura que no profundice o enriquezca la vida del hombre se convierte en una estafa. El arte como instrumento de propaganda o como profecía tiende a desvirtuar su naturaleza: es un arte enajenado. La literatura sólo puede estar al servicio de la visión del artista, de la búsqueda de la verdad» (Desnoes 1964: 101).

moralizante se detenía principalmente sobre el escenario rural, ya fuera desde la epopeya agrícola, militar o alfabetizadora.

Tanto cuando escriben sobre su propia experiencia como cuando registran el testimonio ajeno, los escritores lo hacen dentro de los códigos de la política estatal. El uso de lo documental debe ser entendido no sólo en el sentido cultural que lo relaciona con la Casa, sino además en el sentido político que lo torna el género *de* la Revolución. El testimonio producido en la revista responde a una dinámica de subordinación de lo literario a lo político; esa condición de subalternidad facilita el recorte partidario de los discursos considerados legítimos y, más allá de los géneros, crea *una misma lengua* (política). Se trata de la lengua en la que la masa iletrada por primera vez leerá, y por primera vez leerá sobre sí misma. Lo político, en fin, invade lo literario, y el testimonio renace de esa plenitud revolucionaria. Al ser ocupados por lo político, todos los géneros acaban pasando un mismo mensaje, para un mismo público, desde todos los espacios, que homogenizan sus lenguajes. Así, los géneros se confunden y sus formas pasan a tener un valor secundario. La revista es el espacio idóneo para legitimar esa hibridez porque ella en sí misma se define como tal. La Revolución comienza así a organizar su memoria, a revolucionar lo literario. En igual medida, el testimonio instaura como valores humanos a ser realzados la humildad y la honestidad, el compromiso consciente, la madurez política, la entrega al trabajo para transformar el país en un gigantesco jardín panglosiano, desde el cual todos marcharían unidos hacia «el esfuerzo decisivo».

¿Por qué el testimonio? Porque él se encuentra en el grado cero de dificultad de su escritura —y de su lectura; es el habla popular, son los iletrados siendo reconocidos por los letrados—. ¿De qué se da testimonio? De cómo el pueblo es fuerte y patriótico ante las dificultades, de cómo la Revolución es justa, de cómo grandes segmentos de la población se han integrado al sistema. La visión a-estética que conduce lo literario hacia el encuentro epifánico con lo real revolucio-

nario, sumada a la agilidad con que la visión política se instaura en el
testimonio, transforman tanto lo épico cotidiano como a los líderes
guerrilleros en elementos que, desde un ámbito histórico diferente al
de la Rusia estalinista, cumplen el mismo papel que en su momento
desempeñó el realismo socialista de los *soviets*.

Entre los números de *Casa* que ilustran cómo el testimonio revolucionario colmó el espacio textual se encuentra el dedicado a la
invasión a Bahía de Cochinos, en abril de 1961 (CA 6). El mismo se
inscribe directamente en la línea testimonial, al estar organizado a
partir de un hecho real y utilizar documentos que apenas son mani-
pulados: testimonios orales, cartas, mapas militares, fotos, partes
oficiales del gobierno, notas de prensa. Al mismo tiempo, el número
está organizado didácticamente, y sigue la estructura expositiva de
los hechos realizada por Fidel Castro. En sus declaraciones al pueblo
posteriores a la invasión, Castro narra detalladamente las diferentes
fases de la lucha contra los invasores,; la revista se preocupa por conservar las marcas orales del discurso, en particular las repeticiones, las
frases cortas, el uso abundante de adjetivos que apelan a la afectividad
y que caracterizan su oratoria.

Existe aquí una fuerte conexión entre testimonio e historia oral
–los informantes son los milicianos y los invasores, a través de los
cuales la revista construye su versión de los hechos y los sitúa en
otro espacio y otra temporalidad, al incluir informaciones sobre el
reclutamiento y entrenamiento de los atacantes en bases militares
de Centroamérica. El testimonio de Fidel (su punto de vista como
narrador es el del estratega que comandó las acciones militares) es
relevante por el modo en que la revista lo presenta como eje estructurador del relato, del resto de los documentos y testimonios, que
vienen a validar lo narrado por el líder. Los textos de este número
refieren la historia del ataque de los exiliados a la isla tanto desde la
perspectiva del invasor como desde la del invadido. El núcleo testimonial se encuentra en las declaraciones de los testigos presenciales,

que exponen sus versiones. De un lado, «los defensores del pueblo» relatan sus experiencias –cómo derrotaron al enemigo, cómo vieron caer a sus compañeros, cómo afloró en ellos la conciencia de estar en la guerra, cómo se rindió el enemigo. Del otro lado, «los mercenarios» mantienen casi en su totalidad un discurso culpable con el que describen cómo se enrolaron en la invasión y cómo fueron engañados. En los dos tipos de testimonio se advierte la presencia del editor, que suprimió las pausas, repeticiones, saltos, retrocesos y desvíos característicos del discurso oral, tal vez con la intención de mejorar la calidad lingüística de los testimonios y sintetizar los mensajes. Las declaraciones de los prisioneros de guerra son, en verdad, fragmentos sacados de los interrogatorios a que fueron sometidos, que la revista transformó en viñetas. En el único caso en que se mantuvo el interrogatorio «para que no pierda su dramatismo», el informante era un delator y torturador de algunos miembros del Movimiento 26 de Julio en los años anteriores a 1959. Así, el conjunto de los textos que narran la invasión a Bahía de Cochinos podría incluirse en la denominación de «testimonios de historia oral», precisamente porque, en palabras de Rodríguez-Luis, «no se trata de autobiografía o de memorias autobiográficas, como sucede con muchos testimonios clásicos, sino de los recuerdos que algunos testigos tienen de ciertos hechos» (1997: 17).

Los textos más ilustrativos de la relación oral/escrito, letrado/iletrado son los referidos a la Campaña de Alfabetización. Los «Apuntes de una alfabetizadora», de Matilde Manzano (CA 19: 91-117), por ejemplo, más que anotar «la verdad» de la campaña mantienen un nivel de escritura muy marcado por lo estético-narrativo, al tiempo que las técnicas continúan siendo las de la ficción –presentación de personajes, narrador en tercera persona, diálogos intercalados. La estructura de estos apuntes se organiza en torno a los espacios y a los personajes que los ocupan. Los textos de la alfabetización se encuentran entre los primeros en justificar la necesidad de un mediador en el testimonio revolucionario. De hecho, como resultado de la Campaña la revista no publica ningún texto producido por un alfabetizado. Evoquemos ahora la escena en que otra alfabetizadora lee en voz alta la primera carta escrita por un campesino, y éste siente un extrañamiento al escuchar su propio discurso en la boca de la letrada. La carta queda guardada en el expediente del campesino como *documento*, y es el gesto de la maestra el que prueba, a través de un acto de oralidad (la lectura de la carta), la nueva posibilidad de acceso a la ciudad letrada revolucionaria, en la cual la élite intelectual funciona como mediadora entre el poder y la masa analfabeta. El hecho de que la revista publicite la Campaña de Alfabetización a lo largo de todas sus secciones, como en «Educación 1961» (CA 9), se constituye en una amplificación de los espacios que son legitimados por el poder desde la cultura; los letrados comienzan a servirle de un modo diferente, ejerciendo su práctica en sentido inverso, no sólo desde la cultura hacia el centro de lo político, sino también desde el cerco letrado hacia la periferia de la memoria no escrita[2].

Por otra parte, la edición que *Casa* dedica a la Zafra de los Diez Millones concentra toda su textualidad en el ámbito agrario, y coincide con el momento más decadente del testimonio producido en la revista. En sus páginas, los escritores realizan otro «esfuerzo decisivo»: integrarse plenamente a lo político. La base documental es la propia vivencia –el contacto con el campo, con individuos de diversa extracción social. A pesar de la operación de exorcismo realizada por los escritores para dar por terminado el complejo de culpa por su origen social, por el lugar no conquistado dentro de la Revolución, el punto de vista desde el cual escriben continúa siendo el del escritor-pecador: sorpresa, deslumbramiento ante el descubrimiento del otro, cuya mayor virtud consiste en modificar, a partir de su entrega a la

---

[2] Para verificar la relación oral/escrito a través del concepto de la ciudad letrada (Rama 1983), véase Lienhard 2000.

Revolución, los valores intelectuales. «Para la mayor zafra de nuestra historia» (CA 62) obedece al imperativo textual de mostrar integración, fidelidad, confiabilidad a través de la escritura y de la acción. Una de las formas de lavar la culpa a través del testimonio es ensayada en los textos que exhiben un dominio, sin embargo exiguo, del léxico azucarero. También, al tocar la cuestión del antiintelectualismo (en uno de los testimonios, el escritor es llamado jocosamente «Librito»[3]), en el nivel de la representación lo político se ha convertido en un código de acceso que obstruye la circulación de otros lenguajes, de otras zonas de la realidad. En el poema «El cañaveral», Cintio Vitier parece asistir a su propia ceremonia de iniciación, a un rito de pasaje de lo simbólico a lo concreto. Ahora el saber no es más una obra del intelecto, sino del esfuerzo físico; ya no es el espíritu (la trascendencia) sino la carne (la mortalidad); ya no es un libro, sino una mocha. Es a través de la acción, de la experiencia en el trabajo rudo del campo, que Vitier constata que *las palabras no son la realidad*:

> Queridos poetas: el cañaveral
> no es ya un elemento del paisaje,
> un símbolo, un tópico, ni siquiera una palabra.
> ¡Cuántas veces la hemos leído
> sin saber que era otra cosa muy distinta
> un dolor de huesos de madre,
> que nos tira deshechos al camastro
> bajo las estrellas!

Vitier le habla a la clase de los poetas desde un lugar de autoridad distante de la poética origenista, a la construcción teleológica que él

---

[3] Manuel Granados, «De *Testimonio 70*» (CA 45: 109). El antiintelectualismo ha sido presentado por Desiderio Navarro como una de las vías indirectas y eficaces de lucha del poder contra la intervención crítica del letrado en la esfera pública, que lo atiza y propaga, si bien lo reconoce como «preexistente en la cultura cubana, pero avivado y difundido con fines políticos» (Navarro 2000: 703).

mismo había sostenido en *Lo cubano en la poesía*, donde el paisaje es el símbolo a través del cual la poesía cubana se había construido una identidad; identidad que este poema es clausurada, relegada al lugar común estigmatizador del pasado. Así, el testimonio de Vitier prefigura un discurso destinado a obliterar las zonas del pasado poético en las que no fuera posible identificar como predominante el campo de los valores épico-revolucionarios.

Un movimiento contrario al anterior surge en «De memoria amarga del azúcar», de Ana Núñez Machín (CA 62: 168), recopilación de testimonios de cortadores de caña de la época pre-revolucionaria, que se detienen en la descripción de la vida inhumana del cañaveral –el «tiempo muerto», la explotación, la maldad de los terratenientes, la injerencia de los Estados Unidos en la vida económica de la isla. Este texto aparece al final del número, donde el pasado contrasta con el presente inefable de una nueva era azucarera.

Estas colaboraciones también quieren mostrar la honestidad, el esfuerzo real de todo el pueblo, el entusiasmo y la fe en la Revolución cubana. Toda la atención parecía estar volcada hacia el trabajo colectivo y hacia las palabras de Fidel (en diversos testimonios vemos cómo los trabajadores que las horas de reposo para acompañar las apariciones televisivas del líder). El énfasis de los escritores en reafirmar el compromiso, en hacerse presentes y visibles para borrar las dudas, es constante en las colaboraciones de este número; ellos destacan el cambio (como sinónimo de progreso) de las condiciones de vida en el campo; el esfuerzo físico también es un motivo recurrente, que de algún modo nos dice que, en tanto escritores, no pueden dejar de hablar desde lo que son, pero al mismo tiempo se sienten comprometidos a testimoniar desde lo que no son.

La revista ofrece, además, el punto de vista de tres extranjeros: el haitiano René Depestre, la estadounidense Margaret Randall y el uruguayo Carlos María Gutiérrez. ¿Qué es lo que estos visitantes testimonian? «Brigada Venceremos, 9 de abril», de Carlos María

Gutiérrez (106-108) narra la participación de jóvenes norteamericanos y puertorriqueños en la zafra de 1970. Contestatarios en sus
países, protagonistas de la cultura *hippie*, el espíritu comunitario que
identifica a este grupo es diferente del espíritu comunitario de los
cubanos: del mismo modo en que el uruguayo describe a la brigada
Venceremos, también podría estar refiriéndose a Woodstock. Los
jóvenes progresistas buscan la vivencia política que no tienen en
sus países, con lo cual la revista muestra el impacto de la Revolución cubana en la juventud del capitalismo. La descripción de estos
visitantes, formados ideológicamente en las plazas del año sesenta y
ocho, contrasta con la imagen de los jóvenes cubanos, que aunque no
podían relacionarse con extranjeros aparentemente tampoco tenían
ninguna razón para ser rebeldes, pues el régimen de injusticia que
justificaba posicionarse contra el sistema había sido sustituido por «la
nueva casa», «la nueva escuela». Rebeldes sólo contra el imperialismo.
Y dice el cronista: «Durante esas semanas ingresaron a un mundo
mágico y distinto, donde el trabajo no es una condena sin finalidad
sino otra forma de liberación» (107). Aquí Carlos María Gutiérrez
opone el valor humano del trabajo al valor reificador que tiene en el
capitalismo. El trabajo en la Revolución es visto como redención, es
la fórmula para un nuevo humanismo, que despoja al trabajo de su
sentido de «capital» y lo sustituye por el de «libertad», oponiendo así
ambas nociones. Por otro lado, muestra a la juventud norteamericana
como expresión de la resistencia al sistema capitalista. El encuentro
de estos jóvenes con la experiencia *sui generis* de la zafra es vista por
el periodista uruguayo como hecho transfigurador, y la isla del azúcar
como generosa *alma mater*: «Pero la Revolución había añadido otra
recompensa más duradera: admitir que la compartieran, hacer que se
sintieran por una vez del lado de las mayorías y dentro de la Historia,
descubrirles la inanidad de las barreras levantadas por el odio y la
mentira» (108). Además de ser una seducción construida sobre un
agon, al mismo tiempo constituye el modo de publicidad de la revista.

En «Birilín para la mayor zafra de la historia», de René Depestre, la preocupación por el esfuerzo físico contrasta con su forma de mostrar, a través del apego a los lugares comunes del panfleto antiimperialista, su compromiso revolucionario; la Zafra de los Diez Millones sería para los Estados Unidos un «Waterloo económico», un «Pearl-Harbor económico». Depestre se presenta además como un conocedor del tema azucarero, quizás por el hecho de pertenecer a una nación donde el trabajo brazal en los campos de caña es el principal sustento –y el más inhumano. Su esfuerzo por estetizar el cañaveral lo lleva a «reescribir» el imaginario medieval a través de su bestiario más estandarizado. Retórica, poco creativa, esta es la imagen creada: «El inmenso cañaveral se alargaba ante nosotros en un caos erizado de nudos y de puntas, recubierto por un barniz negruzco y viscoso. Era una composición surrealista, dotada de un humor fantástico e inimaginablemente ridículo: una cueva con miles de barrotes entrecruzados, en donde nos esperaba un animal mitológico, un dragón de cien cabezas amenazantes» (112).

Ante la demanda constante de lo documental, la descripción del cañaveral, del campamento y de los macheteros va de la evocación mitológica al proyecto del jardín, al mejor de los cañaverales posibles; es la satisfacción moral posterior al *via crucis* del cuerpo. El machetero, que es también el escritor, iguala de manera espontánea al soldado, es el caballero armado de una conciencia que no conoce límites reales, y que encuentra en la realidad del albergue «una maravillosa mina de poesía cotidiana». Al mismo tiempo, cada machetero es «un personaje que, sin saberlo, busca su autor» (116).

Finalmente, el diario escrito por Margaret Randall («La caña», 130-135) propone el tema de la emancipación de la mujer en la Revolución. Es la mirada femenina, doméstica, que se preocupa tanto con el trabajo en los campos de caña como con la decoración del campamento, la higiene, la comida. Desde de su diario (el documento escrito), la vemos entrevistando, recogiendo el testimonio (el documento oral)[4] de otras mujeres que trabajan a la par con los hombres, contra los prejuicios y limitaciones de índole social. Con esto, Randall agrega al testimonio una perspectiva feminista[5].

Estos textos, que podrían insertarse dentro de la clasificación más abarcadora de «narrativa documental»[6], singularizan el testimonio de la revista y lo ligan al hecho de emerger de una textualidad fragmentada (la de la propia revista), en la medida en que los relatos se caracterizan por su brevedad, cuando fueron escritos específicamente para sus páginas, o cuando se trató de segmentos de libros, por el modo en que recortan lo testimoniado. También la temporalidad del

---

[4] Randall define la historia oral como «la historia contada por, y recogida de, los que la han hecho o la siguen haciendo» (1985: 23).

[5] Véase Randall 1972.

[6] Julio Rodríguez-Luis caracteriza la narrativa documental, cuyo núcleo es el testimonio, como aquella que «relata ciertos hechos que [...] han tenido lugar y cuya autenticidad quiere el autor que resulte evidente, para lograr lo cual se vale de documentos que describe o transcribe directamente o del discurso del testigo de esos hechos, que a veces basta para generar el relato por sí solo. La narrativa documental se propone desde meramente escribir la realidad [...] hasta revelar todos sus aspectos [...]. Esa escala parece estar en relación proporcional con el grado de intervención del mediador [...] En cualquier caso, la narrativa documental no intenta transformar de manera artística la realidad [...], de lo cual se concluye que, antológicamente, o desde el punto de vista de su intencionalidad, se sitúa en el polo opuesto al de la ficción y, en general, a lo que se acostumbra entender por literatura» (1997: 84). Por otra parte, en su artículo «The margin at the center», John Beverley define los parámetros más generales de lo que se ha de entender por práctica testimonial: la confrontación del testimonio con la institución literaria, el testimonio como modelo alternativo a las formas de representación mediadas por la literatura, la separación entre instancia narrativa y mundo representado, el testimonio como discurso redentor, el autor (el intelectual) se sitúa como la voz de los «sin voz», lo subalterno se subalterniza. Para Beverley, esta representación de la voz subalterna como estructuralmente incapaz de una corporización discursiva es el eje de las relaciones entre dominación y representación (véase Beverley 1989). Elzbieta Sklodowska también ha planteado la ilusión de inmediata presencia de la voz subalterna en el texto testimonial.

testimonio en *Casa* aparece fragmentada debido a la periodicidad de
la revista, que presupone una lectura independiente y, en relación al
libro, la compromete en cuanto conjunto particular. A pesar de las
especificidades del testimonio revolucionario producido por la revista,
éste entra en la categoría de la narrativa documental, ya que de modo
general sus presupuestos coinciden[7].

---

[7] La definición del género testimonio que podemos leer en el *Diccionario de
la literatura cubana, según Jorge Fornet (1995), es la misma que había sido conce-
bida por el guatemalteco Manuel Galich en 1970, y publicada el 2 de marzo del
mismo año en el boletín mensual que entonces la Casa de las Américas preparaba.
Para Galich, aun cuando el testimonio articula algunos rasgos característicos del
reportaje, de la narración, el ensayo y la biografía, se define fundamentalmente
por lo que lo diferencia de ellos. Del reportaje, «porque excede las dimensiones
de éste, en cuanto se trata de un libro, y no de un trabajo destinado a alguna
publicación periódica (diario, revista); obra autónoma, que vive por sí misma y
no a través de una de aquellas publicaciones; donde la temática está tratada con
amplitud y profundidad mucho mayores, destinada a perdurar más allá de la
existencia efímera de los trabajos puramente periodísticos y que, por eso mismo,
exige una superior calidad literaria»; de la narrativa, «porque descarta la ficción»;
de la investigación, «porque el necesario contacto directo del autor con el objeto
de su indagación (el protagonista o los protagonistas y su medio ambiente) exige
que aquel objeto esté constituido por hechos o personas vivos»; de la biografía,
porque en el testimonio, «lo biográfico de uno o varios sujetos de indagación
debe ubicarse dentro de un contexto social, estar íntimamente ligado a él, tipi-
ficar un fenómeno colectivo, una clase, una época, un proceso (una dinámica),
o un no proceso (un estancamiento, un atraso) de la sociedad o de un grupo o
capa característicos, siempre que, por otra parte, sea actual, vigente, dentro de la
problemática latinoamericana» (Galich 1995: 124-125). Creo que la definición
de Galich, si bien reúne los rasgos formales básicos del género, al mismo tiempo
busca «orientar» a los autores potenciales del género, indicándoles cuáles son los
elementos que deben estar presentes para entrar en la categoría y así concursar en
el Premio Casa. Por otro lado, el hecho de que segmentos testimoniales de poca
extensión no sean considerados dentro del género, lo cual excluye periódicos y
revistas, parece estar condicionado por su concepción institucional, que contempla
únicamente libros. Vale recordar que muchos de los testimonios publicados en

El carácter urgente del testimonio, que conecta la espectacularidad revolucionaria al ámbito de la revista, no es sólo síntoma de que
la Revolución colmó todas las formas posibles del espacio textual,
sino que además su recepción crítico-teórica tampoco puede ser eva-
luada con exactitud; los artículos, reseñas y ensayos bibliográficos
se encuentran condicionados por los discursos a través de los cuales
las instituciones y sus escritores priorizaron el interés en mostrar su
compromiso afirmativo con el nuevo sistema. Ahora bien, como
muestran varias reseñas publicadas en *Casa*, tanto la llegada del testimonio al paisaje narrativo de los sesenta como el estilo periodístico
en que la revista organiza estas ediciones revelan procedimientos
similares a los que hoy los críticos reconocen como caracterizadores
del género testimonial y/o documental (Sklodowska y Beverley *apud*
Rodríguez-Luis 1997).

El manejo de los documentos, su selección y ordenamiento funcionan dentro del conjunto de *Casa* de forma semejante a como
algunos autores de testimonios han descrito sus modos de intervenir
en el relato de su informante (Barnet 1983). En contraste, ¿cómo
inferir que el testimonio en tanto género sería caracterizable a través
de su lenguaje, cuando su núcleo oral presupone una aceptación de
lenguajes heterogéneos que textualizan la voz de los informantes,
su subjetividad? En «Educación 1961», el gran tema que atraviesa la
revista es la lengua, o mejor, la adquisición, junto con la lengua, de la
conciencia política. Son varias las escenas de la campaña alfabetizadora descritas por la revista en las que un campesino escribe o lee su
nombre por primera vez, en que la materialidad de la palabra se aloja
y pervive en la textualidad del testimonio, al tiempo que el antiguo
iletrado puede ahora leer el periódico y conectarse ideológicamente
a la Revolución. No ocurre lo mismo en la edición dedicada a «la

---

Casa eran fragmentos de libros, como *Testimonio 70*, de Manuel Granados, o *La
mujer cubana ahora*, de Margaret Randall.

mayor zafra de nuestra historia», donde el grueso de los testimonios pertenece a escritores, de modo que no existe un mediador entre éstos y su escritura. No obstante, surge la particularidad de que, en el interior de su propio texto, el escritor puede aparecer como entrevistador / mediador (Randall). Su punto de vista revela a un entrevistado anónimo, que actúa como el verdadero testimoniante, ya que su relato es recogido (aunque en un plano secundario dentro de los sucesos contados por el escritor / mediador) por medio de la entrevista, y este hecho lo localiza como un núcleo oral que es descentralizado por la escritura.

En los testimonios de esos números de *Casa* es evidente que aun cuando el escritor utiliza la primera persona, no es sólo por medio de su propia experiencia que se propone mostrar las transformaciones afirmativas de la Revolución. Mientras que los críticos señalan como rasgo caracterizador del testimonio el hecho de visualizar dentro de la ciudad letrada el lugar esencialmente político del sujeto subalterno, en los testimonios revolucionarios de la revista ese lugar es negociado a través de un nuevo pacto testimonial; el compromiso de «narrar por escrito del modo más fidedigno posible lo que anotó y grabó» (Rodríguez-Luis 1997: 115) no se cumple totalmente, ya que el principal sujeto del testimonio continúa siendo el escritor y no el subalterno referido dentro de la narración. Por otro lado, la intención de mantener las marcas orales se encuentra regulada, y contrasta con el registro culto utilizado por el escritor. El testimonio de la obra revolucionaria en la revista utiliza otros documentos, en especial los diarios, mientras que para evocar el antiguo sistema de explotación la revista utiliza el testimonio directo de los explotados y de los desposeídos.

La mayor preocupación que ronda el testimonio revolucionario de *Casa* reside en mostrar el compromiso de la escritura –en cuanto rasgo identitario del sujeto letrado– con el sistema político; por tanto, las historias de vida de los soldados anónimos, de los alfabetizados y los cortadores de caña entran en las narraciones como soportes, en la medida en que configuran el escenario transfigurador en el que se inserta el escritor para mostrar su compromiso. Para Rodríguez-Luis, sin embargo, este punto de vista que identifica la necesidad de relatar ciertos sucesos con una intencionalidad eminentemente política sería errónea, ya que conduciría a definir lo testimonial a partir de un factor supraestructural, «una especie de supraintención gobernada por motivos externos» (1997: 100). Las ediciones documentales de la revista *Casa*, a pesar de esto, no se apartan del *sine qua non* de dar testimonio a través de la singularidad de una experiencia que registra su importancia social, política o histórica; pero aun así, sí aparecen regidas por una «supraintención» estatal que ultrapasa los límites genéricos para instalarse como totalidad. Por eso mismo, al modo de denominar el testimonio en las páginas habaneras debe adjudicársele el término «revolucionario», pues son el hecho histórico concreto de la Revolución de 1959, así como la política afirmativa que se instauró a partir de ella, los elementos que lo singularizan. Por otro lado, el manejo de los documentos a la hora de elaborar las ediciones totalizadoras de la epifanía revolucionaria revela una función mediadora semejante a la que realizan los editores de los libros testimoniales. Además, la presencia del testimonio en la revista compromete toda la sintaxis y le impone modos de organización dominados por una lógica interna en la que los espacios se corresponden a los contenidos y las imágenes que afectan el pasado pre-revolucionario, y al mismo tiempo documentan la presencia de una nueva realidad.

La revista muestra en esos números una necesidad de explicitar su sintonía con los acontecimientos que rigen la temporalidad abarcadora del hecho histórico, y esto se corresponde, a su vez, con la urgencia por testimoniar aquello que ocurre en el interior del espacio revolucionario. O sea, la urgencia de testimoniar / documentar los cambios que la política le impone a los escritores compromete seriamente no el rasgo intrínseco de dar testimonio, sino la veracidad de lo que está siendo narrado. Al ser convocados a escribir documentalmente sobre las tareas de la Revolución, el escritor debe negociar el contrato con lo real que caracteriza al testimonio para atender exclusivamente a los eventos señalados por el nuevo calendario. A diferencia de la narrativa testimonial, que focaliza el protagonismo o la representatividad de individuos marginados, el testimonio revolucionario también maneja esa intencionalidad de emancipación de modo enfático, aunque presuponiendo que su testimoniante se encuentra comprometido afirmativamente con la Revolución, y considerando que las principales reivindicaciones de los sujetos marginados estaban siendo cumplidas.

Avatares críticos del testimonio

¿Cómo la crítica de la revista cubana lee la irrupción del testimonio? En primer lugar, con desconcierto:

> De los distintos géneros literarios la crónica es el más apto para la Revolución. La simple enumeración de los acontecimientos por los testigos presenciales no necesita fundamentalmente de una verdadera imaginación, más bien lo importante es que el narrador sepa hacernos sentir de nuevo, tal y como ocurrió, los acontecimientos en los que participó como actor o espectador.
> Una buena crónica necesita entonces de dos condiciones, una es estar bien narrada, y otra narrar sucesos interesantes, mantener el interés. Una crónica donde no sucede nada, es una crónica pero sin lectores.
> [...] *Rumbo al Escambray* nos cuenta todo eso, y como lo hace sencillamente, la emoción de la aventura, la fuerza de los ideales se trasmite al lector. ¿Será eso la literatura revolucionaria? (Masó 1960: 92-93)

La pregunta plantea la cuestión de cómo leer, calificar, clasificar o definir la irrupción de lo real revolucionario en el espacio letrado. Esta duda ante una forma narrativa (la crónica), que estaba asociada al periódico, crea un desconcierto teórico-crítico y provoca además nuevas interrogantes: ¿cómo conciliar en el texto los valores políticos y los literarios? ¿Es necesario conciliarlos? ¿Qué será lo literario a partir de ese momento? El reseñista escribe desde una perspectiva en la que «literatura» y «política» se encuentran separadas, y la Revolución aparece como aquello que no necesita de la imaginación –ella es acción, transformación constante; parece inapresable, inscrita en una temporalidad vertiginosa que dispensa el tiempo de la ficción. Lo literario aquí se ve asociado a una cronología estética y política ligada a los rasgos ficcionales del pasado; esto es, lo específicamente literario sería una continuidad de las formas discursivas preexistentes. La Revolución parece quebrar esa continuidad para establecer un nuevo contrato estético con lo real. La duda sobre cómo caracterizar la literatura revolucionaria no proviene sólo de la sorpresa que depara tener que leer como literario algo que hasta entonces no había sido pensado como tal, sino que surge también de un rechazo al cambio.

En segundo lugar, la ruptura que introduce el testimonio es vista con desconfianza. En la reseña de *Maestra Voluntaria*, de la alfabetizadora Daura Olema (Premio Casa 1962), nuevamente aparece la insatisfacción sobre el modo en que lo documental invade lo literario, al sugerir que los valores que están siendo estipulados no son precisamente estéticos. El premio de novela otorgado a *Maestra Voluntaria* –«que ni es novela ni relato, sino un reportaje de escasa calidad literaria», al decir de López Valdizón (1962: 55)– plantea una reformulación de los espacios de legitimación literaria, pues el lugar de la novela es ocupado por un libro que no es ficción y que desde el punto de vista del lenguaje es considerado una obra insuficiente. El reseñista duda incluso de la posibilidad de que se trate de un documento, según había afirmado Onelio Jorge Cardoso en la nota de solapa: «arrancó las páginas de esta obra de su diario de vida». No obstante, el elemento autobiográfico (el uso de la primera persona y la perspectiva intimista) se perfila aquí como señal de un movimiento hacia lo testimonial.

A pesar de la resistencia con que estas críticas parecen encarar la entrada del testimonio al ámbito letrado institucional, enseguida la Revolución se convierte en el soporte real a partir del cual teorizar y defender un modo de lectura socio-histórico opuesto al formalismo. Por eso la sociología de la novela es el método que privilegiará la revista. Y por eso, también, es que la revista instituye el discurso sobre el cambio (histórico, político, social, cultural) que se expande por todos los géneros literarios, pero en especial a través de las formas contaminantes del testimonio. Es como si lo estético obstaculizase el acceso a «la verdad» y a «lo real», entendidos como aquello que se encuentra en la margen opuesta a la ficción. Por eso la breve nota de Fausto Masó es tan importante, pues plantea la cuestión del testimonio como género disruptor y como género de fronteras. Adelanta, como se ve enseguida en la reseña al libro de Daura Olema, que la tentativa de leer lo testimonial desde lo literario ocurrirá sobre la base de las contradicciones. Existe, por otro lado, una relación agónica entre el discurso de la crítica, que solamente sabe leer a través de lo estético, y el discurso de los nuevos protagonistas del cambio, que hablan o escriben desde lo real. Las transformaciones revolucionarias han sido tan profundas que la realidad parece superar otros lenguajes. Ella es su propio símbolo, su propia metáfora; parece no necesitar de ningún recurso para ser legítima. Pero lo que más le interesa mostrar a la Revolución es el cambio en la subjetividad, en la ideología, su poder progresista de transformación de la conciencia.

Los textos en que la revista destaca lo documental como valor literario (testimonios, entrevistas, interrogatorios, declaraciones, memorias, crónicas, reportajes, diarios) se encuentran inscritos en una transversalidad genérica, son puntos de partida para la configuración del testimonio como género, pues son formas que visualizan, exponen, destacan la epifanía y el cambio social; son formas limítrofes, instauran una nueva economía de lo literario. Utilizan un lenguaje transparente justamente para despojarlo de su carácter simbólico. Lo literario es encarado como una limitante para la escritura de la memoria revolucionaria. Al mismo tiempo que la palabra es implementada en su total sencillez, esa sencillez es magnificada. Frases como «estar claro» incorporan al testimonio, a través del habla popular, el código ético que circula entre los nuevos sujetos del cambio. «Estar claro»: identificarse con la Revolución, ser confiable, transparente; tener una nueva lucidez; un modo diferente de ser, de actuar. «Estar claro»: definirse políticamente en sentido afirmativo.

El contexto teórico en que surge la preocupación por la manera en que el testimonio ocupa el espacio letrado está marcado por una ardua polémica entre formalismo y realismo, entre compromiso político y libertad de creación. Sus mejores momentos quedaron registrados en la discusión entre Juan Goytisolo y Alain Robbe-Grillet que aparece en el número de *Casa* dedicado a la nueva novela latinoamericana, y en la conferencia de Italo Calvino «El hecho histórico y la imaginación en la novela» (Calvino 1964). Calvino establece un paralelo entre la situación de la novela italiana y la cubana, entre las preocupaciones y los temas de los jóvenes escritores italianos de entonces y los cubanos. Se trata de un texto clave para entender la relación de inmanencia que él parece identificar entre el hecho histórico y las formas testimoniales, no sólo por lo que este tipo de literatura significa para la historia, sino también porque propone una especie de cartilla para no cometer errores, al situarse principalmente contra los propósitos «pedagógicos y conmemorativos». Para Calvino, la narrativa documental es la que mejor se ajusta a la experiencia revolucionaria, y considera que la conjunción de condiciones literarias, ideológicas y humanas en una época de grandes acontecimientos es un factor para la emergencia del testimonio. Plantea también la preocupación por «el problema de la identificación con la realidad objetiva»; esto es, la Revolución necesita forjarse una identidad, una imagen en la cual

reconocerse, crearse una memoria; ingresar en la historia a través de
la palabra, del documento: «Durante veinte años el fascismo había
impedido toda imagen de la realidad que no fuese retórica» (1964:
157). Y también:

> En cierto momento se comprendió que si lo que se quería era conocer
> la sociedad, la novela y el cuento no eran ya los medios más eficaces. Así
> comenzó la fase de los testimonios de vida recogidos directamente y de
> viva voz entre los pobres, los campesinos, los pastores, los desocupados,
> los bandidos. La intervención del literato se limitaba a recoger y editar,
> y pudo verse que, cuanto menor era esa intervención, mayor era el valor
> del testimonio (Calvino 1964: 157).

Así, el nacimiento latinoamericano del testimonio revolucionario
tuvo lugar dentro de una discusión que había sido trasladada desde
Europa hacia el espacio cubano, donde nuevamente los escritores que
se debatían entre los fantasmas y las contradicciones ideoestéticas
de la posguerra entraron en un nuevo escenario sobre el cual poner
a prueba (y confirmar) sus propias hipótesis y sus propias experiencias. Cuando Calvino encierra su conferencia haciendo alusión a la
literatura fantástica y defendiéndola tanto como a la realista está
también tratando de zanjar discusiones y preocupaciones que surgían,
dentro de Cuba, de la inminencia con que determinados sectores de
la burocracia cultural se disponían a instaurar el modelo literario
del realismo a lo soviético. Las transformaciones del sistema político
autorizaban la preeminencia del modelo realista, y automáticamente
parecían desplazar otras corrientes, como la fantástica[8].

Sin embargo, aceptar el testimonio como forma literaria favorecida
por el contexto, reconocer su centralidad y su relación simétrica con la

---

[8] Esto remitía a la recepción de la literatura de Borges, a la de Cortázar.
Después veremos que Cortázar también entra en la discusión para defender
teóricamente la libertad de creación en su artículo «Diez aspectos del cuento».

institucionalidad implicaba para los escritores asumir el rebajamiento de su función crítica y de sus modos de contribuir literariamente con la Revolución. En «La literatura perseguida por la política», Alain Robbe-Grillet levanta no sólo la bandera de la experimentación, sino también la de la libertad de elección ante las formas narrativas; se resiste a la presión política, a desviarse de lo que él considera su verdadera función, que es la escritura desalienada. Para el autor de *La jalousie*, el escritor

> está comprometido en la medida exacta en que no es libre; y una de las formas particulares –y virulenta– que toma en este momento la restricción de su libertad es, precisamente, esta presión que ejerce la sociedad al tratar de hacerle creer que escribe por o contra ella (que viene a ser lo mismo). Se da allí un caso sumamente interesante de lo que actualmente se ha convenido en llamar alienación (1964: 153).

También desde el punto de vista teórico, los defensores del contenido político en la obra literaria siguen las tesis de la sociología de la novela de Lucien Goldmann. De hecho, el ensayo de Rama que abre este número se inscribe en esa línea sociohistórica, y hasta propugna un modelo literario que no debe plantearse la relación objetivo / subjetivo en términos de antagonismo, sino de equilibrio, pues la novela latinoamericana «siempre aspiró [...] a encontrar una apoyatura probatoria en lo real, que aguzara el género como arma» (1964: 34). A partir de esta afirmación, Rama le crea un pasado político a la novela, al mostrar que «fue arma a lo largo de todo el siglo XIX en modo evidente», y establece un *continuum* ideológico con el presente a través de valores que crean un sentimiento de nacionalidad. Tal interpretación de la novela como memoria del progreso histórico-político es la misma que utilizarán algunos de los reseñistas de testimonios en la revista.

Este número de *Casa* es importante no sólo porque en él aparezcan autores representativos de la novela del continente, sino también porque concentra en sus páginas un momento de intenso debate teórico, en el que las formas literarias institucionalizadas se repliegan, pero también se tensan, ante la emergencia de nuevos modelos: la novela realista se resiste a la novela experimental, y viceversa. Entretanto, las aristas del testimonio van surgiendo –y definiéndose– por entre las formas literarias establecidas. De cierto modo, estos textos culminan una discusión en la que la literatura ya no es perseguida, sino *controlada* por la política. Es aquí donde ocurriría la resistencia crítica de la revista a la modificación de su concepto de lo literario.

Con la llegada de Fernández Retamar a la dirección de *Casa*, la crisis en la lectura de lo documental como resultado del déficit perceptivo de la crítica, que continuó actuando a partir de los registros de lo literario, parece disolverse. A partir de 1965, nuevas reseñas de obras fuertemente documentales adelantan ya el cambio que oficializaría la recepción del género: *Los hijos de Sánchez*, de Oscar Lewis, y *La favela*, de Carolina María de Jesús, se inscriben en este tránsito. El libro de Lewis fue reseñado por Miguel Barnet (1965) y examinado desde una perspectiva etnológica/antropológica que destaca la crítica social latente en esta obra, su valor para el conocimiento y la denuncia de la situación de las clases pobres. Barnet discute la subjetividad del concepto de «cultura de la pobreza», y discrepa de Lewis en que el machismo o el incesto sean elementos estructuradores de dicho concepto, aunque por otro lado reconoce el valor documental del lenguaje de las clases bajas utilizado por el antropólogo; el estilo «llano, directo, nutrido de giros coloquiales tan necesarios para humanizar la literatura», además de la «técnica al estilo *Rashomon*». Su reseña endosa a *Los hijos de Sánchez* una fuerte crítica al enfoque metodológico no marxista empleado por el antropólogo, a partir de lo cual Barnet identifica una transacción ideológica de Lewis con el capital estadounidense[9]. Entretanto, el texto de Víctor Casaus (1965) sobre

---

[9] Véase Barnet 1965. Vale recordar que Lewis visitó la isla en 1968. El 23 de febrero de se año impartió una conferencia en la Casa de las Américas y, según

La favela no registra la importancia de lo documental en un libro que es el diario de vida de una favela de la periferia paulistana. Del diario de la brasileña lo que se valora es el hambre, que es el tema central del libro. En ambas reseñas lo que interesa destacar es el lugar social de los sujetos que emergen –pobres, marginados, desclasados, en lucha constante por la sobrevivencia–, esto es, la crítica social.

Sin embargo, el protagonismo de los sujetos políticamente marginales que esas reseñas adelantan, sólo vendrá a centrarse con la publicación de *Biografía de un cimarrón* (1966) de Miguel Barnet, que enseguida fue reseñada por Manuel Moreno Fraginals (1967). La lectura que realiza el historiador cubano se inscribe en una corriente revisionista de lo histórico-nacionalista, que del pasado legitima apenas la crítica social o la denuncia política, pues son los discursos que se conectan al presente revolucionario. Su lectura destaca el cambio del punto de vista desde el cual se escribe la historia, o sea, es la mirada del subalterno desde lo cotidiano (in)trascendente. La novedad y la sorpresa que causan tanto el testimonio de Esteban Montejo como el libro en sí descuidan en esta lectura la indagación teórica sobre el método utilizado por Barnet, que aparece restringido a las técnicas practicadas por la etnografía. No obstante, además del método, el reseñista propone como valor la fidelidad de los datos y el ajustarse a la verdad, al tiempo que destaca el hecho de que, aun sin pretenderlo, Barnet «haya logrado una de las más acabadas obras literarias cubanas

---

testimonio de su viuda, Ruth M. Lewis, fue invitado por Fidel Castro a realizar una investigación con el mismo método utilizado en sus libros *La Vida* y *Los hijos de Sánchez*. La presencia de Lewis en Cuba fue recogida en las páginas de *Casa* mediante la publicación de dos fragmentos de *La Vida*: «Días con Soledad en Nueva York» (CA 48: 44-61) y «La muerte de Dolores» (CA 57: 60-70). A principios de 1969 Lewis comenzó su trabajo, que fue interrumpido por el gobierno cubano en junio de 1970, receloso del resultado negativo que esta pesquisa podría traer a la imagen de la Revolución. Con la parte de los documentos *que no fueron confiscados*, Ruth M. Lewis publicó *Living the Revolution: An Oral History of Contemporary Cuba* (1977-1978).

de este siglo» (Moreno Fraginals 1967: 136). A pesar de la recepción
calurosa que crítica y público dispensaron al libro, reivindicar la
textura del testimonio no constituía un valor *per se*. Más allá de la
forma y del lenguaje, los temas, los sujetos y los espacios que debían
ser historiados continuaban estableciendo un rango de prioridades.
El criterio modelado por la política cultural, y que sirve como un
guante a la mano que transcribe la voz de los anónimos, es el de la
capacidad de denuncia del régimen de injusticia anterior a 1959.

Con la reseña de *La Revolución del 30 se fue a bolina*[10] de Raúl
Roa, la revista propone una genealogía del testimonio que lo vincula
a una tradición de lucha anterior a 1959, y lo inserta en un *continuum*
sobre el cual sostener la fusión de «vanguardia estética» y «vanguardia política» –términos en los que Roa coloca la discusión sobre la
importancia de los intelectuales en la Revolución antimachadista de
1930–, sino también la función participativa del escritor en el campo
de la política. A través de su autoridad intelectual, percibida aquí
como un don –«el intelectual por su condición de hombre dotado
para ver más hondo y lejanamente que los demás, está obligado a
hacer política»–, Roa reivindica la experiencia política acumulada
en las luchas republicanas como valor que le permite insertarse en el
presente. La reseña de Castañeda señala como antecedentes legítimos
de la narrativa documental pos cincuenta y nueve, «la variante [...]
que puso en boga, en primer término, la Revolución y sus necesidades
inmediatas»; todo un catálogo de textos producidos por los líderes
políticos de la izquierda republicana, como Julio Antonio Mella,
Rubén Martínez Villena y Pablo de la Torriente Brau. En este texto
podemos rastrear también un cierto interés de la revista por integrar
a los patrones del nuevo testimonio el libro de un comunista de la
vieja guardia, lo cual, además de legitimar su visión política, afirma
tanto sus afinidades con la nueva ola documental, como sus parti-

---

[10] Véase Castañeda 1969.

cularidades discursivas, que se encuentran relacionadas al contexto
anterior a 1959:

> La época del treinta generó, como ninguna, formas de expresión que
> conformaron no sólo un ambiente social y político sino que, inclusive,
> le dieron carácter a la literatura; ésta, a más de impregnarse de la época
> tendrá que servir a ella. Es, para buscar definiciones, una literatura,
> en lo esencial, con fines prácticos, que puede enjuiciar críticamente
> porque está definitivamente identificada con las necesidades vitales del
> momento. No es casual, por consiguiente, que la literatura del treinta
> tenga un sentido eminentemente polémico que sugiere un violento
> enfrentamiento ideológico (Castañeda 1969: 125).

Por otro lado, esta cita recorta y valoriza la producción literaria
de los años treinta sobre los mismos criterios que la Revolución había
instituido para que la joven producción testimonial fuese reconocida
en el ámbito cultural. A través de esta genealogía de lucha política
y discusión ideológica, el reseñista también excluye / rivaliza con
una zona «culta» de la literatura –léase Jorge Mañach, aunque se
puede nombrar también a los poetas de la revista *Orígenes*– por su
«apoliticismo que encierra a las vanguardias artísticas en cenáculos
desprovistos de una proyección, o mejor, de una posibilidad de rena-
cimiento revolucionario» (Castañeda 1969: 124). Del mismo modo
que el grupo de *Lunes* había impugnado apasionadamente las poéticas
y las políticas de los origenistas, ahora *Casa*, en lugar de silenciarlos,
dirige la mirada de la crítica y del público hacia los textos donde las
correspondencias entre lenguaje e historia «reflejen» la realidad y realicen sus fines pedagógicos. Estos son los criterios con que se estetizan
los textos de Roa: «porque responde a su época» y «porque el autor
aún está haciendo sentir su tiempo sobre el nuestro» (1969: 126)[11].

---

[11] Raúl Roa integró el primer jurado del género en el Premio Casa de 1970,
junto con los «precursores» Ricardo Pozas y Rodolfo Walsh. Ese mismo año la

Dos canciones para Miguel Barnet

El libro siguiente de Miguel Barnet viola el pacto político vigente entre Literatura y Revolución. La revista dedicó a *Canción de Rachel* un doble espacio, de crítica y desagravio, que lejos de estimular la corrida de los escritores hacia el testimonio, reiteró que dentro del género los únicos objetivos legítimos eran los políticos. Por otro lado, la novela de Barnet plantea una vez más la discusión sobre las fronteras entre realidad y ficción, sobre el peso del testimonio ante la novela. El grado de documentalismo presente en *Canción de Rachel* trae de regreso a las páginas de *Casa* no sólo el desconcierto teórico, sino que también pone de relieve la rigidez de los criterios de excelencia literaria manejados por la crítica. *Canción de Rachel* es considerada «más novela que testimonio de una época» (López 1969: 122). El reproche al exceso de ficción en el interior del testimonio transparenta una fuerte demanda de realidad, entendida como posibilidad concreta de verificar lo narrado. De algún modo se le pide al informante, y también al editor / autor, que los hechos contados, por personales y subjetivos que puedan ser, no dejen de mostrar sus correspondencias con eventos y contextos fácilmente decodificables a través de las nuevas representaciones de lo histórico-político nacional: «Y no es que esperemos un tratado de economía, sino que a cada hecho relatado por el autor corresponde una entrega, por parte de los gobernantes de turno, de una parte de la integridad nacional» (López 1969: 123). El contexto parece ser más importante que la vida contada, que «la vida», a lo Oscar Lewis, en su contexto particular.

La formulación que está en juego en el testimonio de Barnet —mostrar a través de los recuerdos de una artista de variedades la «frustración republicana»— es enfocada por la crítica como una correlación

---

revista reseñó *¿Quién mató a Rosendo?*, de Walsh (López Oliva 1970).

deficitaria entre lo privado y lo público, en la cual la voz predominante es la individual. Es el *ego* de la artista de cabaret, de la diva que a través del recuerdo brilla en su decadencia; es la boca que debería ser silenciada. Su testimonio muestra un lado de la vida republicana en el que lo político no es un modo de lectura privilegiado. Esto, que tanto irrita al reseñista, trae a la superficie el problema de la calidad del sujeto del testimonio: Rachel no encarna un linaje femenino ligado a las guerras de independencia, a la lucha clandestina, a la pérdida y el sufrimiento en la lucha política. A través de la corista, Barnet revive una zona de la memoria histórica ligada a un modo de vida que no se justificaría en la temporalidad revolucionaria. Así, la crítica a la mirada de Barnet sobre la historia republicana se sustenta en una moralidad que reglamenta las zonas del pasado que deben ser activadas. No eran ni la figura de una corista ni el ámbito del teatro los puntos de partida para diseñar una genealogía simbólica, como ocurrió con Esteban Montejo, el esclavo-cimarrón-mambí que sobrevivió al mundo colonial. La *Biografía*, que termina en las primeras décadas de la República, permitía también hacer una lectura pedagógica del pasado, de denuncia de un mundo de injusticia que no alcanzaba el presente. En contraste, la moralidad del revolucionario no podía identificarse –ni siquiera «literariamente»– con el universo del *vaudeville* republicano.

A pesar del éxito previo a *Canción de Rachel*, esta reseña evidencia que una parte de los críticos que comentaron obras enmarcadas en lo documental actuaron como dispositivos de fiscalización y control político:

> Pero cabe preguntarse: ¿por qué Miguel Barnet, autor de la notable *Biografía de un cimarrón*, obra de éxito no sólo en Cuba, lanza esta otra obra llena de simplezas? La respuesta más acertada que encontramos es la siguiente: todo escritor escribe para un público. El público del primer Barnet era, lógicamente, un lector cubano, ansioso de empezar a descubrirse a sí mismo y ser descubierto. La época republicana representaba

también otro filón para explotar con la técnica de la novela testimonio, pero el público lector de Barnet se había ampliado: ya no sólo escribía para un lector cubano, sino con vistas, fundamentalmente, a otro lector. (López 1969: 123)

¿Quién es ese lector innombrable que se convierte en el sujeto del que siempre se habla y nunca aparece? Es el público extranjero, el no-pueblo, que se define por su exclusión del espacio revolucionario, por su localización más allá de las urgencias que la política imponía a los escritores. Así, las acusaciones que pesan sobre Barnet son las de escribir comercialmente y despolitizar el testimonio. El narcisismo revolucionario quiso hacer de la literatura un espejo donde los incluidos en el nuevo sistema fueran los únicos rostros que pudieran contemplarse, *recordar*, para reivindicar un origen rebelde o para celebrar la constatación del cambio. Escribir para el pueblo aquello que la política estatal indicaba como lo que al pueblo le gustaba consumir es la propuesta de esta reseña, que además sugiere que *Canción de Rachel* es «más novela que testimonio» porque Barnet encontró limitaciones de orden práctico para realizar su trabajo según el método etnográfico: «He aquí la diferencia entre Oscar Lewis, el desarrollo de la antropología, y Miguel Barnet, el subdesarrollo, donde, por necesidad, hay que ceder cada vez más campo de la ciencia y entrar en el terreno de la ficción» (López 1969: 123).

La incomprensión crítica, que no proviene tan sólo de la falta de dispositivos de lectura para abordar el significado de los cambios que el empleo del testimonio introdujo en la novela, unida a la manera en que el lenguaje se inclina ante un modo de lectura exclusivamente político, parece responder al patrón de descalificación ideoestética instaurado por las críticas estalinistas de la revista *Verde Olivo*. Recordemos que Leopoldo Ávila, el «enmascarado» del órgano de las Fuerzas Armadas Revolucionarias (FAR), el año anterior había arremetido contra *Condenados de Condado*, libro de cuentos sobre la «caza contra bandidos» en las montañas del Escambray, en la región central de la isla, que había sido premiado por Casa de las Américas, y en el que Norberto Fuentes, tal vez atento a los consejos de Italo Calvino, narraba el costado menos epifánico, sin embargo *verificable*, de la llamada lucha contra bandidos. Con esto, la reprensión al estilo de testimoniar «literariamente», que es la propuesta de «El danzón de Rachel», la reseña de López, se presenta como una revalidación de los márgenes políticos del testimonio.

Negociar la rigidez del punto de vista sobre el libro de Barnet significó para *Casa* corregir la lectura de Ramón López a través de otra reseña, que sólo se justificaría como desagravio. Sin embargo «Canción de Rachel», de Oscar Collazos (1970), también insiste en mostrar que «Rachel no da la medida de la frustración» republicana, tal y como Barnet anunciaba en el prólogo. Perdura así en la revista la idea de que el testimonio debe estar al servicio de la urgencia por garantizar la perennidad de la historia revolucionaria. En conse-cuencia se fortalece una política escritural en la que se explicita la naturaleza de los nexos que ligarían la memoria republicana con el presente. De ahí también la incomodidad con la elección de Barnet: no se trata de la historia, sino de la «subhistoria», de «la identidad de una subcultura que la épica desdeñaría y el drama sería incapaz de apresar cuando suele darse en desgarramiento cerrado» (Collazos 1970: 192). La cuestión del punto de vista, que Moreno Fraginals avanzaba como un acierto en *Biografía de un Cimarrón*, ahora se invierte radicalmente: Rachel simboliza la «subhistoria» en un sen-tido negativo, mientras que Esteban Montejo ha sido colocado en el panteón de la nueva historia. Collazos trata de leer la novela como «la parodia de una mentalidad», adjudicándole a Barnet un gesto irónico y distanciado de su propia escritura. La no percepción por parte de estos críticos de la combinación entre novela y testimonio que Barnet ensaya en *Canción de Rachel* los lleva a concentrarse en la búsqueda no satisfecha de lo histórico-épico en la novela, y a considerar como una falla la intervención excesiva del escritor en la elaboración del testimonio[12].

En contraste con la desconfiada recepción de *Casa* a la novela testimonio de Barnet, hemos visto que sus páginas exhiben una fuerte demanda de testimonios referidos al ámbito de las transformaciones revolucionarias, lo que de algún modo contribuye a que la revista transforme en formulación teórica la constatación de que lo literario se transforma a través de lo político. Existe una urgencia de incluir lo documental en un estatus crítico-literario, una demanda institucionalizada de que el lenguaje de la Revolución sea legitimado por el letrado, y que dentro del concepto de lo literario exista un contenido revolucionario: «Tendría que ser estudiada, como inevitablemente tendrá que ser estudiada en el futuro por esa historia, el fenómeno absolutamente nuevo que hay –como renovación literaria– en los discursos, en los testimonios, en los análisis de los principales dirigentes de la Revolución actual» (Castañeda 1969: 124).

---

[12] Cuando Julio Rodríguez-Luis clasifica la narrativa documental basado en el papel del mediador, *Canción de Rachel* aparece dentro de una categoría que podríamos denominar «mediación a primera vista»: se refiere a textos «en que la mediación del autor resulta a primera vista mucho más extensa, lo cual suelen confirmar las explicaciones que da en su introducción o en otros textos que tratan de su obra [...] abarca desde textos en los que predominan las voces de sus protagonistas, hasta otros en os que es el autor quien habla de ellos [...] el mediador no sólo se oculta, sino que hace explícito su papel central» (Rodríguez-Luis 1997: 46). Recordemos también que como propósito de la novela-testimonio Barnet señalaría el «desentrañamiento de la realidad, tomando los hechos principales, los que más han afectado la sensibilidad de un pueblo y describiéndolos por boca de uno de sus protagonistas más idóneos» (1983: 14).

Transfiguración del héroe

Deseo aprovechar la propuesta hecha por Collazos en la cita anterior para presentar algunas conjeturas sobre el modo en que el héroe guerrillero se autoriza a sí mismo como autor/editor del testimonio, al tiempo que los escritores –que además son «la crítica»– legitiman esta transfiguración por medio de una recepción exageradamente entusiasta. Ante la visibilidad que gana la «producción de realidad» (la *acción*) del guerrillero, el escritor y lo literario pasan a ocupar un lugar subalterno. *Casa* inaugura entonces una política de legitimación del testimonio desde la perspectiva del guerrillero; el hecho de ser él mismo el sujeto de la acción lo convierte en autor *a priori*. Mas primeramente coloquemos estos propósitos entre dos escenas, una que simbólicamente abre los fabulosos años sesenta para los escritores de la isla, y otra que los cierra.

El 1º de mayo de 1960, Virgilio Piñera desfila en la Plaza Cívica junto al equipo de *Lunes* para mostrar a «la misma gente del oficio» que ellos, contestatarios de primera hora, también apoyaban a la Revolución. «¡Cuántas burlas hemos soportado, cuántas directas e indirectas sobre la tan llevada y traída irresponsabilidad del escritor!» (Piñera 1960c: 32), se quejaba el veterano. Aunque el testimonio está escrito en la primera persona del plural, el punto de vista es el de Piñera. La epifanía del presente lo traslada a los recuerdos de infancia, cuando desfilaba en las antiguas fechas patrias, y su madre lo asistía de cerca, con un banquito y con «vituallas» para la ocasión. «Ahora mi madre está en el cementerio, ya hace rato que dejé la infancia y por fin tenemos algo que conservar y defender» –se reconforta. Con esto, Piñera construye su testimonio sobre la ausencia de la madre, la pérdida de un amparo que quiere hacer creer que ha recuperado en el presente rebelde, en la multitud que lo mueve y lo entrega a la Revolución como si lo devolviera a la infancia. Esa carencia se torna constante en la búsqueda de comida para saciar el hambre y la sed que, después de largas horas caminando bajo el sol, la grandeza –y también la gracia– del recuerdo materno parecen estimular. La búsqueda de alimento, que ahora debe realizar por sus propios medios, en la lentitud del desfile, es interrumpida a ratos para mostrar, a modo de pinceladas, el espíritu de unidad, la solidaridad y el apoyo del pueblo al nuevo gobierno. Piñera explicita aquí su esfuerzo por mostrar al intelectual unido y fundido con la masa verde olivo: «Precisamente nos irritaba esa diferenciación de que se nos hacía objeto como si fuéramos habitantes de otro planeta», concluye.

En otra escena, Heberto Padilla perora ante sus colegas de la UNEAC. Es el día de la famosa autocrítica, que se transformó en una repugnante impugnación estatal del intelectual, en una exhortación oficial a la aceptación colectiva de la culpa:

Se me dirá que el año pasado nos fuimos a la Zafra de los Diez Millones. Y responderé que sí, que fuimos. ¿Muchos? ¡No! Un número reducidísimo de escritores. Además, ¿en qué condiciones fuimos? Fue un plan de la COR nacional[13] y de la Unión de escritores y artistas de Cuba. ¿Qué se nos exigía? Convivir con nuestros campesinos y con nuestros trabajadores. No estábamos obligados ni a trabajar, ni a cortar caña, ni a escribir una línea; no estábamos obligados a nada, era un problema de conciencia personal. Tanto fue así, que regresaron muchos y nadie les ha pedido explicaciones de aquello.

Y yo diría que ese fue uno de los esfuerzos más generosos que la Revolución ha realizado para acercar a nuestros escritores a la realidad viva de nuestro pueblo. Y diré, sin embargo, que fue la respuesta más triste que nuestros escritores dieron a esa generosa iniciativa. ¿Cuántos

---

[13] COR: Comisión de Orientación Revolucionaria, antecedente del actual Departamento de Orientación Revolucionaria (DOR), entidad subordinada a la Secretaría Ideológica del Buró Político del Partido Comunista de Cuba. Fue creado a mediados de la década de 1960, y desde entonces hasta hoy se encarga de las labores de propaganda e ideologema. También diseña y ejecuta la política oficial para los medios de comunicación.

escritores fueron? Poquísimos. ¿Cuántos resistieron, estuvieron hasta el final de una zafra en la que no tenían que cortar caña ni escribir? ¿Cuántos se preocuparon por vivir las experiencias de nuestro pueblo? Ninguno, muy pocos, ¡muy pocos! Los más regresaron a los quince días, ninguno estuvo hasta el final, ¡ninguno! (Padilla 1971: 194)

El estilo tribunicio, de sermón, que el poeta adopta en su discurso, viene acompañado de una gestualidad que podemos intuir a través de los símbolos gráficos, generosos en exclamaciones e interrogaciones. Entre la indignación y el lamento, sus palabras son mucho más que el cierre de una etapa en la vida política de la izquierda literaria: son las máscaras con que dentro de Cuba claudicó toda una generación.

Entre un momento y otro, ¿qué ha cambiado para los escritores cubanos? ¿Por qué uno reivindica un lugar (formal) dentro de la Revolución, mientras que el otro habla de ese lugar como quien lo sabe irremediablemente perdido, porque está «fuera del juego»? ¿Qué distancia hay entre el escritor que se esfuerza por mostrar como natural el gesto nada simbólico de darse un baño de realidad, de sumergirse en el mar revolucionado de los desposeídos, y el escritor que improvisa una retórica autopunitiva como denuncia (y renuncia) de las insuficiencias del intelectual a secas, ante el deber de ser un intelectual comprometido con la Revolución? ¿Qué conflicto ingresa el cambio revolucionario a la relación de los intelectuales con la política? Aunque no pretendo responder a todas las preguntas que suscita la cita de Piñera, vale exponerlas para sugerir el modo transparente en que a través de esas declaraciones se puede volver sobre los estragos de la política cultural sesentista en la historia intelectual cubana.

Piñera escribe un testimonio, Padilla improvisa un discurso que es filmado, grabado, transcrito, mediado por la intervención de editores y dirigentes partidistas. Una vez más lo documental aparece como la forma en que la revista visualiza el escenario de las afirmaciones y, también, de las confrontaciones. Una vez más el testimonio es enunciado como meta política del escritor. «¿Cuántos se preocuparon por vivir las experiencias de nuestro pueblo?», pregunta Padilla, en apariencia preocupado con el «baño de realidad» que él ya había tomado, junto a Piñera, el 1º de mayo de 1960 camino de la Plaza.

Con el caso Padilla, la tesis guevarista sobre el pecado original de los intelectuales alcanzó la forma de la profecía; si antes se había presentado bajo el signo familiar de la advertencia, ahora parecía probarle a la clase política que la imposibilidad del intelectual de ser «verdaderamente revolucionario» era irreversible. Por eso, entremos ahora en una oficina del Ministerio de Industrias, donde el Comandante Guevara recibe a su compatriota, la ensayista argentina María Rosa Oliver:

> Como estoy en La Habana invitada para actuar de jurado en un concurso literario, [Guevara] pasa a comentar lo malas que suelen ser las novelas con temas de la reciente Revolución que considera falsas, estereotipadas y basadas en una errada tendencia didáctica que hace pasar por alto hechos dignos de ser contados. A ese propósito me relata con tal vivacidad, color y humorismo un episodio de la entrada de las fuerzas guerrilleras en la capital, que demuestro mi asombro de que él no lo haya escrito. «No tengo tiempo. Y si dispongo de tiempo hay que escribir sobre táctica... Le regalo el relato: escríbalo usted. (Oliver 1968: 92)

La crítica del Che a las literaturas de la política contrasta con el estímulo que éstas reciben de las instituciones culturales, y al mismo tiempo presenta la cuestión de la autenticidad del testimonio, la posibilidad de relatar a partir de la experiencia personal, lo cual desvía la mirada hacia «hechos dignos de ser contados» tan sólo por aquellos que los conocen por experiencia propia. Este déficit del escritor que escribe sobre la lucha revolucionaria sin haberla vivido desde la acción parece funcionar como la lógica implícita en el examen de Guevara, que se apresura a obsequiar a su compatriota con un ejemplar de *Pasa-*

jes de la guerra revolucionaria. Desde el interior del testimonio escrito
por María Rosa Oliver vemos al Che invitándola a leer y comentar
su vivencia, narrada en los *Pasajes*. Además de obsequiarle éstos, ya
escritos, también le ofrece, a través del relato oral, una anécdota de la
entrada de los rebeldes en La Habana; con lo cual Guevara introduce
un estilo performático de presentar lo testimonial, mientras que el
recuerdo de la Oliver desdobla el modo en que el héroe se propone
como una nueva clase de autor que para crear no necesita de la imaginación. El gesto de cederle a su compatriota los «derechos autorales»
de su narración oral, y la justificativa imperiosa de que primero es
necesario teorizar sobre la guerrilla, avisa de que, para el dirigente
guerrillero, escribir sin una finalidad de transformación concreta no
constituye una urgencia; sin embargo, a la crítica a la baja calidad de
las obras de tema revolucionario inmediatamente le opone el auténtico
testimonio, el del testigo.

La narración de María Rosa Oliver, donde Guevara se presenta a sí
mismo como *verdadero* autor del testimonio —esto es: testigo, narrador y agente político— encuentra sus correspondencias en «Apuntes
para el Che escritor», de Graziella Pogolotti (CA 46: 152-154). Pogolotti trabaja con una noción de escritor que se basa en cualidades
humanas, políticas, y en bases documentales, no en textos literarios.
Esta reseña, que junto con los recuerdos de la Oliver integra el número
de homenaje al Che con motivo de su muerte, fuerza la entrada
del héroe guerrillero a una ciudad letrada que no consigue realizar
estéticamente el testimonio revolucionario[14]. Pogolotti propone *la
acción* como nexo que vincula a Guevara con una tradición letrada
y revolucionaria decimonónica, cuyo mayor símbolo es José Martí.
Al unirlos a través de la idea de que el pensamiento está en la acción,
la autora justifica que la práctica es lo que le da valor a la obra, a la

---

[14]	César Leante también publicó un comentario sobre «Los pasajes del Che»,
en *Casa de las Américas* 46, enero-febrero de 1968: 155-160.

palabra; su valor en tanto escritor se lo da el hecho de ser un revolucionario que llevó hasta sus últimas consecuencias la experiencia de la lucha armada. El modelo del escritor comprometido con la Revolución, tomado del ejemplo enardecido de la vida y la muerte del Che Guevara, requiere que el escritor construya su valor literario a partir de sus vivencias en la gesta revolucionaria.

Pogolotti no escatima elogios a la prosa y al pensamiento guevarista; convierte la escritura del héroe en modelo literario, al tiempo que las frases «bonitas» o «perfectas» (lo estético) se tornan secundarias. Como si los jefes guerrilleros se hubieran convertido en los verdaderos escritores de la Revolución, como si sólo ellos, por haber sido testigos, tuvieran la autoridad y la capacidad de escribir la nueva literatura; como si usurparan el lugar del escritor, y al escritor le restara apenas la función de receptor por medio de la crítica afirmativa. Los hechos narrados son siempre más importantes que el lenguaje, sin embargo, el modo de leer el testimonio sigue siendo, para esta crítica, un modo marcado por lo literario. Así, propone un «indispensable estudio sobre el estilo literario de Ernesto Guevara», y afirma a continuación: «Quiso emplear siempre la palabra justa, o mejor, la palabra necesaria. Supo hacerlo con voz propia, que lo convirtió en uno de los mejores prosistas de nuestra lengua. Sin oropel, sin innecesaria adjetivación, carne y espíritu, palabra y acción, verbo y pensamiento forman una sola cosa, están íntimamente unidos» (Pogolotti 1968: 152).

Recordemos aquí que este modelo de escritor-guerrillero fue publicitado por la revista a través de otras figuras latinoamericanas, como los peruanos Javier Heraud y Luis de la Puente Uceda, o el sacerdote colombiano Camilo Torres, muertos en la guerrilla. Roque Dalton, entonces un sobreviviente, aparece como el heredero de una concepción del héroe-escritor que la propia revista ya había promovido. En el número dedicado a la «Situación del escritor en América Latina», el poeta presenta un testimonio que lo perfila como *enfant terrible* de la literatura comprometida, como modelo integral de escritor y revolucionario. Roque Dalton narra el día del interrogatorio con un alto oficial de la CIA que lo anima a delatar a sus compañeros de militancia y a entregar información sobre los intelectuales cubanos, en especial sobre Casa de las Américas y los latinoamericanos que colaboraban con ella. La recompensa prometida por el oficial no podía parecerse más al estilo de vida de los escritores patrocinados por instituciones norteamericanas: becas, puestos de prestigio en centros académicos, publicaciones. Ahora bien, ¿cuál es la función de este testimonio en un número que exige de los escritores un posicionamiento político lo más transparente posible, como lo demuestra el hecho de que muchos de ellos, incluyendo a Julio Cortázar, opten por el género epistolar para comunicarse con la revista? Su encierro, su condición de escritor y militante revolucionario, el celo con que guarda las informaciones que la CIA codicia, ya explicitan su «situación». Durante el interrogatorio, Dalton no sólo se bebe el whisky del agente norteamericano, sino que además no le revela ninguna información comprometedora. Su silencio ante las preguntas sobre sus amigos cubanos, al punto de arriesgar la vida, valorizan tremendamente su postura de lealtad ante Casa y la Revolución cubana. Su testimonio actúa como prueba documental de los métodos utilizados por la CIA para obtener información, al tiempo que prueba que la situación del intelectual en América Latina es de riesgo y de compromiso permanente con la Revolución[15].

---

[15] Véase Dalton 1967. También Enrique Oltusky publicó un par de testimonios en la revista, uno de los cuales, «Gente del llano» (CA 40: 49-58), narra su primer encuentro con el Che, en las montañas de la Sierra del Escambray, en la región central de Cuba, y alude a las tensiones entre los líderes guerrilleros de la Sierra Maestra, en el Oriente del país, y los miembros de otras organizaciones revolucionarias que, desde las zonas urbanas, apoyaron el avance de las tropas insurgentes. Enrique Oltusky ocupaba el cargo de coordinador del Movimiento 26 de Julio en la antigua provincia de Santa Clara.

A medida que lo documental va ocupando el espacio de la revista y el héroe instalándose como paradigma, la ficción va perdiendo representatividad en cuanto al modo «correcto» de abordar lo histórico-político. Con esto la revista propone la narración del héroe sobre una fase de la vida pública de la Revolución como exclusiva y legítima, al tiempo que la sitúa en el mismo nivel de los discursos y lenguajes reconocidos por la institución literaria. Pero, ¿por qué lo ven enseguida como un género? El testimonio triunfa como género porque es un medio de propaganda política, y el objetivo es probar mediante la escritura (el registro de la verdad) el éxito del proyecto cubano. Al ser institucionalizado como género de la Revolución, es como si ésta fuera la creadora del género, lo cual parece reforzarse con la inclusión de sus líderes en la categoría «autor». El testimonio se instaura así como contribución «literaria» de lo político; su concepción se localiza en el código ético del discurso guerrillero, en el compromiso moral con la verdad, tal y como Guevara lo concibiera en su prólogo a los *Pasajes de la guerra revolucionaria* (el polo testimonial), que parecía no encontrar sus correspondencias en las literaturas de la política[16] (el polo novelesco):

> Sólo pedimos que sea estrictamente veraz el narrador; que nunca para aclarar una posición personal o magnificarla o para simular haber estado en algún lugar, diga algo incorrecto. Pedimos que, después de escribir algunas cuartillas en la forma en que cada uno pueda, según su educación y su disposición, haga una autocrítica lo más seria posible para quitar de allí toda palabra que no se refiera a un hecho estrictamente cierto o de cuya certeza no tenga el autor plena seguridad. (Guevara 1968: 113)

---

[16] Aunque no menciona ningún título o autor en específico, algunas de las novelas con temática revolucionaria publicadas durante los años en los que vivió en Cuba fueron comentadas, o fragmentos suyos publicados, en *Casa de las Américas*.

El texto del Che formaliza e instituye un pacto testimonial que garantiza la veracidad de los hechos. A pesar de estar institucionalizado, ni siquiera él le reconoce su valor en manos de los escritores. Tampoco es extraño que el hombre que escribió sobre el «pecado original» critique el desempeño narrativo de los letrados y funde un paradigma ético-guerrillero que sitúa a la ficción dentro del campo de valores del testimonio. Sin embargo, tras el código disciplinario con que el nuevo autor reglamenta su práctica se escucha, en palabras de María Rosa Oliver, el habla del terrateniente argentino:

> Diré también, para ser justa, que estos días me hallé sumida de manera inesperada en esa prosa inconfundiblemente característica de ciertos, de contadísimos argentinos nacidos en hogares terratenientes, al leer los *Pasajes de la Guerra Revolucionaria* de Ernesto Che Guevara. Espero que él, que ha contribuido tan magníficamente a la Revolución que entrega la tierra a quienes la trabajan, me perdonará lo de «terrateniente». (Oliver 1964: 9)

Si bien durante los primeros años de la revista lo documental fue leído con desconcierto, llegó a ocupar el espacio textual de modo totalizador, en especial cuando se trató de publicitar las grandes fechas del nuevo calendario. En cuanto institución, la Revolución cubana sería también «autora» del testimonio revolucionario, ya que fue a partir de un hecho histórico que los líderes políticos diseñaron las directrices dentro de las cuales funciona hasta hoy la producción intelectual. Recordemos una vez más que la Revolución fundó la Casa de las Américas para promover la escritura de / sobre la gesta guerrillera, y por tanto el papel de su revista no podía ser otro que el de publicitar al máximo los grandes cambios.

Literatura cubana para
casa y para el mundo

Cuba: nueva novela y poética revolucionaria

El recorte de la nueva literatura cubana se hizo con obras engave-
tadas por falta de editores –esto es, con obras escritas antes de 1959–
o con otras recientes, preparadas por sus autores «en el tiempo que
les dejaba libre sus actividades en el proceso revolucionario». Como
el guerrillero en campaña, que en el descanso después de la batalla
inscribe sobre un cuaderno su memoria heroica, en la nueva literatura
el escritor es también el ciudadano que al final de su trabajo cotidiano
se toma un descanso para registrar, con saludable agotamiento, la
construcción de la nueva sociedad: la prioridad del escritor no es la
obra literaria individual sino la obra colectiva de la Revolución. El
número 22-23 de la revista *Casa*, de enero-marzo de 1964 y dedicado a la «Nueva literatura cubana», privilegió los textos que hacen
referencia a los años de la clandestinidad y de la caída de la dictadura
de Fulgencio Batista, esto es, el ámbito estrictamente histórico de la
Revolución, en el cual personajes en conflicto de clase deben enfrentar
su pasado burgués a los nuevos valores revolucionarios.

La tentativa de hacer un balance de la producción literaria de
los jóvenes escritores apenas cinco años después puede resultar algo
precipitada, pero descubre la preocupación por formalizar, a través de
la escritura literaria, las transformaciones políticas y sociales. Por otro
lado, este balance se justifica por el número significativo de nuevos

títulos publicados durante esos años, en particular los que narran el último año de la antigua dictadura y los primeros de la Revolución. Comentaré, en primer lugar, la nota editorial que encabeza dicho número y en cuyos tres primeros párrafos se lee:

> Este número intenta poner un poco de orden en la nueva literatura cubana. Es desde luego, un orden provisional, sujeto a los cambios futuros de la obra de cada escritor.
>
> A partir del triunfo de la Revolución empezaron a publicar los jóvenes autores. Unos, las obras que habían tenido que mantener engavetadas por falta de editores; otras, las que fueron escribiendo sobre la marcha, en el tiempo que les dejaba libre sus actividades en el proceso revolucionario.
>
> Hoy, cinco años después, es posible hablar de un nuevo movimiento literario en nuestro país. ¿En qué se distingue esta generación de las anteriores? ¿Cuál es su posición ante la literatura? ¿Qué influencia ha tenido en ellos la Revolución? Este número responde, en parte, a esas interrogantes.

Y responde no sólo verificando la concurrencia de los mismos temas en los diferentes géneros, sino también con una idéntica mirada desde el interior mismo de la Revolución, a la que se toma como marco histórico y como inicio de un nuevo período para las letras; escinde una zona de lo literario en un *antes,* no logrado, y un *después* cuyos valores estéticos se encuentran depositados en la luminosidad de un futuro que cada escritor habrá de alcanzar con su propio esfuerzo político.

«Poner un poco de orden», dice el editorial. Desde la autoridad crítica que emana de su condición de publicista oficial de la Revolución ante todo un continente, la revista selecciona autores y obras que absorben en su lenguaje y en sus formas el gran momento de la epifanía. Resulta fácilmente comprobable a través de la poesía, que canta a los héroes caídos, y al gran instante de la integración social.

El poema de Fayad Jamís «El ómnibus y la ciudad» podría leerse como la metáfora de la Revolución en marcha, en cuyo interior (un espacio cerrado, la isla) viajan individuos de todas las edades y clases sociales, mientras discuten y observan a través de las ventanillas la transformación de los valores religiosos, políticos y sociales del paisaje urbano y humano. La vía pública es el lugar donde el pueblo interactúa, y desde el cual los pasajeros del ómnibus poético de Fayad Jamís observan los cambios y las contradicciones; es el espacio público, pero también el pórtico de acceso a los temarios que la epifanía revolucionaria ofrece a la literatura. Los títulos de los poemas de Pablo Armando Fernández, así como su contenido, muestran esta incorporación de lo histórico como valor al texto poético: «Epifanía» –sobre la Revolución cubana–; «Josué» –el héroe revolucionario muerto en la guerrilla urbana–; «Veintiséis del cincuenta y nueve» –sobre el asalto frustrado al Cuartel Moncada en 1953, que dio inicio a una nueva fase en la lucha insurreccional y que seis años más tarde, en 1959, es recordado en el poema de Pablo Armando como la celebración del gran momento de la libertad, que convoca, a través del dolor de la pérdida, a los que cayeron en el combate.

Junto al realismo, la literatura fantástica aparece como depositaria de una preocupación social que la singulariza frente a otras escrituras. Mientras se reivindica la línea social como tradición en las letras cubanas, lo fantástico aparece como el lente que distorsiona la transparencia de la cotidianeidad utópica. «Un verdadero fabulista moderno no puede pedir más: tiene los temas en medio de la calle», comenta el crítico Ambrosio Fornet en su presentación de la joven cuentística nacional. Esta manera de presentar lo fantástico convoca al escritor a suscribir una transparencia que des-semantiza un género caracterizado por camuflar, invertir y desarticular el orden de lo real. La imagen del escritor que la revista da, y que el editorial anuncia, es la del escritor-soldado-de-la-patria-que-avanza-hacia-el-futuro. Ser escritor, se sugiere en el editorial, no es una profesión sino un divertimento, algo superfluo para la Revolución. Sin embargo, en una encuesta publicada en este mismo número, la mayoría de los escritores interpelados prefieren continuar siendo soldados sólo simbólicos y escribir sobre la Revolución antes que convertirse en soldados reales, justamente como aquellos que tentarán situar en sus novelas[1].

La valoración sobre la joven cuentística cubana firmada por Fornet se sustenta sobre una serie de acoplamientos antitéticos: literatura «de ambiente nacional» *versus* literatura «desarraigada»; calidad literaria individual *versus* «calidad de conjunto». Las letras de la nación son igualadas al hogar que protege a la gran familia revolucionaria; el espacio es la casa, y esa casa es la revista que delimita la efervescencia del presente revolucionario del afuera enajenado; es también una sentencia moral, la exclusión de los que dirigen su mirada hacia un afuera que los arranca «de raíz» del adentro revolucionario. Lo que desactiva la eficacia de esta percepción binaria y sociologizante de la literatura es, en primer lugar, el propio material que analiza, y después, la necesidad de exhibir en todo momento la filiación ideológica de los autores. Su posición poética y política dentro del campo intelectual va encaminada a marcar, justamente, la diferencia generacional del antes («cultura oficial») y el después («cultura revolucionaria»), emblematizada, desde la óptica revolucionaria, por la estética del grupo de *Orígenes*. La corrupción, la frustración política y la invasión del mundo del consumo componen el escenario pre-revolucionario ante

---

[1] Los escritores entrevistados son Humberto Arenal, Calvert Casey, Abelardo Piñeiro, Rogelio Llopis, Luis Agüero, Miguel Barnet, Luis Marré, Edmundo Desnoes, Noel Navarro, Lisandro Otero, José Lorenzo Fuentes, Roberto Fernández Retamar y Jaime Sarusky. El cuestionario que estos autores responden es: 1) ¿En qué sentido la Revolución ha afectado su concepto de la literatura? 2) ¿Qué significa para usted el realismo? 3) ¿En qué temas ve mayor posibilidad? 4) ¿Cree que en la Revolución se mantiene la lucha de generaciones? 5) ¿Cuál es la función del escritor en la Revolución? 6) ¿Qué relación existe para usted entre la cultura cubana y la del resto de los países de Latinoamérica? 7) ¿Qué autores de este siglo le interesan más? (CA 22-23: 139-149).

el cual la literatura se repliega, mientras *Orígenes* trata de recentrar la cubanidad a través de un eje teleológico. Esta es la escenografía sobre la cual los jóvenes escritores gesticulan contra los origenistas, ya en el «después» revolucionario, y es también el marco que enuncia el surgimiento de una nueva literatura. Para esta nueva crítica, de las generaciones de escritores anteriores a 1959 sobreviven apenas aquellos cuya trayectoria política los aproxima al fulgor revolucionario; de los origenistas, su ejemplo ético, el haber creado una obra trascendente dentro de un contexto político adverso. Se trata de un discurso en el que lo político es utilizado como valor crítico y como *tabula rasa* de lo literario: las valoraciones se centran más en la relación de los escritores con el contexto sociohistórico que con el ideoestético, como si la calidad de la obra literaria dependiera, en primera instancia, de acontecimientos exteriores a su propia constitución.

Como se lee en la cita de la nota editorial, en su tentativa por formalizar este primer lustro de producción literaria en la Cuba revolucionaria *Casa* introduce y legitima los cambios de este «nuevo movimiento literario» a través de tres preguntas que, de antemano, presuponen un consenso ideológico en las respuestas. Tanto en la valoración de Ambrosio Fornet sobre el cuento como en la de José Triana sobre la poesía y en la de Luis Agüero sobre la novela (CA 22-23: 3-10, 34-38 y 60-67, respectivamente), la Revolución aparece como el eje que desplaza lo literario de lo estrictamente estético hacia lo político. La Revolución es la voz a través de la cual se expresan los jóvenes escritores; su registro es, pues, el del ventrílocuo, y sus posibilidades de expresión, que se presentan como ilimitadas, mantienen el saldo de todo un quinquenio en un nivel de notabilísima baja calidad. La selección de textos realizada por estos presentadores incluye principalmente obras de temática revolucionaria. Los capítulos de novela escogidos por Agüero, por ejemplo, funcionan a manera de muestreo de la capacidad de lectura de la circunstancia histórica, que en apenas cinco años los escritores cubanos han desarrollado, y también muestra en qué dirección se ha encaminado esa mirada: el ojo del escritor es la metáfora de un gigantesco panóptico revolucionario que recorta, reseña y reescribe el esfuerzo mancomunado de toda una sociedad camino de la Utopía. Así, los protagonistas de las novelas presentadas son el artista de origen humilde que antes de 1959 trata de abrirse camino «en un mundo que lo niega»; el escritor de origen burgués inmerso en la lucha revolucionaria; los obreros que luchan por sus reivindicaciones; el burgués decadente.

Este número dedicado a la nueva literatura cubana es, en definitiva, el registro de una transacción simbólica: la Revolución es el gran mecenas de cualquier zona del arte y de la literatura que le construya una imagen de verdad, heroísmo y justicia; el escritor habrá de convertirse en algo más que soldado de las letras, y en el terreno de las ideas habrá de combatir contra los detractores políticos y estéticos del discurso literario revolucionado.

La biblioteca insular de *Mundo Nuevo*

Cuando se afirma que *Mundo Nuevo* es una revista de autores (Mudrovcic 1997), inmediatamente se pensaría no sólo en una lista de nombres ya familiares, sino también en la forma en que esa definición se da en la revista. Por el solo hecho de haber surgido cinco años más tarde, cuando ya el campo intelectual de la izquierda se encontraba consolidado, *Mundo Nuevo* deberá probar que merecía existir o, mejor, coexistir con la hegemonía de la izquierda; para conseguirlo, su único recurso son los escritores que producen la gran literatura del momento. Desde el punto de vista político no puede competir con la izquierda, que había creado un lenguaje de dominio internacional, lleno de símbolos consagrados. Esta euforia de la retórica política, esta fascinación con los temas de la realidad revolucionaria le dejaron libre el camino para controlar entonces otro tipo de discurso, en el que América Latina no está hecha de bravos gestos, sino de palabras. Ante la iridiscencia de los conflictos políticos, la ficción aparece para presentar una herencia, una conciencia, un conocimiento y un lugar conquistado.

Buena parte de la inserción de la literatura cubana en la transformación del canon literario latinoamericano de la década del sesenta viene garantizada por el recorte que Rodríguez Monegal realiza en *Mundo Nuevo*, al seguir una política editorial centrada en la presentación, evaluación y promoción de las figuras y obras más representativas de la nueva novela, siempre que estuviesen dispuestos a colaborar con una empresa que, desde sus inicios, había sido estigmatizada por sus vínculos institucionales. En la polémica correspondencia intercambiada con Fernández Retamar, el director de *Mundo Nuevo* había expresado al cubano el propósito de incluir colaboraciones de la isla[2]. Su mayor interés literario se encontraba en la narrativa, en obras y autores afines con el lenguaje de renovación que la revista promovería durante sus primeros dos años. A partir de 1968, la correlación de fuerzas que hasta entonces había favorecido la política cultural de la Revolución, principalmente con la participación multitudinaria de los intelectuales en el Congreso Cultural de La Habana, comienza a modificarse después que los conflictos de algunos escritores cubanos con el poder político repercuten en el ámbito internacional, modificando tanto el discurso de *Casa* como el de *Mundo Nuevo*, así como la imagen literaria anteriormente construida por Rodríguez Monegal. Las tensiones ideológicas de la guerra fría cultural, entre los intelectuales comprometidos con la Revolución y los intelectuales liberales, son el escenario que en gran medida motivó la presencia de los escritores cubanos en la revista del ILARI.

A diferencia de los argentinos, uruguayos o colombianos, los cubanos exiliados no habían optado por el exilio temporal, sino que se

---

[2] Carta de ERM a RFR, 29 de diciembre de 1965.

encontraban frente a la imposibilidad de regresar al país cuando lo desearan y dialogar con los escritores radicados en la isla. El hecho de no participar en la construcción del socialismo y de no colocar la escritura al servicio de la Revolución los había transformado en «agentes del enemigo», remunerados por el «oro del imperio», según la jerga panfletaria al uso. Desacreditados desde el punto de vista político, los cubanos exiliados encuentran en *Mundo Nuevo* un espacio a través del cual tornarse visibles internacionalmente, acogiéndose a la plataforma de la centralidad literaria y de la asepsia política.

Resulta ilustrativa, como referencia del enfoque crítico que *Mundo Nuevo* privilegia, la presentación internacional de Severo Sarduy cuando el cubano era un autor prácticamente inédito y desconocido por la crítica y el público, tanto en Europa como en América Latina. En el segundo número de *Mundo Nuevo* (agosto de 1966) se publica la entrevista «Las estructuras de la narración», y en el número 5 (noviembre de 1966) un fragmento de la novela *De donde son los cantantes*. Para *Mundo Nuevo*, más que una apuesta editorial, se trata de la defensa de un modelo estético totalmente opuesto a la tentativa cubana de crear en las narraciones una poética revolucionaria. Después de este adelanto, la novela de Sarduy aparecerá publicada en 1967 por Joaquín Mortiz, de México, en un momento en que los escritores cubanos producen obras de alabanza a la Revolución en un estilo realista. La cubanidad de Sarduy es desautorizada por *Casa*, que lo acusa de afrancesado. Sin embargo, en *De donde son los cantantes* la escritura es más bien una reescritura de lo nacional que subvierte el lenguaje mediante el uso de las influencias foráneas, como el *nouveau roman*. Dentro de Cuba, la política cultural oficial quiere que el arte sirva a la realidad como una copia, que abandone su función crítica en el presente y supedite la libertad de creación a la independencia política frente a los Estados Unidos.

Mediante la parodia, Sarduy reescribe el momento en que Cuba marca su presencia en el contexto político internacional. Se trata de un momento de consagración histórica que la literatura recoge de dos maneras: de un lado reproduciendo de forma maniquea la realidad, con sus personajes positivos y negativos, en conflicto con lo social o lo político; de otro, metafóricamente, incorporando los aconteci-mientos políticos e históricos a la escritura de ficción, sin rebajar la calidad estética ni subordinar la libertad de creación a la necesidad del compromiso manifiesto. *De donde son los cantantes* funciona a manera de catauro de cubanismos y recupera un lenguaje popular que ante la fuerza de la propaganda política se hacía invisible. En el nivel discursivo contrasta con la palabra panfletaria, cuya hegemonía se extendía más allá de las fronteras de la política local para ganar fuerza y espacios de consagración en el movimiento de aproximación entre los intelectuales de izquierda y el poder. El lenguaje de Sarduy inserta lo nacional en lo cosmopolita; recoge la tradición ibérica y la africana y les suma otra, hasta entonces poco explorada en la narra-tiva: la influencia china, cuya presencia en la cultura cubana es uno de los cordones umbilicales del modelo genealógico ofrecido por Sarduy. Justamente, el fragmento publicado por *Mundo Nuevo* es «Junto al río de cenizas de rosa», el capítulo que integra la presencia oriental a la cubanidad. De cierta manera, *De donde son los cantantes* niega los antagonismos ideológicos que *Casa de las Américas* avizoraba en el enfrentamiento entre lo nacional visto como raíz, y lo foráneo, visto como desarraigo. Sarduy escribe desde el exilio parisino, que desde el siglo XIX había sido para América Latina el lugar de recuperación de lo autonómico intelectual. Su función, según Pierre Rivas, es el «enraizamiento en el *ethos* nacional» (Rivas 1993: 101)[3].

---

[3] Rivas analiza la cuestión de la emergencia literaria de América Latina en su relación con París, mediante la interacción legitimadora que se da entre ambos espacios —por un lado, París legitima la literatura periférica que quiere romper con la influencia española; por otro, a través de su literatura, América Latina también legitima el espacio centralizador. Esto significa que Sarduy niega en su novela la lectura tradicional sobre qué es el ser nacional, y pone a circular lo local dentro

Sarduy es desautorizado por los críticos cubanos oficiales, que lo acusan de afrancesado por tratar el tema de la identidad utilizando la influencia del *nouveau roman* y del estructuralismo. Sin embargo, en *De donde son los cantantes* la escritura es más bien una reescritura de lo nacional que subvierte el lenguaje mediante el uso de técnicas narrativas originales. Desde Cuba, Sarduy es encarado, además, como un escritor del *boom*, no de la nueva novela. Para la izquierda revolucionaria, la distinción en el uso de ambas denominaciones caía por su propio peso: el *boom* era un fenómeno de mercado que transformaba al narrador en superestrella; para los escritores, sin embargo, era ante todo un fenómeno de la lengua. Esto condiciona la manera de criticar el tratamiento que da Sarduy a la cubanidad, y sobre todo, los planos de la realidad que él desconstruye en su novela. Temáticamente está atravesada por los ejes de la política y la identidad. Es la reacción del «ser cubano» que se siente amenazado por el nuevo orden político: por eso es que la parodia aflora, una vez que se distancia de la realidad cubana. Así, invierte el orden de las relaciones y se apropia de la política para someterla a la tiranía de lo *irreal*, dentro de la cual no puede existir más que como parodia. *De donde son los cantantes* significa, también, una apuesta editorial y la defensa de un modelo estético opuesto a la tentativa cubana de crear una poética revolucionaria.

Una versión de *Tres Tristes Tigres*, por otro lado, ya había ganado el premio Biblioteca Breve en España, si bien cuando algunos frag-

---

del canon de la literatura posmoderna. La música cubana, las frutas tropicales, la gestualidad, las formas de expresión, los objetos típicos y los ambientes, la temperatura (el calor), las tradiciones culturales de las razas que conforman el «ajiaco» nacional son algunos de los elementos que transitan de lo plástico a lo narrativo. No obstante, vale recordar que para los escritores cubanos del siglo XIX el contacto con la modernidad se dio básicamente a través del exilio en los Estados Unidos, como bien ha analizado Julio Ramos (1989).

mentos se publican en *Mundo Nuevo*[4], en mayo de 1967, todavía no había aparecido en forma de libro. Posteriormente, en julio de 1968, en el último número de la revista preparado por Rodríguez Monegal, se publica un diálogo entre el uruguayo y Cabrera Infante, además de un fragmento de *Delito por bailar el chachachá*, entonces en preparación. Cabrera Infante es ya un autor exitoso y su novela circula ampliamente por Europa y América Latina, lo cual favorece el interés exclusivo de Rodríguez Monegal de centrarse en el aspecto de la creación verbal, vista como un acierto de la nueva novela. Asimismo, *Mundo Nuevo* consigue retomar el origen ya totalmente trazado de lo que hasta entonces había sido un esbozo literario. Y aquí aparece entonces un elemento que Cabrera Infante omitió mientras vivió en Cuba: el origen de *Tres Tristes Tigres* está directamente relacionado con la censura del documental *PM*, el mismo que provocara la clausura del *magazine* cultural *Lunes de Revolución* y dejara la marca del poder guerrillero en las «Palabras a los Intelectuales». Vale recordar que *PM* recogía, en estilo *free cinema*, las formas de la vida nocturna habanera en ambientes populares, en un momento en que los valores glorificados por el gobierno eran los del combate al modo de vida burgués y el sacrificio ante el trabajo. Al respecto, sostiene Cabrera Infante:

> La virulencia de la condena y el hecho de que nunca se rectificara aquella injusticia [...] todo esto me hizo comprender que esas formas de vida a las que *PM* descubría su poesía, ese mundo del choteo criollo, del relajo cubano, de la pachanga de donde habían surgido todas las formas musicales cubanas, estaba incoerciblemente condenado a la desaparición. Entonces, yo quise hacer *PM* por otros medios, perpetuar la vida a una especie y sus medios. Quise hacer de la literatura un experimento ecológico, que no es más que perpetrar un acto de nostalgia activa. (MN 25: 48)

---

[4] «*Sic transit* Gloria Pérez»; «The Santa Fe Trail»; «Apocalipsia en el país de la maravilla»; «La muerte viene hacia el delator» (MN 11: 28-37).

La pretensión de Cabrera Infante de recuperar para la literatura lo que las tensiones ideológicas habían excluido del cine cubano en 1961 no se da con toda la claridad con que en 1968 lo expone en su diálogo con Rodríguez Monegal, principalmente porque el contexto de la Revolución era determinante tanto para la adopción de cierta forma de escritura como para la visión «zdanovista» y «sartriana» (no existencialista) que el propio autor llegó a tener de su literatura (MN 25: 49). Es en el exilio que el autor transita de la visión ética de la literatura (la que el premio Biblioteca Breve valida) y la visión estética, que es la que finalmente configura su novela.

En marzo de 1968 *Mundo Nuevo* presenta un fragmento de la novela de Reinaldo Arenas *Celestino antes del alba*, que en 1965 había obtenido mención en el concurso literario de la Unión de Escritores y Artistas de Cuba. En el mismo 1968 sería traducida y publicada por Éditions du Seuil sin el conocimiento de las autoridades cubanas, lo cual acarreó serias dificultades a Arenas dentro de Cuba. *Mundo Nuevo* celebra la aparición de *Celestino antes del alba* como «una de las novelas más originales que se ha publicado en Cuba estos últimos años», estableciendo así una clara separación entre los jóvenes narradores que dentro de la isla ocupaban cargos burocráticos y escribían obras que no llegaron a ser bien acogidas por la crítica internacional. En los años en que en Cuba se exaltaban las obras y los logros de la Revolución, en que se reivindicaba al campesino como una fuerza de vanguardia y se exhibían los avances en la agricultura y la industria azucarera, Arenas presenta un libro en el cual la vida campesina aparece en pasajes a un tiempo crueles y poéticos, anteriores y ajenos a ese tiempo épico que la política oficial exaltaba. Para Rodríguez Monegal, el valor principal de esta novela está en la superación de lo anecdótico y de lo regional, a través de las técnicas de montaje utilizadas por Arenas «para dar simultáneamente todos los niveles de una "realidad" alucinada que no reconoce las fronteras del tiempo o del espacio, que trasciende lo natural como lo sobrenatural, y que se apoya en definitiva sobre una única textura concreta y continua: la del lenguaje» (MN 21: 33).

El último autor cubano que *Mundo Nuevo* recupera e incorpora al *boom* de la novela en esta primera fase es el origenista José Lezama Lima. En el número 24 (junio de 1968) la revista le rinde homenaje y reproduce algunos de sus textos narrativos y poéticos[5]. A través del editorial «Un creador singular» reconoce la trascendencia tardía que el autor de *Paradiso* tuvo en el contexto literario internacional, al tiempo que brinda un soporte crítico que corrija las interpretaciones superficiales de su obra. Para ello, reproduce una entrevista sacada de una publicación cubana, en la cual Lezama Lima explica de manera sucinta su sistema poético, así como un conjunto de opiniones que dan cuenta de la variedad y riqueza del universo estético lezamiano. «Hablar de los errores de Lezama –aunque sea para decir que no tienen importancia», escribió Sarduy en dicho homenaje

> es *ya* no haberlo leído. Si su Historia, su Arqueología, su Estética son delirantes, si su latín es irrisorio, si su francés parece la pesadilla de un tipógrafo marsellés y para su alemán se agotan en vano los diccionarios, es porque en la página lezamesca lo que cuenta no es la veracidad –en el sentido de identidad como algo no verbal– de la palabra, sino su *presencia dialógica,* su espejeo. (MN 24: 5-6)

Dicho soporte crítico, como apunta el editorial, busca no sólo hacer justicia literaria a Lezama, entonces desconocido fuera de Cuba, sino también pretende promoverlo y ponerlo a circular dentro del

---

[5] Textos del Homenaje a José Lezama Lima en el número 24 de *Mundo Nuevo*: Severo Sarduy (comp.), «Dispersión / falsas notas»: 5-17; José Lezama Lima, «El coche musical» [poema]: 18-20; «El patio morado», «Juego de las decapitaciones» [relatos]: 21-32; Armando Alvarez Bravo, «Conversación con Lezama Lima»: 33-39; Emir Rodríguez Monegal, «*Paradiso* en su contexto»: 40-44.

ámbito de la lengua española. Entonces *Paradiso* ya había sido publicado en México y Buenos Aires.

Con este recorte de autores, hoy considerados canónicos dentro de la literatura hispanoamericana, se cierra no sólo la fase de *Mundo Nuevo* en la que Rodríguez Monegal, a través de su talento crítico, creó una imagen literaria de América Latina en la que los elementos estéticos –específicamente la valorización del lenguaje y de las técnicas narrativas– se constituyeron en la base para la reivindicación de lo autonómico literario, frente a la preeminencia de formas discursivas que defendían y estimulaban la norma del compromiso revolucionario. Si hoy es vista como una publicación que forma parte de la historia literaria del continente, en su momento construyó y actualizó el canon de la novela, muy a pesar de la forma negativa en que su imagen de revista independiente había sido proyectada desde Cuba, fundamentalmente a través de la Casa de las Américas. Al conseguir instaurar un canon literario, y esto es algo que dentro de Cuba un día tendrá que ser admitido, Rodríguez Monegal hizo por la literatura cubana todo lo que la política oficial ha impedido que los propios críticos cubanos realicen en su propio país: respetar las fronteras entre lo político y lo literario, reconocer a los escritores por sus valores estéticos, no por su grado de compromiso con las tareas revolucionarias, defender la libertad de creación, el diálogo y la independencia frente a los imperativos de lo real. Absolutamente todos los autores cubanos que aparecen en *Mundo Nuevo* son considerados hoy en Cuba grandes estrellas literarias, estrellas de una constelación que en su momento de mayor auge y tensión se vieron opacadas por la fuerza de un discurso que exigía del artista todas sus energías en pro de una única causa: la Revolución.

Si en esta primera etapa el recorte de la literatura cubana hecho por *Mundo Nuevo* se centra en la narrativa y en la promoción de autores desde un punto de vista estético, en la segunda época los autores que habían colaborado con Rodríguez Monegal dejan de hacerlo con su nuevo director, Horacio Rodríguez Daniel. Entonces la narrativa cubana desaparece para dar paso a la poesía y a polémicas político-culturales. En Cuba, la producción poética aceptada como legítima era la que se enmarcaba en los moldes del realismo social y revolucionario, apartando del espacio público a los jóvenes que habían seguido una vertiente ligada al existencialismo, opuesta al coloquialismo y a la poesía panfletaria, como ocurrió con una parte de los poetas reunidos en torno a las ediciones El Puente. José Mario había sido uno de los organizadores de dichas ediciones, y protagonista del asedio policial que terminaría con su encarcelamiento. En *Mundo Nuevo*, este poeta aparece como la voz principal que narra los acontecimientos y los articula como un «caso», desde diferentes perspectivas y géneros: el testimonio personal, el relato ficcional y el ensayo crítico[6]. En los dos primeros narra los acontecimientos que lo llevarían a las tristemente célebres Unidades Militares de Apoyo a la Producción (UMAP), a raíz de la visita del poeta Allen Ginsberg a La Habana como jurado del concurso literario de la Casa de las Américas. En el tercero, «Novísima poesía cubana», traza la historia poética de El Puente, su configuración como grupo y los principales rasgos de la poesía de sus miembros. La valoración que José Mario hace de la producción poética de estos jóvenes se centra en una primera antología, *Novísima poesía cubana*, a partir de la cual establece cuál es la posición del grupo, así como de algunos miembros por separado, dentro del campo literario cubano de los sesenta.

Todas las colaboraciones relacionadas con El Puente aparecen en *Mundo Nuevo* a lo largo del año 1969, meses después que José Mario consiguiera salir de Cuba, pero sobre todo, años después de que los acontecimientos relatados hubieran tenido lugar. Esto es, se trata de un «caso» que se da a conocer internacionalmente cuando la ofensiva

---

[6] Véase Mario 1969a, 1969b y 1969c.

revolucionaria se había radicalizado, y el cierre de las ediciones es presentado más como revisión que como denuncia, pues ya la opinión pública no puede intervenir para modificar los hechos. Además, es el momento en que se ha comenzado a cuestionar la política cultural de la Revolución, después de la polémica en torno al poemario *Fuera del juego*, de Heberto Padilla, y después de las declaraciones que sobre su posición política Cabrera Infante diera al diario argentino *Primera Plana*. Así, las revelaciones sobre El Puente vienen a reforzar la imagen represiva de la Revolución, sus fobias antiintelectuales y homosexuales. Las colaboraciones de José Mario en *Mundo Nuevo* se cuentan entre los pocos materiales que en su momento documentaron la censura del grupo y que recogen, en una cuidada selección, poemas de sus miembros más representativos, como Dolores Prida, Mercedes Cortázar, Delfín Prats o el propio José Mario.

A esta presentación de El Puente, *Mundo Nuevo* le suma los artículos de Fausto Masó, quien fuera secretario de redacción de la revista *Casa* en los primeros años de su fundación, también exiliado. Sus artículos se inscriben en lo que relacioné más arriba como polémicas político-culturales, por el carácter crítico de sus análisis, y por la manera en que fueron rebatidos desde las mismas páginas de la revista[7]. En su artículo «Literatura y Revolución en Cuba» (1969), Masó se detiene en el análisis de la separación existente entre el proyecto revolucionario y la literatura, así como en las tentativas de articular esta última de forma programática a dicho proyecto, redundando en obras de baja calidad. «Los mejores escritores», comenta, «siguen mirando nostálgicamente el pasado, como si rechazasen en literatura lo que aprueban en política o no supiesen cómo reflejar

---

[7] Véase la respuesta de Filiberto Díaz a Fausto Masó, «Cuba y su literatura», en la cual rebate las principales críticas de Masó a las tensiones entre los intelectuales y la Revolución, al hipostasiar la trascendencia de las propias tensiones y omitir los momentos en que las mismas se hicieron más visibles (Díaz 1969), y también la respuesta de Federico Hasse, «Filiberto o el último compilador» (Hasse 1970).

creativamente el ambicioso proyecto de edificar un hombre nuevo, sin caer en la propaganda ramplona o en el panfleto» (1969: 50). Y en una abierta ofensiva contra la política cultural cubana, en el mismo número aparece un artículo que complementa el análisis de Masó: firmado con las iniciales I. S., «Cuba: ¿Fin de una tregua?» (MN 32: 80-84) hace una crítica al compromiso del escritor con la Revolución, mostrando, a través de documentos y discursos publicados en Cuba, cómo la política oficial puso a la literatura a su exclusivo servicio. Los fragmentos, sacados de *Granma,* diario del Partido Comunista, o de *Verde Olivo*, la revista de las Fuerzas Armadas Revolucionarias (FAR), son reproducidos para denunciar y al mismo tiempo probar el auge del dogmatismo y de la intolerancia. He aquí uno de los fragmentos citados, refiriéndose a un concurso literario promovido por las Fuerzas Armadas:

> Fue característica general que todas las obras presentadas, absoluta-mente todas, tenían un contenido revolucionario. Es arte de combate […] En contraste con esto, hemos visto con demasiada frecuencia cómo algunos escritores –y otros que realmente no lo son, pero se presentan como tales– se dejan ganar por el efectismo, por el sensacionalismo, por corrientes extrañas a nuestra tradición y a nuestra cultura, y surgen con frecuencia de sus manos obras blandengues, sin sentido, cuando no abiertamente pornográficas o contrarrevolucionarias.[8]

La presentación de la literatura cubana en la primera fase de *Mundo Nuevo* atiende básicamente a su significado estético, situando a los escritores en el campo literario internacional y creándoles una imagen de intelectuales liberales comprometidos con la creación. La segunda fase presenta una visión política de la literatura creada por los propios cubanos, quienes a través de la revista consiguen ubicarse,

---

[8] Citado en *Mundo Nuevo* directamente del periódico *Granma*, La Habana, 17 de noviembre de 1968.

dentro del campo ideológico y político, como opositores y víctimas del sistema revolucionario.

Lo que *Mundo Nuevo* presenta en ambas etapas es el fracaso de un proyecto que aspiraba a crear una poética revolucionaria, cuyos representantes dentro de Cuba eran los propios intelectuales burócratas, ejecutores de la política cultural oficial, excluidos no sólo de las páginas de *Mundo Nuevo*, sino también del canon literario latinoamericano.

Lecturas del *Boom*

> ¿No ha sido una inmadurez de parte nuestra
> el haber creado una plataforma gigantesca
> para media docena de narradores? ¿Tienen
> ellos el valor que se les concede?
>
> Enrique Lihn[1]

Una casa para la nueva novela

Si volvemos a la entrevista de Jaime Sarusky con la directora de la Casa de las Américas, nos encontraremos con una visión de la literatura como mercancía, en que la moralidad militante limita y rebaja la representatividad de los temas y los lenguajes estéticos, al interpretar el éxito como el resultado de un pacto con el capital, que obligaría a hacer concesiones artísticas. Para combatir las tentaciones del mercado, Haydée Santamaría exhibe un modelo de escritor moralmente intransigente, capaz de administrar los modos de acceso al estrellato literario:

> Hay escritores de una gran honestidad que no se entregan a la presionante comercialización que existe y no son capaces de escribir un capítulo pornográfico para que su novela tenga más venta. Dicen lo que

---

[1] «Benedetti en *Cormorán*» (CA 61, julio-agosto de 1970: 190). Reseña del Conversatorio entre Enrique Lihn, Mario Benedetti y Germán Marín publicado en *Cormorán* 5, enero de 1970.

tienen que decir, pero no hacen concesiones a ese tipo de comercialización. La vida del escritor en nuestro continente es muy dura. Escritores
de una gran calidad, como Mario Benedetti, han logrado imponerse;
pocos escritores tienen su obra, y sin embargo todavía Benedetti no
puede vivir de sus derechos de autor. (Sarusky 1988: 7)

Sus palabras también proponen un pacto entre el escritor y la ideología de la Revolución cubana. Ésta, al sancionar lenguajes y temas
que se distancian de lo político, deja a los escritores frente a la opción
de hacer concesiones no sólo artísticas, sino también ideológicas. Es
este juicio que había comenzado a predominar en la discusión sobre
las particularidades inherentes a los procesos literarios, al apreciarlos
como síntesis de la correspondencia «natural» entre conciencia política
y éxito editorial. Para Haydée, Benedetti representa a ese escritor
comprometido, que parece sostener su credibilidad artística sobre
una percepción acumulativa e histórica, algo que consigue cuando
evoca la obra como conjunto y autobiografía; como si la calidad fuera
inmanente a la cantidad. «La obra», en tanto metáfora positiva de
una experiencia místico-revolucionaria, hace del escritor un individuo que se entrega a la colectividad. Sobre esta lógica reposa, para la
dirigente cubana, el verdadero valor de un escritor. De su comentario
se puede inferir, además, que su apreciación sobre el funcionamiento
de la industria editorial en el capitalismo es propia de quien no pertenece a la esfera artística. Así, cuando se refiere a lo literario, no sólo
demuestra una ignorancia ostensible acerca de su funcionamiento,
sino también una inclinación a censurar temas erótico-sexuales, cuyos
atributos se encuentran ausentes de la dimensión humana del héroe
revolucionario, en la cual la mirada del guerrillero sobre el propio
cuerpo remite a la muerte y al sacrificio. Esto permitiría pensar que,
desde la revista, «lo pornográfico» se comporta como una segunda
metáfora, negativa, de la estética revolucionaria trazada por los líderes
políticos.

Relacionar el sexo (la prostitución) con el éxito editorial (la industria que oprime y envilece) se convierte, en boca de la presidenta de la Casa, en un contrato moral que parece emanar del mismo programa ético que sostenía la concepción testimonial del Che Guevara. Connotar negativamente la sexualidad a través de un término que implica una transacción mercantil para negar las cualidades de los escritores (ya) no (más) comprometidos aparece como la consecuencia, también natural, de una selección previa de temas que, si bien no garantizaban la publicidad inmediata, a largo plazo darían a los escritores la oportunidad de ser reconocidos por el conjunto de su obra. De manera que Haydée propone a Benedetti como el intelectual que se sacrificó, que renunció a las (in)satisfacciones del mercado a cambio del apoyo incondicional a la Revolución cubana. No escribir para el enemigo, no entregarle los defectos de la realidad revolucionaria, se convirtió en uno de los principios éticos que habría de regir el trabajo del escritor. Con esto, el interés y el valor de los temas parecen instaurar cierta proporcionalidad entre el ser y el deber ser.

A partir de 1969, la revista comienza a desarrollar los tópicos de la enajenación del escritor independiente y de la literatura como mercancía en textos que podríamos considerar programáticos dentro del contexto en que surgieron. El primero es la «Declaración» de la segunda reunión del Comité de colaboración (CA 53: 3-6), y el segundo, la mesa redonda «El intelectual y la sociedad» (CA 56: 7-48), organizada por varios miembros del Comité. Dichos textos manifiestan la persistencia con que la revista trata de elaborar una política latinoamericana del compromiso revolucionario para asegurarse, en momentos de alta tensión, el liderazgo político.

Este afianzamiento axiológico y doxológico que *Casa* lleva a cabo a través de sus pronunciamientos se articula como respuesta a las críticas y tensiones generadas por la polémica isleña en torno a *Fuera del juego* (1968), así como a otros hechos de menor impacto fuera del

ámbito habanero[2]. La repercusión francesa del caso tendría como protagonista a Julio Cortázar, quien a lo largo de los tres años siguientes
depararía no pocas torpezas y sorpresas. Cortázar, firmante de la
«Declaración» que instituye el compromiso con la Revolución como
la verdadera prioridad del escritor, no tardaría en tener que negociar
a través de los afectos personales (su correspondencia con Fernández
Retamar así lo prueba) la confianza que los cubanos tenían en sus
sentimientos para con la Revolución. La libertad con que Cortázar
comentó en París las tribulaciones de Padilla, sin embargo, fue la
misma libertad con que los editores de *Le Nouvel Observateur* se
atribuyeron, según el propio Cortázar, el derecho de modificar su
artículo, alterando el sentido y el tono de sus afirmaciones. Siendo un
entusiasta colaborador de *Casa*, el autor de *Rayuela* decidió renegociar
sus fallos estratégicos y compensarlos con los aciertos afectivos[3].

Por otro lado, el gesto correctivo con que la revista conmemora
los primeros diez años de la Revolución, caracterizándose a través

---

[2] Me refiero a la expulsión de José Lorenzo Fuentes de la UNEAC, así como
a la exclusión de Eduardo Heras León del Consejo de redacción de *El Caimán
Barbudo*, suplemento cultural del diario de la Unión de Jóvenes Comunistas
(UJC), entonces dirigido por el escritor Jesús Díaz. En 1970, Heras León obtuvo
mención en el Premio Casa con el libro de cuentos *Los pasos en la hierba*.

[3] «Por más mutilado y "editado" que esté el texto que vas a leer» –escribe
Cortázar a RFR el 15 de abril de 1969–, «creo que te darás cuenta de que la tal
"defensa" está llena de matices, como que el caso Padilla está lejos de ser una
cuestión en blanco y negro; nuestras largas discusiones de enero lo probaron de
sobra, y cualquiera que me conozca advertirá que mi punto de vista general en ese
artículo es el que mantuve y defendí en nuestra reunión. Lo malo, como siempre,
es que el *editing* suprime largos pasajes que precisan mucho mejor mi punto de
vista, reduciendo el todo a una argumentación poco sutil. De todas maneras me
declaro responsable de todo lo que se dice ahí, pues como te lo adelanté en mi
carta anterior, mi propósito era impedir que aquí y en otros países europeos se
buscara fabricar un nuevo "Pasternak" con Padilla. Precisamente esa mención a
"un nuevo Pasternak" es una de las muchas cosas que la revista ha suprimido en
mi texto» (CA 145-146, julio-octubre de 1984: 94).

del relato de sus «acciones» como un frente de batalla cultural latinoamericanista y tercermundista, es el mismo gesto que se reitera
en los textos producidos de forma individual o colectiva, ya sea por
cubanos o por extranjeros. Para el Consejo de Dirección de la Casa de
las Américas, que firmó el editorial «Con esta revista…» (CA 51-52:
7-10), «la mayor audacia estética debía ser la expresión lógica de un
instante revolucionario». Al mismo tiempo que desde París Cortázar
se explicaba ante Fernández Retamar por la desastrosa imagen de la
isla que la manipulación de su texto sobre Padilla había provocado,
el texto de la segunda «Declaración» también denunciaba la «atonía
política», como si se tratase de una enfermedad susceptible de infec-
tar a aquellos que usufructuaban de las «técnicas de domesticación»
imperialistas.

Mientras tanto Mario Vargas Llosa, otro de los cotizados miembros del Comité, se había negado en 1967 a donar el dinero del premio
Rómulo Gallegos a las guerrillas, como la propia Haydée Santamaría
le había sugerido, y un tiempo después comenzaría a dictar un curso
de literatura en los Estados Unidos. En medio de estos acontecimientos los cubanos lanzan, a través de la mesa redonda «El intelectual y
la sociedad», una suerte de ultimátum al pequeño núcleo de *boomers*
rebeldes radicados en el seno del Comité, en especial a Vargas Llosa,
al cual Fernández Retamar califica de «idealista», y Carlos María
Gutiérrez, de caer en un «individualismo infecundo y disidente y
frustrar el aporte que se procura entregar a la Revolución».

La crítica ideológica al discurso de Vargas Llosa en la entrega
del Rómulo Gallegos, que en el momento mismo del premio había
sido comentado satisfactoriamente en «Al pie de la letra», y que por
otro lado tan bien había sabido utilizar *Mundo Nuevo*, sirvió de
estímulo y de modelo a un número nada despreciable de intelectuales preocupados en demostrar su apoyo incondicional a *Casa*,
al excavar en los textos y en los actos del peruano la más mínima
señal de «atonía política», de domesticación. En 1971, cuando la

ruptura del Comité deja vacío el salón de la revista y los «problemas familiares» se tornan públicos, la recepción desmoralizadora que *Casa* le dedicó a Vargas Llosa contrastaba con aquélla, entusiasta y admirada, que la misma publicación le venía prestando. Ese doble gesto de celebración y repudio con que la revista abre y cierra esta primera fase bajo el comando de Fernández Retamar es posible seguirlo a través de las tribulaciones del autor de *La ciudad y los perros*. Dos años después que la novela ganara el premio Biblioteca Breve, *Casa* publicó una reseña (Fornet 1964) y en 1965 organizó una mesa redonda[4], en la cual el peruano tuvo la oportunidad de explicar y defender sus puntos de vista sobre su propia literatura. Sin embargo, cuando en 1971 este mismo autor renuncia a su lugar en el Comité de colaboración, la revista niega los valores de Vargas Llosa como crítico literario, tratando de mostrar que los escritores no pueden hacer una buena crítica de sus libros porque no disponen de una herramienta fundamental para el análisis: el marxismo. Para esto, Carlos Rincón acude a la lectura del ensayo introductorio de Vargas Llosa a la novela de caballería catalana del siglo xvi, *Tirant lo Blanc*, desautorizando el análisis del peruano por idealista, ahistoricista y burgués, y acusándolo de escribir este ensayo para hablar de la concepción de su propia novela y plantearla «como universalmente válida para la actual literatura latinoamericana». Rincón justifica la elección de dicho texto porque éste mostraría los «desajustes teóricos» en torno a un pensamiento latinoamericano sobre la novela. De este modo, la «explicación por los propios novelistas», que hasta ese momento había sido el modo legítimo de proponer un diálogo sobre los cambios estéticos, pasa a ser desactivado. Había llegado la hora, anunciaba Rincón,

---

[4] Luis Agüero, Juan Larco, Ambrosio Fornet y Mario Vargas Llosa, «Sobre *La ciudad y los perros* de Mario Vargas Llosa» (CA 30: 63-80). El texto es la transcripción de la mesa redonda celebrada el 29 de enero de 1965 en la propia institución cubana.

de desarrollar una crítica capaz de «elaborar enunciados teóricos exactos para su dialéctica y que rebase [...] las prácticas ideológicas burguesas dominantes. La autorreflexión de los novelistas mismos no puede suplir su ausencia»[5] (Rincón 1971: 43).

APRENDIENDO A LEER LA NUEVA NOVELA

La revista, que se narra a sí misma, que constantemente retoca su imagen a través de sus pronunciamientos editoriales o de la sección «Al pie de la letra», y que con tanta claridad nos dice hasta qué punto se consideraba central para la izquierda latinoamericana, construye un relato estético lleno de conflictos, de polarizaciones; tiene que esforzarse para mantenerse dentro del lenguaje internacional de las revistas de izquierda, y al mismo tiempo crear un estilo propio que, en su concepción, solamente podría ser construido por el escritor que participara desde las interioridades del espacio revolucionario. Por otro lado tiene que renunciar a asumir *oficialmente* el gusto por novelas en las cuales «lo pornográfico» funcionase como un imán para la crítica ideológica de esa misma izquierda revolucionaria. En el desinterés por temas como el erotismo, la homosexualidad o por los símbolos de la cultura de masas se percibe también cuánto la revista cubana se dedicó a fraguar una moralidad que elevase el prestigio político del escritor frente a la clase dirigente.

---

[5] Conviene consultar también el ensayo de Efraín Kristal «La política y la crítica literaria. El caso Vargas Llosa», que trata de la recepción de las primeras novelas del peruano: «las pautas de su recepción fueron marcadas por un tipo de crítica "literaria" que hizo pasar criterios políticos por artísticos. Este acercamiento crítico no dio respuestas confiables a sus propias preguntas, porque los críticos que lo establecieron modificaron sus juicios de valor (mas no sus criterios de evaluación) sobre determinadas obras cuando los autores de las mismas modificaron sus posiciones políticas» (Kristal 2001: 339).

Para reseñar libros, *Casa* cuenta con un grupo de colaboradores cubanos que además de enfrentar la limitación de desconocer otros textos de los autores que reseñan o el contexto en que surgieron, afable y honestamente nos confían los bordes de una formación crítico-literaria deficiente. La «personalidad del autor», el «estilo original» y el «dominio de la técnica» se transforman en atributos literarios que parecen explicarse por sí mismos. Mientras tanto, *Mundo Nuevo* construye otra «personalidad del autor» a partir de una perspectiva literaria; el mismo tópico en *Casa* perfila al escritor según el lugar político que ocupa en la esfera pública, lugar al cual se accede a través de la manifestación, también pública, de un patrón de valores que le permite identificarse con el soldado.

Ningún escritor o crítico cubano publicó en la revista *Casa* un trabajo dedicado a discutir abiertamente sobre el realismo, el realismo socialista, el *nouveau roman* o el estructuralismo de modo que reflexionase sobre la cuestión de la autonomía del escritor frente a las opciones que el poder establece. No obstante, el malestar general se atenuaba publicando o reseñando polémicas extranjeras para distanciarse de la crítica de los antiguos maestros –Pedro Henríquez Ureña o Alfonso Reyes–, o de los profesores de conocida militancia comunista –José Antonio Portuondo, Mirta Aguirre–, por lo que acudir a los amigos de la nueva generación pareció ser la única salida.

Llama la atención cómo, siendo de carácter literario, es justamente en el modo de presentar y leer los textos literarios que la revista se desequilibra. En sentido general, no existe una correspondencia entre la calidad de los textos narrativos y la crítica literaria (reseñas y notas de libros). Antón Arrufat se había preocupado por incentivar la discusión en torno a las deficiencias de la crítica y a la necesidad de contar con críticos capaces de separar el arte de la ideología, pero que además tuvieran la libertad de discutir el falso humanismo que se ocultaba en frases como «escribir para el pueblo», ideologema que tipificó no pocos debates y no pocos discursos durante toda la década.

Sin embargo, lo que más se destaca en la gestión de Arrufat es el modo en que, junto con las propuestas institucionales, el eje literario rota en dirección a la actualización del canon de la literatura latinoamericana: «Los artistas se mueven en un mundo que crea constantemente valores nuevos. Por eso, la función de la crítica sería decidir de esos valores nuevos, colocarlos en el lugar que les corresponde en la historia del arte [...] Su misión en este caso supera a las simples aprobación y censura, para elevarse a explicación» (CA 17-18: 78-80).

No obstante, desde *Casa* la nueva novela no tardará en aparecer como objeto de resistencia política, tal y como lo presenta el antológico número 26. El hecho de mostrar la nueva novela como unidad, como fenómeno relevante en la medida en que surge a pesar (o contra) las dificultades que enfrentaba entonces un escritor, sirve para reafirmar su tendencia a colocarse en una perspectiva que se interesa más por pensar el cambio estético desde un punto de vista sociohistórico. Esto favoreció la acogida favorable de la izquierda a la joven literatura, habida cuenta de que la mayoría de estos talentos defendían idénticas posiciones y, casi sin distinción, en determinados momentos colaboraron con la revista cubana.

La organización del número dedicado a la nueva novela refuerza ese pensamiento unitario en torno a la literatura continental, al tiempo que proyecta al escritor como coadyuvante político, tal como lo explicitaba su editorial. «Diez problemas para el escritor latinoamericano», ensayo de Ángel Rama que abre el índice de colaboraciones, muestra cómo a pesar de los obstáculos que encontraba el escritor para desarrollar su obra (el público, la literatura nacional, la lengua, la tradición letrada –modelos y maestros-, las influencias), éste había conseguido dar un salto de calidad técnica casi heroico. Desde el punto de vista crítico, dicho ensayo constituye también un salto de calidad para la revista, por el modo en que articula el conjunto de la novela sobre diversos aspectos –económico, político, histórico y social–, que no habían sido pensados desde la isla. En su texto, Rama

afirma que la única coyuntura posible para la literatura latinoamericana era la revolucionaria, y que el escritor estaba dentro de ella,
por tanto, su libertad sería al mismo tiempo su compromiso con la
coyuntura. Así, propone a la nueva novela como una manifestación
del cambio histórico: si su temporalidad es la misma de la historia,
y la Revolución se sitúa como un hecho histórico insoslayable, la
urgencia, el dramatismo y las contradicciones que de ella emanasen,
serían los mismos rasgos que caracterizarían la nueva literatura. Si la
novela estaba en sintonía total con la historia, pues entonces lo estaría
también con la Revolución. En 1964, cuando se publica el número,
el entusiasmo y la creencia en torno a la «unidad monolítica» del
boom, que José Donoso (1998) se empeñaría en negar, se encontraba
todavía en pleno auge. Así, el recorte latinoamericano realizado por
Rama incluía tanto textos inéditos de Fuentes, Vargas Llosa, Onetti
y Carpentier como fragmentos de las ediciones de *Rayuela* y de *Sobre
héroes y tumbas*.

Las notas y reseñas, en su mayoría a cargo de escritores cubanos, vuelven sobre los mismos autores de la selección. La torpeza
terminológica y la incapacidad para reconocer teóricamente el funcionamiento de la nueva novela, unido al énfasis en el análisis psi-
cológico y sociológico, empalidecen muchas de las reseñas escritas
por cubanos. Ellos asumen la función de críticos literarios, pues la
revista no puede hacer más que contar con los escritores que existen
y que se identifican con su política editorial. La crítica (la recepción
del *boom* y de la nueva novela) se transformó en una instancia pro-
motora de dos modelos de lectura –el sociohistórico y el estructuralista– practicados a gran escala por los colaboradores extranjeros.
Estos últimos son los que consiguen explicar con mayor claridad el
momento de transformación estética que inauguró la nueva novela.
A pesar de las especificidades que limitan la percepción crítica de la
revista, existe una preocupación sobre los modos de comprender y
de evaluar el género, en especial por ampliar las lecturas más allá de

las formas miméticas que aprisionaban la libertad de la ficción a la normatividad de lo real.

A pesar de las sutilezas, no es difícil percibir que los escritores cubanos se esfuerzan por garantizar su derecho a la libre creación, de ahí que en las reseñas aparezcan, de modo sistemático, alusiones a la necesidad de preservar, *siempre dentro de la Revolución*, la libertad de expresión. Todo el esfuerzo realizado para apoyar el nuevo sistema político y al mismo tiempo defender cierto grado de autonomía, no hace más que reforzar la distancia que separa al escritor del poder guerrillero, distancia que lo lleva a posicionarse como un poder paralelo, como un *outsider* que, contradictoriamente, necesita afirmarse en el sistema y al mismo tiempo se quiere preparado para «cubrir» aquellas zonas de lo real que las literaturas de la política no recogen. Así, son los extranjeros los que aportan una nueva perspectiva de lectura, actualizando el lenguaje de la crítica y ordenando los valores a través de los cuales leer la nueva novela.

Durante el primer lustro, una posición mucho más distanciada de lo político aparece en los trabajos de Dan Jacobson («¿Por qué leer novelas?», CA 7: 9-13), Mariana Frenk («Pedro Páramo», CA 13-14: 88-90), Julio Cortázar («Algunos aspectos del cuento», CA 15-16: 3-14), Emmanuel Carballo («La nueva literatura de México», CA 28-29: 3-17), Francisco Baeza («Notas críticas», CA 20-21: 70-72)[6] o del propio Antón Arrufat («Función de la crítica literaria», CA 17-18: 78-80). Esos textos explicitan la preocupación de la revista por modernizar su práctica de lectura, mediante un esfuerzo pedagógico que pasa tanto por la caracterización de la nueva novela según sus técnicas narrativas, como por su localización en un texto determinado (*Pedro Páramo*). Lo que se advierte en esta preocupación por pensar

---

[6] Reseña del libro homónimo de José Rodríguez Feo (1963). La Habana: Unión.

la novela es también la ausencia de una nueva crítica, que según la
siguiente tipología podríamos definir por lo que no es:

> Los esfuerzos propiciados para realizar la verdadera actividad crí-
> tica han sido hasta ahora baldíos. Junto a los críticos que merecen este
> nombre, a su sombra, se ha instalado un grupo de comentaristas, más
> o menos cultos, o sagaces, pero todos, sin excepción, ligeros, frívolos y
> epidérmicos. Hay algunos, además, audaces hasta el disparate. Otros,
> tímidos y excesivamente respetuosos, son los que no se atreven sino
> a prodigar elogios, por temor al ridículo. Los hay, en fin, que llenan
> cuartilla tras cuartilla con notas extraídas, con toda la *frescura* imagi-
> nable, de libros, solapas, catálogos, hojitas de almanaque y todo aquello
> impreso que reproduce lo que otro ha pensado y dado a conocer. Y
> además, junto a los verdaderos críticos y a los comentaristas sin opinión
> propia, están los escritores que ocasionalmente hacen crítica con motivo
> de la publicación de un libro interesante o de la puesta en escena de
> una obra de calidad, o de la visita de un pintor o un músico famosos.
> Son críticos de ocasión, que vienen a salvar un tanto la ausencia de los
> profesionales. (70-71)

A medida que los textos de los nuevos novelistas comienzan a
llegar a la isla, la dificultad de lectura y de comprensión con que esta
literatura sorprende a los colaboradores cubanos de *Casa*, lejos de ser
pensada como un límite a transgredir, no pasa de un acercamiento
superficial. Los reseñistas, en su aplastante mayoría, no comprenden
cuál es el cambio, ni por qué ese cambio es tan significativo. Cuando
Luis Agüero escribe sobre *Aura*, de Carlos Fuentes (CA 15-16: 40-42),
se interroga ante el lector «¿por qué me gustaba *Aura*?». Aunque la
considera una obra de excepcional calidad, no sabe explicar por qué.
En otro momento convierte la estructura de *La ciudad y los perros*
en patrimonio de la novela policial, mientras que Ambrosio Fornet
se «atreve» a afirmar «que ésta es una novela extraordinaria, [pero]
no podría enumerar ni la mitad de sus mecanismos literarios» (CA

26: 129-132). O cuando escribe sobre *La isla*, de Juan Goytisolo (CA 15-16: 52-55), el propio Fornet se concentra en el análisis de los personajes y no en la estructura de la novela, pues su lectura está interesada en destacar el «erotismo intrascendente» que «devora a los personajes» (53) y el vacío de la burguesía española. Calvert Casey muestra, a través de la influencia de Faulkner en la escritura de Onetti, su «incapacidad de decir qué es *El astillero*» (CA 26: 117-119); Jaime Sarusky (CA 26: 120-122), de igual modo, ve el «Informe sobre ciegos» como un desacierto, como el fracaso que le impidió a *Sobre héroes y tumbas* convertirse en la obra maestra de la literatura latinoamericana. Inclusive Edmundo Desnoes se cuestiona: «¿En qué consiste la transformación de los materiales de Carpentier en literatura? No podemos definirlo, aunque se concreta en ejemplos» (CA 26: 100-109). Con el tiempo, este estilo de evaluar la nueva novela se vería reforzado por toda una política anticolonialista, que favorecía el distanciamiento de las lecturas estructuralistas. Al finalizar la década, algo semejante se reprocharía a los escritores del *boom*. El tono irónico (y en cierta forma peyorativo) con que la revista da por sentado la adhesión de los exiliados al estructuralismo mal consigue esconder (porque no lo desea) el desagrado que le causa no conseguir controlar, desde las restricciones que le imponen tanto la política institucional cubana como la situación de la isla en el plano internacional (la Guerra Fría), la filiación cada vez menos incondicional de los *boomers* a los nuevos postulados del intelectual revolucionario. Cuando en marzo de 1970 *La Vida Literaria* (México) dedica un número a Carlos Fuentes a propósito de su novela *Cumpleaños*, desde «Al pie de la letra» se comentará en un tono ciertamente sarcástico: «Sobre ella escribe Juan Goytisolo, citando, por supuesto, a Tzvetan Todorov y Roland Barthes»[7].

---

[7] «Cumpleaños en *La Vida Literaria*» (CA 63: 204).

Sin embargo, algo de ignorancia deliberada se escurre entre estos y otros textos cuando se critica a los autores por «escamotear el conflicto», o por sacrificar la profundidad psicológica en beneficio de la «objetividad». Existe también un desfasaje y un cierto arcaísmo del lado cubano en cuanto a los tipos de discurso con que discurrían sobre lo estético. Cuando la nueva novela comienza a circular, lo que se comienza a discutir en Cuba es la opción por el realismo, por tratarse de una estética estrechamente relacionada a la función propagandística del escritor en la Revolución. Cabría pensar también cómo antes de 1959 algunos de estos jóvenes críticos habían estudiado en Europa y en los Estados Unidos y sus obras acusaban la deuda con el surrealismo, el existencialismo, el teatro del absurdo y la literatura fantástica. Basta revisar la lista de sus preferencias literarias, francesas y anglosajonas, y contrastarla con su patrón de la literatura latinoamericana (Neruda, Borges), para percibir que existe una contradicción entre la falta de preparación teórica, los modelos literarios que declaran y la casi total imposibilidad de desligarse de la idea de que el lenguaje empañaría la transparencia de lo real y distanciaría al lector del auténtico humanismo. «Sería necio pensar», afirmaba Rogelio Llopis, «que haya escritores cubanos a quienes no interesa denunciar el pasado capitalista» (CA 20-21: 92-96).

Noticias políticas del *boom*

Durante los primeros cinco años el esfuerzo por sistematizar, explicar y traer la novela hacia la revista hizo que, una vez llegado Fernández Retamar, éste no necesitara explicar lo que estaba ocurriendo. En contraste, la celebración del *boom* se torna cada vez más discreta en el cuerpo de la revista (si bien encuentra sus compensaciones en «Al pie de la letra», desde donde acompañó mucho mejor los avatares de

novelas y novelistas)[8], y más presente en otros espacios institucionales:
Casa de las Américas promovió conversatorios, conferencias, lecturas
y mesas redondas con o sobre los autores y obras de la nueva novela,
que la revista, desafortunadamente, no publicó[9]. Los más afamados
miembros del Comité de colaboración, así como algunos ganadores

---

[8] «Al pie de la letra» acompaña, mediante reseñas de artículos aparecidos en
publicaciones extranjeras, la difusión y el éxito de la literatura latinoamericana.
En un mismo número podemos encontrar, por ejemplo, noticias de *Le Monde*,
Les Lettres Françaises, *L'Express*; *Time*; *Cuadernos*; *Siempre!*; *El Escarabajo de Oro*;
Primera Plana (CA 32: 135-140).

[9] Conversatorios y mesas redondas, 1965-1971: 29/01/1965, «Sobre *La ciudad
y los perros*» (CA 30); 02/07/1965, «Sobre *Rayuela*» (CA 32); 06/08/1965, «La
nueva literatura venezolana» (CA 33); 07/01/1967, Emmanuel Carballo hable
sobre la literatura joven de México y Cuba (CA 41); 16/01/1967, Mario Vargas
Llosa habla sobre la novela (CA 41); 22/02/1967, Juan Marsé habla sobre *Últimas
tardes con Teresa* (CA 42); 10/07/1967, «*Sobre héroes y tumbas*» (CA 45); 10/09/1967,
«Sobre *Tute de Reyes*» (CA 46); 30/01/1969 a 06/02/1969, «Ciclo sobre la nueva
narrativa latinoamericana», organizado por el Centro de Investigaciones Literarias
(CIL) de la Casa (CA 54). Conferencias y lecturas, 1965-1971: 24/06/1965, René
Depestre, sobre *Gobernadores del Rocío* (CA 32); 30/07/1965, Félix Pita Astudillo
sobre *La favela*, de Carolina Maria de Jesús (CA 33); 21/10/1965, José Manuel
Caballero Bonald, «Introducción a la novela española contemporánea» (CA 34);
04/01/1966, Alberto Moravia sobre «La crisis de la novela» (CA 34); 28/02/1966,
Mario Benedetti sobre «Los temas de la realidad en *Montevideanos*» (CA 35);
24/01/1967, Julio Cortázar, lectura de *La vuelta al día en ochenta mundos* (CA
41); 23/02/1967, Leopoldo Marechal realiza una lectura de sus ensayos (CA 42);
01/03/1967, Mario Benedetti lee fragmentos de *La muerte y otras sorpresas* (CA 42);
1968: Ciclo de conferencias «Panorama de la actual literatura latinoamericana»
(CA 48); 1969: Ciclo de conferencias «Sobre la nueva narrativa latinoamericana».
30 de enero, Noé Jitrik, «Realismo y antirrealismo». Panel: Jean Franco y Ángel
Rama; 1 de febrero, Ángel Rama, «Fantasmas, delirios y alucinaciones». Panel:
Salvador Garmendia y Noé Jitrik; 3 de febrero, Jean Franco, «Colonialismo y
estructura». Panel: Carlos María Gutiérrez y Noé Jitrik; 4 de febrero, Rubén
Bareiro Saguier, «Roa Bastos y la narrativa paraguaya actual». Panel: David Viñas
y Ángel Rama; 5 de febrero, Oscar Collazos, «García Márquez y la nueva narrativa colombiana». Panel: Jean Franco y Ángel Rama; 6 de febrero, David Viñas,

del Premio Biblioteca Breve (Carlos Fuentes, Mario Vargas Llosa, Adriano González León), gozaron de la posibilidad de comentar sus propios libros. Basta recordar los tiempos en que Vargas Llosa salía sorpresivamente de entre el público bajo una ovación cerrada, y se dirigía al estrado tanto para rectificar los desaciertos de los críticos habaneros como para explicar con claridad y didactismo en qué consistía su trabajo. La promoción de la literatura latinoamericana no funcionó en Cuba del mismo modo que en los países capitalistas. El engranaje autor-editor-público lector no actuaba en función del mercado; no se promovían las obras para vender más, no se explota-ban las posibilidades propagandísticas de los medios masivos, como programas televisivos o radiales, y cada vez más la presencia de lo literario desaparecía de la prensa diaria, en la medida en que los periódicos comenzaban a prescindir de los suplementos literarios, como había ocurrido con *Lunes de Revolución*. *El Caimán Barbudo*, por ejemplo, oficialmente considerado un suplemento cultural de *Juventud Rebelde*, el diario de la Unión de Jóvenes Comunistas, era vendido separadamente. Esto significa que el acceso del público a las informaciones culturales era cada vez más acotado, ya que para acompañar qué ocurría en el ámbito literario cubano y latinoameri-cano era necesario comprar las publicaciones «especializadas», algo que solamente acababan haciendo los estudiantes universitarios y los profesionales interesados en el mundo de la cultura. En este sentido, dentro de Cuba la edición de *Cien años de soledad* fue, más que un paradigma, una verdadera excepción editorial y propagandística.

La revista se vuelca entonces a reseñar los libros premiados en el concurso de la Casa, publica anuncios de otras revistas[10], prin-

---

«Después de Cortázar: historia e interiorización». Panel: Oscar Collazos y Rubén Bareiro Saguier (CA 54).

[10] Publicaciones que anuncian en *Casa*, a partir de 1965: *El Escarabajo de Oro, La Rosa Blindada, Cormorán y Delfín, Barrilete, Nuevos Aires, Uno por uno, Los libros* (Argentina); *El Corno Emplumado, Cuadernos Americanos, Revista Mexicana*

cipalmente latinoamericanas de izquierda, y de manera intermitente acompaña la difusión internacional de la nueva novela y de
la literatura de la isla en el mundo. Las polémicas literarias o la
discusión estética bajo enfoques no marxistas desaparecen, dando
espacio para la mera presentación de textos que estarían dialogando
en el contexto de la revista; sin embargo, son textos que se estre-
llan contra la politización de la crítica local. «Al pie de la letra»,
en contraste, acompaña la ramificación de las discusiones cubanas
entre los intelectuales de otros países, especialmente en Argentina,
México y Uruguay[11]. El recorte que hace a la hora de reseñar los
textos aparecidos en esos países se podría tomar como indicador
del modo en que la revista va narrando las diferentes historias de
esos grupos, y cuál es su grado de participación en la misma, o
cuál es su grado de libertad para posicionarse en las polémicas que
sus ayudantes internacionales mantienen en otras latitudes. La
discusión en torno al *boom,* que Oscar Collazos suscitara desde la
páginas de *Marcha*, y cuyo reto tanto Cortázar como Vargas Llosa
aceptarían, aparece en «Al pie de la letra» en un tono que evidencia
la identificación de la revista con el punto de vista de Collazos;
esto es, la necesidad de vincular la obra al contexto de la realidad

---

de *Literatura, Historia y Sociedad, Hora Cero, Pájaro Cascabel* (México); *Ínsula,*
Papeles de Son Armadans (España); *Nueva Atenea, Punto Final, Trilce* (Chile);
Marcha (Uruguay); *Eco, Vanguarda* (Colombia); *Rocinante* (Venezuela); *Asomante*
(Puerto Rico); *Action poétique, Margen, Partisans, L'Homme et la Société, Afri-*
casia (Francia); *Ideología, Quaderni Piacentini, Le Carte Segrete* (Italia); *Souffles*
(Marruecos); *Ciencias Sociales, América Latina* (Unión Soviética).

[11] La revista reseña las polémicas entre *Zona de la poesía americana* y *Pri-*
mera Plana, de Argentina (CA 34: 145-146); entre José María Arguedas y Julio
Cortázar, entre Oscar Collazos y Julio Cortázar, en *Amaru* (Perú), *Life en Espa-*
ñol (Estados Unidos) y *Marcha* (Uruguay) («Polémica», CA 57: 136-138); entre
Gabriel Zaid y Federico Álvarez, a propósito de la publicación en México de la
mesa redonda cubana «El intelectual y la sociedad» («De trocar», CA 59: 167-169).

latinoamericana[12]. Esto último se torna evidente con el silencio del
«narrador» de la sección, cuando reseña alguna información sobre
un escritor no comprometido o distante de la Revolución. Ese
silencio se constituye en la declaración de un gusto literario, que se
sabe silenciado por la ideología revolucionaria que «compromete»
la integridad del escritor.

Resulta interesante ver cómo, en el paso de las secciones de autor
hacia la simple composición de almanaque que tiene «Al pie de la
letra», los valores políticos y estéticos de la revista se modifican; deja
de producir polémicas, pero continúa acompañando el desarrollo de
las ajenas. No acoge a Manuel Puig, pero por el modo en que informa
sobre su éxito editorial o sobre las características de sus libros[13], se percibe la aceptación de una literatura que se escribe de espaldas al éxito
de la literatura comprometida y del modelo del escritor guerrillero.
Paralelamente, se registraba el éxito de los libros del Che Guevara,
los cuales se encontraban entre los más vendidos en librerías mexi-
canas, porteñas y parisinas. Su *Obra revolucionaria* encabezaba en
1968 las listas de ventas en México, junto a las creaciones de Miguel
Ángel Asturias, Fernando Benítez, Julio Cortázar, Carlos Fuentes y
Gabriel García Márquez (CA 48). El modo político que la revista
adopta para predominar en el campo de la cultura latinoamericana se
beneficia del interés que suscitan los discursos de la izquierda dentro

---

[12] Véase «Literatura en la Revolución y viceversa», en «Al pie de la letra»,
CA 60: 151-152.

[13] Véase «El maquillaje del lenguaje», en «Al pie de la letra», CA 64: 197-198.
La revista reseña la publicación de *Boquitas pintadas* y su éxito de crítica y de
público en América Latina (*Panorama*, de Buenos Aires; *El Mercurio*, de Santiago
de Chile, e *Imagen*, de Caracas), junto con el reconocimiento europeo a *La traición de Rita Hayworth* (Editorial Jorge Álvarez, 1968) en *Combat, Le Monde* y *Le
Figaro*. También «De Palmolive a Sudamericana»,reseña una entrevista de Puig
con la revista chilena *Cormorán*, en «Al pie de la letra», CA 65-66: 181.

del mismo mercado editorial que, a juzgar por las críticas, corroería la reputación de los escritores del *boom*.

PARADISO SIN CONTEXTO

Cuando se les pidió a seis críticos de generaciones diferentes que organizaran la biblioteca cubana de los primeros diez años de la Revolución –«Literatura y Revolución (Encuestas). Los críticos», CA 51-52: 179-192–, la mayor parte de los entrevistados mostró cierta sintonía estética en sus respectivas listas de autores y obras, pero dentro de la maquinaria institucional, y en específico dentro de las publicaciones periódicas, esta sintonía no repercutió en beneficio de la publicidad de *Paradiso*. Recordar el número de ejemplares de la primera edición cubana –4000 en 1966– y enseguida agregar que la tirada habanera de *Cien años de soledad* llegó a la espectacular cifra de 90 000 tres años más tarde, tal vez sirva para pensar dicho contraste en varias direcciones: no existe un consenso crítico para el reconocimiento y la aceptación de la nueva novela; la escritura de Lezama padece el mito del hermetismo barroco, mientras que la de García Márquez es abundante, mas ligera. No podía ser en definitiva el maestro origenista, viviendo discretamente en una isla revolucionaria, el símbolo de la nueva novela en un país cuyas instituciones culturales estimulaban y exportaban las literaturas de la política como modelos de una nueva generación literaria.

A pesar de que al lado de *El Siglo de las luces* la novela de Lezama Lima encabezó las listas tanto de los críticos jóvenes como de los consagrados, y a pesar de que *Casa* se había preocupado por anunciar su publicación[14], *Paradiso* no fue comentada en las páginas de la misma

---

[14] En 1966, *Casa* anuncia la publicación de *Paradiso* y *Órbita de José Lezama Lima*: «Dos libros de José Lezama Lima en Ediciones Unión». En «Al pie de la

revista que dos años atrás mostraba, en una edición inolvidable, pasajes de *Rayuela* y de toda la nueva novela como armas de lucha antiimperialista. No percibir que –más allá de la transitoriedad del contexto político en que tal concepción de la literatura fue diseminada– tales obras merecían ser reconocidas en primera instancia por sus valores estéticos revela la falta de audacia y de independencia crítica y política de la revista, así como la «atonía», en este caso crítico-literaria, de un grupo de escritores mucho más empeñados en hacer política que en pensar lo literario. «Se nos figura, por ejemplo» –comentaba el salvadoreño Roque Dalton–, «que una gran novela como *Paradiso* […], solamente podrá ser *asimilada críticamente* en el nivel deseable –destino anhelado por toda literatura que se respete– cuando todos seamos menos perturbables y en Cuba sea válido el trabajo de consideración de esa finura cubana que dicha obra propone y que la lucha contra el subdesarrollo, objetivamente, *pospone*» (CA 57: 100). En sus palabras se percibe la necesidad de impulsar otro catálogo cubano, al tiempo que se sugiere que *Paradiso* surgió en el contexto equivocado[15].

Este silencio de *Casa* alrededor de una novela que fuera de la isla fue inmediatamente celebrada coloca nuevamente a Cortázar frente a tropiezos de orden estratégico. El argentino reaparece ahora negociando una de las colaboraciones que Rodríguez Monegal más codiciaba: «Para llegar a Lezama Lima», que primeramente Cortázar pensó en entregar a *Mundo Nuevo*, apareció en la revista *Unión* (número 4, octubre-diciembre de 1966) de la UNEAC, que no demoraría en lanzar su *Órbita de Lezama Lima* (1966), y más tarde la editorial de la Casa haría algo similar en la serie Valoración Múltiple (1970). Esto, en consideración a los consejos recibidos de Fernández Retamar, a quien Cortázar pide autorización más que

---

letra» (CA 35: 127).

[15] Al respecto, véase Chiampi 1991.

consejo: «Creo que un largo ensayo sobre *Paradiso* en el libro de que te hablo será útil en más de un sentido, además de una justicia elemental. Pero ahora surge una segunda posibilidad, y es sobre ella que quiero consultarte. ¿Qué ha pasado finalmente con *Mundo Nuevo*? [...] No contestaré a Monegal hasta no tener tu opinión»[16]. A pesar de la difusión enorme que este artículo de Cortázar tuvo en otros países, en un primer momento contribuyó a que esta apertura internacional de *Paradiso* permaneciese, a la manera familiar, en el patio cubano como un bien que no le fue arrancado a la nación.

A través de «Al pie de la letra», *Casa* acompaña con entusiasmo la repercusión internacional de la novela[17], su convivencia con otras literaturas por medio de las traducciones al inglés y al francés, y el reconocimiento unánime de la crítica latinoamericana y europea a la obra de un escritor que, a pesar de encontrarse marginado, se había convertido en objeto de canje de las estrategias articuladas desde *Casa* y *Mundo Nuevo*. Como ya había advertido César Fernández Moreno, el nivel de sutileza era tan alto, y tan sofisticadas las operaciones de devastación de cada uno de los territorios que, para *Casa*, era preferible prescindir de un texto de Cortázar sobre Lezama, que dejarlo en manos de *Mundo Nuevo*. El fundador de la revista *Orígenes* fue mantenido como una especie de rehén literario, como una suerte de patrimonio que, por un lado, le garantizó a la Revolución la posibilidad de exhibir una libertad de creación (pero sobre todo de expresión) en la que no todos estuvieron dispuestos a creer. Por otro, le permitió a *Mundo Nuevo* corregir la ineptitud de la crítica cubana, para concederle a *Paradiso* el valor literario que no le había sido correctamente atribuido, mucho menos pormenorizado. «*Paradiso* en su contexto», de Emir Rodríguez Monegal (MN 24: 40-44), como

---

[16] Carta a RFR, del 21 de julio de 1966 (CA 145-146: 41).

[17] Las noticias sobre la repercusión de la novela de Lezama aparecieron en la sección «Al pie de la letra», CA 35: 125; CA 43: 143-144; CA 44: 172; CA 49: 170, 174; CA 51-52: 273; CA 55: 140; CA 57: 141-142.

su título anuncia, propone una lectura de la novela «en el contexto completo de la poesía (prosa y verso) de Lezama» que la distancia del «enfoque sociologizante» y de la «vulgarización antiestética». Para el director de *Mundo Nuevo*, el silencio cubano en torno a los valores literarios de *Paradiso* revelaba, en primera instancia, que en la crítica cubana existía «una comprensión adecuada de que ciertas obras escapan a las consignas y catecismos».

EL ESTRUCTURALISMO

Si por un lado el estructuralismo llegó a *Casa* a través de colaboraciones de Gérard Genette o en reseñas detalladas sobre las teorías de *Tel Quel*, lo hizo escoltado por los textos marxistas de Adolfo Sánchez Vázquez o de Romano Lupperini, cuyo objetivo era «comprobar la incapacidad del método estructuralista –en particular el lingüístico aplicado a la obra literaria– para liberarse de las propias aporías de fondo y alcanzar un real conocimiento del objeto artístico» (CA 55: 19). La revista trabaja con las críticas al estructuralismo sobre la base de que éstas funcionan como obstáculos ideológicos para el «idealismo» de las corrientes estéticas surgidas en la época del capitalismo tardío, y expresan su repudio político al universalismo, frente a la preeminencia del latinoamericanismo y del tercermundismo. A pesar de esto, el hecho de publicar textos sobre el estructuralismo revela la incapacidad de la revista para desligarse del afán modernizador y eurocentrista que caracterizó tanto a las revistas y grupos que la precedieron como a sus contemporáneas de izquierda.

Al tiempo que la cubana acoge el estructuralismo como muestra de actualización, también lo rebate como método interpretativo primermundista, producto del pensamiento de una sociedad que había convertido los beneficios de su desarrollo en un antihumanismo. Esta perspectiva alienta la creación de un nuevo modo de relacionarse con la herencia occidental y culmina con la redacción del panfleto «Calibán» (CA 68:124-151), texto dominado por un «nuevo spenglerismo» de izquierda, visión según la cual la civilización occidental aparece destinada a declinar de una vez. Bajo la influencia de Fanon, la barbarie es «interpretada como señal de alteridad y alternativa» frente a un mundo «aparentemente en derrota» (Melis 1992: 115). Además, estaría orientada a ocupar desde un punto de vista teórico-ideológico la misma posición de originalidad y prestigio alcanzada por la nueva novela. Sin embargo, ¿por qué esta resistencia de los cubanos a practicar una lectura crítica que toma como eje el método estructuralista? En la lectura estructuralista, contrario a lo que demandaban las literaturas de la política, no es el contexto el que explica la obra. Entretanto, con su «Lectura de *Tel Quel*» (CA 47: 124-129), Basilia Papastamatiu presentaba a la revista francesa como continuadora de la herejía escritural de los «malditos» —Sade, Artaud, Joyce–, permitiendo «dilucidar, por ejemplo, la noción de realidad, la creencia de que la escritura debe reflejar, representar una realidad que se encontraría fuera de ella».

Pero el hecho de que desde la revista se reivindique una proyección profundamente politizada de lo literario, no basta para que los escritores asuman esa actitud ante el estructuralismo de manera uniforme. Se hace necesario, pues, extender la preocupación por pensar la cuestión colonial de un modo teórico hacia otras publicaciones latinoamericanas, para frenar el impacto el estructuralismo y nuevamente dar un alerta sobre los modos de dominación del centro sobre la periferia, de la erosión que provoca lo hegemónico en lo subalterno, y sobre la necesidad de reafirmar una identidad que excluye el protagonismo de las ideologías que sostienen esas polarizaciones. Acompañemos la siguiente declaración de Mario Benedetti que la revista *Casa* recorta de su discípula, la chilena *Cormorán*:

Los críticos o reseñadores literarios son los más alienados y autoco-
lonizados en el panorama cultural de la América Latina. Por ejemplo,
es evidente que en estos momentos tiene gran importancia el fenómeno
del estructuralismo y el de la avalancha semanticista que tiene lugar en
Europa. Esos fenómenos están ligados entre sí, tienen una explicación
lógica, una instrumentalización con asideros históricos dentro de la
cultura europea, especialmente en la francesa. Pero otra cosa es decir,
como lo hacen esos reseñadores, que el lenguaje o la palabra ha pasado
a ser el protagonista de la literatura hispanoamericana, y eso sí tiene
un significado político que no tiene en Europa, es un modo muy sutil
de darle la espalda a la realidad, incluso muchas veces se habla del
«refugio en la palabra». Y en definitiva, ¿por qué vamos obligadamente
a considerar que la única interpretación posible de los fenómenos culturales latinoamericanos tiene que pasar por Europa? Tenemos que
crear modos de autointerpretación sin que ello signifique desperdiciar
ni ignorar todo lo que han hecho los europeos, pero no admitirlo ciega
y obsecuentemente. ¿Por qué inevitablemente vamos a tener que hacer
pasar *Cien años de soledad*, digamos, por la técnica del *nouveau roman*?
¿Por qué vamos a tener que hacer pasar *La casa verde* por las interpretaciones de Roland Barthes? ¿Por qué no podemos crear nuestras propias
interpretaciones de nuestro propio quehacer artístico?[18]

La serie de interrogantes planteadas por Benedetti remite con
claridad al momento en que la nueva novela se establece en la institución literaria; su éxito académico casi inmediato contrasta con
la torpe acogida de los críticos cubanos, por un lado, y resalta, por
otro, la incompatibilidad con profesionales del porte de Rodríguez
Monegal, quien sin adoptar en su método crítico al estructuralismo
sí se interesó por establecer vínculos con el mismo sin apelar a correcciones ideológicas. Pero también es cierto que, más allá de los matices con que cada escritor se coloca (y es cotizado) en el mercado, la
tendencia latinoamericana es la de expresar cierto distanciamiento

---

[18] «Benedetti en *Cormorán*», en «Al pie de la letra», CA 61:190.

del estructuralismo y del *nouveau roman*. Recordemos las conversaciones de Rodríguez Monegal con Ernesto Sábato o Severo Sarduy, o la polémica entre Alain Robbe-Grillet y Juan Goytisolo. El propio Vargas Llosa explicaba en 1966 el interés europeo por la novela latinoamericana como el producto de «una terrible crisis de frivolidad».

La curiosidad de Rodríguez Monegal por entender aquello que existe de aprovechable en lo nuevo contrasta con la urgencia casi dramática de la revista cubana por fundar una teoría que encontrase en las literaturas locales los elementos que propiciarían, desde una perspectiva nacionalista y al mismo tiempo latinoamericanista, la formación de intelectuales capaces no sólo de ejercer la crítica, sino también de fundar un «cuerpo de doctrina». Éste, lejos de negar la centralidad del centro, afirmaría, mediante el distanciamiento rebelde, la marginalidad del subalterno y su aceptación. El intelectual era conminado a abandonar el perfil universalista y pulcro del arielismo para asumir la fisionomía del ser deforme y hostigado que es Calibán.

El tercermundismo y la nueva novela

«Hay mucho intelectual que adopta la casaca francesa en medio de la aplastante realidad latinoamericana», llegó a comentar Lisandro Otero en 1966. La postura anticolonialista y antiimperialista asumida por Cuba a través de su política internacional crea otra escala de valores para la aceptación de autores y obras. Para *Casa*, la literatura latinoamericana sería uno de los elementos que sustentaría su eje ideoestético, pero hay que recordar que éste se amplió cuando el índice de la revista se transformó en tricontinental y tercermundista, con la inclusión de Ásia, África y las Antillas. *Casa* se posiciona contra el universalismo occidental, pero se trata de una postura más bien discursiva, pues su desequilibrio ideoestético y su heterogeneidad indican que, para considerarse actualizada y moderna, sabe que necesita continuar en el debate sobre las nuevas teorías. Ya en 1965, con la llegada de Fernández Retamar, la revista lanza el monográfico «África en América» (CA 36-37), un número que expresa la voluntad de «servir de vínculo entre los países que llaman del tercer mundo». Esta especie de geopolítica literaria con que *Casa* «asume África» la coloca en una posición de liderazgo internacional, que le permite adjudicarse el crédito de articular, por primera vez entre las revistas latinoamericanas de izquierda, un discurso que exalta los valores de las culturas negras como componentes políticos, dándole unidad a la concepción del tercermundismo. «África en América» va contra el universalismo implícito en el auge del estructuralismo francés; señala otros caminos para la discusión sobre la identidad y la originalidad de la cultura. En la raíz de esta nueva perspectiva se encuentra el pensamiento de Franz Fanon, que pasa al discurso de la crítica literaria y se instituye como valor político que determina la legitimidad de lo estético.

La terminología geopolítica apareció entonces como sostén conceptual, que buscaba en lo literario la superación del subdesarrollo y la aprobación de la violencia como vía de acceso a la libertad. No se discute sólo el papel del intelectual en la Revolución, sino también su papel en un país subdesarrollado. Los cubanos utilizan el término «subdesarrollo» para referirse al nivel técnico de la narrativa del continente. Ambrosio Fornet comenta que «el novelista ha dejado de ser subdesarrollado y se ha planteado también la literatura como un problema técnico, como un artificio» (CA 30: 64). La producción literaria latinoamericana anterior al *boom* de la nueva novela también es calificada de subdesarrollada. De igual modo, el tema de la violencia aparece en la discusión sobre *La ciudad y los perros*, desde el punto de vista crítico literario tal vez demasiado ingenuamente, como un elemento central dentro de una problemática de tipo social que el propio Vargas Llosa niega:

Lo cierto es que la violencia está inscrita en la realidad como cualquiera de nosotros, y constituye un elemento tan normal como las miles y miles de experiencias que forman eso que llamamos lo real.

Ahora, puede haber aparecido como una novela particularmente violenta, o de hechos violentos, porque daba testimonio de ciertos episodios que por lo general los escritores latinoamericanos han eludido.

Esta visión de la violencia como un componente más de lo real, y al cual todo escritor tendría acceso de modo casi involuntario, eliminaría, contrario al punto de vista de los cubanos, la necesidad de plantearse apriorísticamente el «reflejo» de la realidad, pues ella se impondría por sí sola en la obra, inclusive contra la ideología del escritor. Frente a esta perspectiva, el tercermundismo entra en la revista una vez que se oficializa como política internacional de la Revolución cubana a partir de la Conferencia Tricontinental (La Habana, 3 al 15 de enero de 1966), y comienza a filtrar su discurso a la crítica literaria de *Casa*. Hay señales de ello en los textos de Lisandro Otero y Graziella Pogolotti, para citar tan sólo a dos miembros del Comité de colaboración. La nueva posición del intelectual cubano comprometido va en dirección al discurso postcolonial, al asumir la nueva ideología tercermundista y utilizar lo literario para hacer la crítica al colonialismo desde la cultura. Así, independientemente de las deficiencias de formación, se trata de una crítica moldeada y modificada por lo político. Existe una conexión entre el pensamiento de Fanon y el lenguaje que estos críticos utilizan. En «El punto de vista de un intelectual», reseña de Graziella Pogolotti sobre *Punto de vista*, colección de ensayos de Edmundo Desnoes (CA 44: 163-164), la autocrítica a la posición del intelectual frente a la Revolución y frente a la cultura occidental está basada en el rechazo a un pensamiento modelado en otro contexto, en la pasividad con que los intelectuales recibían las interpretaciones históricas, económicas y literarias producidas en el llamado primer mundo. Siguiendo a Fanon, el texto de Pogolotti articula una crítica al intelectual fundamentada en la necesidad de utilizar las ideologías occidentales sólo en la medida en que determinados elementos «funcionen» en la interpretación del sistema colonial. «Hasta el concepto de sociedad precapitalista, tan bien estudiado por Marx, tendría que ser reformulado», sugiere Fanon, y otro tanto avanza la crítica cubana:

> El verdadero pecado del intelectual está en no saber descifrar los textos, en haber creído imposible una Revolución por no contar con un proletariado poderoso, en aceptar tácitamente la división del mundo en zonas de influencia, en asimilar la teoría como si fuera letra muerta, como si constituyera un mundo cerrado y no un punto de partida con infinitas posibilidades de desarrollo. (Pogolotti 1964: 163)

Hay aquí una crítica al arielismo, o dicho de otro modo, una anticipación de discurso calibanesco con que la revista encerraría la década. Para acercarse a la literatura latinoamericana y reconocerle su valor sería necesario, del mismo modo que ya había manifestado en la edición «África en América», «asumir la barbarie», oponerse a la operación de blanqueamiento que se desprende de la asunción tácita de un pensamiento maniqueo, dicotómico y excluyente. Al definir (por contraste) a los intelectuales de los países subdesarrollados como mestizos e impuros, Pogolotti termina adjudicándoles el mismo papel de Martí, Fanon y el Che Guevara, para hacerles ver que estaban «atrapados entre dos mundos». También para Lisandro Otero, cuando reseña *Los años duros* (CA 38: 116-117), el libro de cuentos de Jesús Díaz sobre la lucha contra la contrarrevolución armada premiado en el concurso Casa de las Américas, los tópicos del subdesarrollo y la violencia se tornan centrales:

> Es precisamente esta violencia la que puede entregarnos ese estilo anhelado para la expresión del subdesarrollo. Es literatura de combate en el sentido en que Fanon la nombrara, porque es la literatura que

convoca a un pueblo a la lucha por la existencia nacional, por la toma de conciencia de los denominadores comunes de los hombres dentro de un contexto social, porque es voluntad temporalizada.

Solamente la ira del oprimido puede entregarnos una manera de decir las cosas. Dejemos a la civilización cristiano-occidental-europea la tarea de inventar nuevos nombres a las cosas viejas. Para nosotros todo está por decir, y hay que decirlo con violencia. Este es el libro de la violencia cubana. (Otero 1966: 117)

La teoría de la violencia que Fanon desarrolló en *Los condenados de la tierra* (1961) le vino como anillo al dedo al sector cubano del Comité de colaboración, que la aplicó al análisis de obras marcadas por la presencia de la muerte, de la guerra, obras que justificaban las tesis fanonianas y las transformaban en valor literario. En sus consideraciones «Sobre la cultura nacional», Fanon reivindica la vía de la violencia también para el intelectual, que debe transitar de un compromiso con la Revolución, con lo nacional, hacia una entrega total a la causa tercermundista. De este modo, el intelectual se sitúa contra la cultura occidental a modo de valorizar tanto el pasado como la cultura popular. Para Fanon, el universalismo es, en la mente del colonizado, una mutilación psicoafectiva que debe ser superada por medio de tres fases evolutivas (asimilación de la cultura del colonizador, rescate del pasado y período de lucha en el cual se erige como conciencia crítica: «se transforma en el que despierta al pueblo»). Fanon altera radicalmente el orden de valores que definían la función del intelectual, del hombre de cultura. Es este giro, esta inversión de valores y de prioridades lo que determina, en definitiva, la importancia de *Casa* en el contexto político-cultural de los años sesenta. Para este pensador, la responsabilidad del intelectual no es sólo con la cultura nacional, sino con la nación toda, de la cual la cultura es apenas un aspecto: «Luchar por la cultura nacional es, en primer lugar, luchar por la liberación de la nación, matriz material a partir de la cual resulta posible la cultura» (Fanon 2001: 214).

La relativización del lugar a partir del cual se piensa la historia y la cultura, así como el énfasis en desmantelar el punto de vista eurocentrista a partir del cual se articula el pensamiento sobre América Latina, nos traen de regreso a un hecho concreto a través del cual este pensamiento se manifiesta en la revista, que es la crítica al *boom* de la nueva novela. Si hasta 1966 *Casa* venía informando y reseñando el éxito editorial de la literatura latinoamericana, a partir de la aparición de *Mundo Nuevo*, cuya razón de ser parecía ser la propia existencia de la nueva novela, pasa a observar este movimiento con ironía, con desconfianza y con cierta agresividad. No por coincidencia, el número en que se publica la siguiente nota es el mismo que reimprime la carta abierta a Neruda, luego de su participación en el Congreso estadounidense del P.E.N. Club:

> En un esfuerzo más de «acercamiento cultural» hacia nuestros países, las casas editoriales estadounidenses han anunciado, para este verano del 1966, un vasto y repentino plan de traducciones de autores iberoamericanos.
>
> Esta acción divulgadora parece estar destinada, en considerable medida, a tratar de apropiarse (o a dar la impresión de que se apropian) a determinados intelectuales progresistas o de sabida militancia izquierdista dentro de Nuestra América.
>
> Por supuesto, este amplio surtido de traducciones, calificado en los propios Estados Unidos de «sin precedentes», no es más que un ramal del gran intento de penetración y absorción cultural que ese país ha puesto en práctica últimamente, en un esfuerzo desesperado y sutil de conquistar lo perdido. (CA 38: 136-137)

Existe toda una política orientada a mantener, como valor modal del escritor latinoamericano, el rechazo a su inserción en el mercado editorial a través de mecanismos de promoción creados por las empresas capitalistas. Pero al mismo tiempo, fuera de Cuba, aun cuando la explosión editorial de los sesenta cubría en buena medida las expectativas del público lector, las obras por las que más se interesaba el mercado internacional del libro en Europa y los Estados Unidos eran justamente las que no trabajaban sobre las bases de una poética militante. En compensación, el testimonio, el reportaje, los libros de viajes, las crónicas de la Revolución, los análisis sobre las guerrillas también formaban parte de un *boom* editorial. Si bien dentro del mercado europeo del libro algunas editoriales como Gallimard y Feltrinelli asumieron la representación de las más afamadas novelas latinoamericanas (y en menor escala de las literaturas de la política), *Casa* se ciñó a legitimar un modelo en el que inclusive el escritor de éxito era presentado como un asalariado explotado por el capitalismo, como «materia prima del *star system*» (Roque Dalton, CA 57: 95-101), y por tanto manipulado y alienado a través del éxito, y cuyo ejemplo de resistencia heroica desde un territorio dominado por la «presionante comercialización» que tanto escandalizaba a Haydée Santamaría fue calcado sobre la imagen afable de Gabriel García Márquez, colaborador arrepentido de *Mundo Nuevo* y, a partir de 1967, el más exitoso escritor de *best sellers* de la literatura latinoamericana de aquella década. «Como político o como escritor quiero arreglar el mundo sin salir de mi estudio», explicaba el futuro Premio Nobel. «Los resultados son desastrosos: soy un escritor de moda y un revolucionario de salón»[19]. En igual medida, cuando la revista reseña el *Panorama de la actual literatura latinoamericana*, el cual reúne uno de los ciclos de conferencias organizados por la propia publicación, la inexistencia de un público lector aparece como un drama que afecta inclusive a los escritores del *boom*: «porque el libro se "convierte" en un *artículo-de-consumo* no cultural, sino de "prestigio social", de

---

[19] «Márquez, preguntas y respuestas». En «Al pie de la letra», CA 61: 192-193. Reseña de la entrevista de Carlos Landeras a Gabriel García Márquez, aparecida en *Siempre!*, México D.F., el 11 de marzo de 1970.

curtura, como decimos los cubanos cuando queremos ironizar la estupidez embarnizada» (López Morales 1969: 122).

La revista se esforzó por estimular en el escritor latinoamericano la conciencia de que cualquier marca burguesa podría ser interpretada como debilidad moral; existía una resistencia a admitir la importancia de la cultura de masas y de los medios masivos, enfocando las expresiones de la cultura popular como formas puras de la tradición, naturalmente opuestas a la degeneración espiritual en la era de la reproducción. No se trata apenas de qué obras la revista lee, sino de cómo las lee. La discusión sobre lo popular y lo masivo toma ese giro, por ejemplo, en los ensayos de Edmundo Desnoes sobre «La imagen fotográfica del subdesarrollo» (1966) y sobre los carteles de la Revolución[20] como una manifestación artística masiva, de propaganda, puesta al servicio del ser humano y no de su explotación.

El Premio Casa visto desde Casa

La difusión de la literatura latinoamericana no es un proyecto apenas de la revista, sino de la institución por entero. Premio literario, editorial y revista componen el núcleo de difusión legitimante de un modo de lo literario que busca centralizar y modificar el canon de la literatura continental. Aun cuando está interesada en destacar la producción letrada más reciente, la perspectiva literaria de la institución (y por extensión de la revista) se propone el rescate de toda la literatura. «Sobre la colección literatura latinoamericana» (CA 45: 159-162), firmado por Camila Henríquez Ureña, presenta el perfil y

---

[20] Desnoes 1966 y 1969, respectivamente. Véase, también «Las armas secretas» –sobre los mitos y valores de los medios masivos de comunicación, «que chocan muchas veces con los intereses más auténticos del mundo subdesarrollado»– (Desnoes 1968).

los objetivos de la editorial habanera. En principio elaborada sobre el molde de la editorial mexicana Fondo de Cultura Económica, la cubana adopta un perfil histórico-literario de proyección continental que, a diferencia de la Biblioteca Americana del FCE, prioriza las obras contemporáneas, en especial las narrativas, que tengan valores literarios y sociales, junto a otras representativas de las principales corrientes literarias –romanticismo, realismo, naturalismo, modernismo, novela de la tierra, indigenismo–, en ediciones populares. Pero, a diferencia de su homóloga mexicana, la colección cubana se propone introducir un nuevo enfoque, orientado hacia las zonas no hispánicas del Caribe.

De la lista de obras premiadas en el concurso cubano durante toda la década puede inferirse que las literaturas de la política por él promovidas se sitúan por oposición a las novelas del *boom*. Si durante los primeros años encontramos textos que critican ciertas obras premiadas (*Maestra voluntaria*, de Daura Olema, o *Cuatro cuadras de tierra*, de Oduvaldo Viana Filho), destacando sus deficiencias estéticas y mostrando, por tanto, que las motivaciones que las favorecieron con la obtención de un premio eran básicamente extraliterarias, con posterioridad la crítica se torna afirmativa y va enfocada a promover el tratamiento de temas político-ideológicos, como se evidencia en los premios concedidos a *Los hombres de a caballo* (1967), del argentino David Viñas, *Los fundadores del alba* (1969) del boliviano Renato Prada Oropeza, o a *La última mujer y el próximo combate* (1971), del cubano Manuel Cofiño. Basta revisar las reseñas publicadas en la revista sobre estas novelas para darse cuenta de que los valores estéticos no son exclusivamente los que atribuyeron los premios a tales libros. *Los fundadores…* recrea el tema de la guerrilla boliviana (y la presencia del Che Guevara), sin lugar a dudas uno de los de mayor actualidad en el ámbito revolucionario mundial, que ya había sido tratado en la novela de Viñas. Se transparenta, en primer lugar, el esfuerzo del reseñador para sostener críticamente la

278   Idalia Morejón Arnaiz

elección del jurado[21]. «Renato Prada: fundador», escrita por Antonio Benítez Rojo (CA 56: 145-146), trata de conectar esta novela al patrón internacional de los *boomers* mediante referencias a Rulfo y Vargas Llosa; quiere mostrar que la novela no es esquemática afirmando que los personajes son «realmente de carne y hueso», mientras que justifica las fallas técnicas con la juventud del autor y la ausencia de una tradición literaria en su país. En oposición, *La última mujer...*, de Cofiño, es valorizada justamente a partir del contraste estético y temático con la nueva novela:

> No aturde con una multiplicidad en el tiempo, en el espacio y en los personajes, a lo Vargas Llosa, ni con palabras inglesas o francesas, alusiones a Nueva York o a cualquier muelle del Sena, a lo Cortázar, no. Por último, tampoco es decadente. Es una novela en que intervienen trabajadores revolucionarios y entes débiles, fuera de ladrones, traidores y ausentistas. Contra ellos, los revolucionarios no pueden hacer sino lo que hacen: luchar contra los antisociales. (Rojas 1971: 173)

Este desplazamiento de los espacios cosmopolitas hacia los territorios guerrilleros de Cuba y América Latina, que la reseña anterior señala y propone como valor literario, ya había sido trabajado desde una perspectiva ideológica por la crítica a *Los hombres de a caballo.*

---

[21] El jurado que concedió el premio a *Los fundadores del alba* estuvo integrado por: Alejo Carpentier (Cuba), Salvador Garmendia (Venezuela), Noé Jitrik (Argentina), Ángel Rama (Uruguay) y David Viñas (Argentina). La fundamentación del jurado destaca «la existencia de una escritura original y moderna, un poder de recreación verbal espontáneo, una estructura narrativa incitante y un tema al mismo tiempo que de vivísima actualidad –las guerrillas de 1967 en Bolivia– obviamente muy complejo [...] Detrás de ella hay un escritor, cuyo esfuerzo creativo se realza más si se consideran las dificultades en que se desenvuelve la narrativa actual de su país: Bolivia» (Casañas & Fornet 1999: 66). Véase también «De los fundadores», reseña de un artículo sobre la novela publicado por Antonio Skármeta en la chilena *Ercilla* el 12 de noviembre de 1969 (en «Al pie de la letra», CA 60: 161-162).

Premiada por Julio Cortázar (Argentina), José Lezama Lima (Cuba), Leopoldo Marechal (Argentina), Juan Marsé (España) y Mario Monteforte Toledo (Guatemala), finalmente el Premio cubano reunía un tema político de actualidad que fue propuesto como paradigma y al mismo tiempo fue exaltado por sus cualidades literarias por un jurado de sólida reputación:

> Desarrolla la obra, en profundidad y con pleno conocimiento de la realidad humana, un tema de interés continental. Pese a tratarse de un sector que, como el militar, produce apasionados enfrentamientos de tipo ideológico en nuestra época, el autor sujeta su tratamiento a estrictas medidas de la literatura de ficción [...] El discurso revela, además, la mano segura de un escritor de estilo directo y sobrio. (Casañas & Fornet 1999: 58)

A pesar de que el jurado consideró lo ficcional como elemento fundamental para la premiación de esta novela, una vez más la crítica cubana de *Casa* desajusta la perspectiva de lectura que legitimaría la elección de la novela de Viñas. Si bien es cierto que por primera vez una reseña cubana organiza su comentario en torno a lo estructural, lo ideológico y lo literario, el valor de *Los hombres de a caballo* no llega a ser localizado no sólo dentro de la obra del propio Viñas, sino tampoco en su contorno. El modo en que la lectura de *Casa* se restringe al vínculo político con el tema de la guerrilla nuevamente escamotea el espacio de lo específicamente literario: el reseñista no cree tener oportunidad «para un eficaz análisis». El «sustrato ideológico» que parecería encontrarse «a flor de piel» es localizado en el «Operativo Ayacucho», considerado el más importante de los planos narrativos del libro, por ser «el portador de la carga ideológica y del consecuente análisis sobre la política de contrainsurgencia preconizada por el imperialismo y las oligarquías nacionales». Para el autor de la reseña, además, Viñas «ha sabido aprehender la esencia del problema: la sociedad burguesa requiere cada vez más la participación activa del ejército, por cuanto es el único medio seguro de contener, al menos por un tiempo prudencial, la Revolución» (López Morales 1968: 191). Esta reseña incorpora la terminología técnica de la vulgarización estructuralista que trajo al discurso del análisis literario el lenguaje cinematográfico (secuencia, plano, subsecuencia, retorno, *flashback*) y, en la misma medida en que sería reconocido en las otras reseñas, el valor estético que se le reconoce a esta obra es justamente el de «no peca[r] de la acostumbrada exuberancia de la nueva novela, verdadera expresión jeroglífica de las posibilidades del "montaje"» (López Morales 1968: 187).

Esta promoción de un nuevo modelo que compromete lo literario con la lucha armada provocó en *Mundo Nuevo* una reacción que su director justificó con la importancia de la obra de Viñas dentro del contexto argentino. «David Viñas en su contorno», del propio Rodríguez Monegal (1967b), examina *Los hombres de a caballo* en el contexto de la obra de Viñas y en el de la literatura argentina, atrayendo así la obra hacia un contexto que, si bien no la explica, por lo menos sí ilumina tanto sus cualidades como sus limitaciones. Y son justamente las limitaciones ideológicas y formativas de la generación de Viñas los aspectos que la valoración de *Mundo Nuevo* analiza. El crítico uruguayo trata de mostrar que el «mayor defecto» de la novela está «en la concepción misma de una novela comprometida», lo cual es un problema inherente no a las cualidades narrativas del autor, sino al tipo de novela que se propuso crear: «En un plano más general aún, cabría reprochar a Viñas que su misma toma de partido se haga *a priori*, antes de escribir, y sea ella la que determine la "realidad" de la novela, y no al revés, que sea la realidad de la novela la que permita desprender una toma de partido» (1967b: 82). El afán correctivo de Rodríguez Monegal, su énfasis en el ordenamiento de la biblioteca latinoamericana y la preocupación por rescatar en beneficio de la novela los valores que no le son debidamente reconocidos por la revista cubana se transforma en lección crítica y metodológica. El trabajo de

Rodríguez Monegal impregna al lector de un «contorno» que va de la ficha biobibliográfica de Viñas al contexto sociopolítico e histórico en que produjo su obra, así como a las características ideológicas y estéticas de su generación. Rodríguez Monegal muestra además que el verdadero contorno de *Los hombres de a caballo* es la realidad política argentina: «Viñas consigue mostrar cómo el ejército argentino deja de ser el creador de la nacionalidad y una de las fuerzas mayores en la construcción de una América libre para convertirse en una fuerza de opresión dentro del país y en un colaborador eficaz de un ejército interamericano que se propone destruir de raíz el movimiento guerrillero» (1967b: 83).

Resulta cuando menos curioso que a pesar de la credibilidad del Premio Casa, ninguna de las estrellas del *boom* enviase manuscritos u obtuviese un premio en dicho concurso y que, en contraste, en contadas ocasiones los ganadores consiguiesen visibilidad literaria en los centros hegemónicos, donde los afamados del Comité de colaboración publicaban sus obras. Además, ni Mario Vargas Llosa ni Carlos Fuentes, ni Julio Cortázar o García Márquez (miembros del «cogollito», como prefirió llamarlos José Donoso) aparecen en el catálogo de laureados por la institución. Extraña, porque Carlos Fuentes ganó el Premio Biblioteca Breve en 1967, cuando ya era internacionalmente conocido y sus libros circulaban en otros idiomas. ¿Por qué preferían buscar otras vías para promover sus libros? Tratar de sobrevivir como escritor es, con certeza, una difícil experiencia, y el dinero del mercado capitalista el único que podía garantizarles cierto estatus y condiciones de trabajo adecuadas. Pero de cualquier manera, la publicidad del *boom* comenzaba a armarse de una historia paralela que le reservaría a la revista cubana no poco protagonismo. El punto de vista del mercado como el principal responsable por el reconocimiento internacional de los escritores del *boom* no podía ser bien recibido por *Casa* cuando, desde 1964, distante de la parafernalia propagandística, ya había documentado el conjunto de la producción narrativa latinoamericana, y por tanto se situaba como precursora en el reconocimiento de la nueva novela.

Se discute la influencia negativa del mercado, entre otras cosas, para resaltar la importancia de la Revolución como la verdadera responsable por la promoción de los *boomers*. *Casa* parece proponer la impresión de que las obras existen porque existe la Revolución[22], pero

---

[22] Donoso atribuye la invención del *boom* a los detractores de la nueva novela hispanoamericana, quienes lo definieron como un fenómeno comercial desprovisto de sus aspectos específicamente literarios. Esta «hipotética» existencia del *boom* como grupo literario, cuya autoría el novelista chileno insiste en relacionar con sus detractores, lo libera de cualquier responsabilidad crítica o conceptual sobre el origen y legitimidad del término; así, tampoco tiene que definirlo en un libro que, a través del elemento autobiográfico, elude tal respuesta. El *boom* aparece como el hijo maldito o el engendro de una mezquindad intelectual, un producto de los bajos sentimientos: «es una creación de la histeria, de la envidia y de la paranoia». El primer capítulo de la historia personal de Donoso, que conviene comentar sucintamente, es un panfleto contra tales detractores, que con la excepción de Miguel Ángel Asturias, no son nombrados directamente, y sí clasificados a través de un amplio registro de invectivas. Los enemigos políticos de la nueva novela «de los más variados pelajes» son repartidos en categorías, que van de los «pedantes» de «fláccidas manos sudorosas», a «los peligrosos enemigos personales» de «imaginaciones paranoicas», «los papanatas», «los envidiosos y fracasados», «los ingenuos» y «los deslumbrados». Al tiempo que los define, Donoso les niega una identidad individual. No polemiza con ellos, sino que los ataca con un lenguaje moralizante que al mismo tiempo los desautoriza intelectualmente, retirándoles así el prestigio para definir este fenómeno literario, sociológico y comercial. Ahora bien, si por un lado Donoso niega la existencia del *boom*, su «unidad monolítica», por otro todo el libro gira en torno a ese término. A pesar de que su testimonio personal lo separa del grupo, quiebra esa unidad que desde afuera se le reconoce. Sin embargo, Donoso no sólo no renuncia al término, sino que en las entrelíneas lo define como un fenómeno esencialmente literario que ha sido desplazado de su espacio de legitimación estética y restringido al mundo voraz de la propaganda, un mundo que desfigura el rostro (el alma) de un cuerpo letrado multinacional y monolingüístico. Se trata, en suma, de una escritura desfigurada por la imposición de un espacio no natural. Por último, además de querer negarle al *boom* su existencia y su unidad, Donoso se resiste a reconocer un momento concreto en su

basta atender a las fechas en que Cortázar, Fuentes, Donoso, Vargas Llosa, García Márquez, Sábato ya estaban escribiendo los libros que los harían famosos, para entender que no fue el antológico número 26 el principal responsable por tanto reconocimiento; reconocimiento que se dio al sobrepasar el ámbito de la lengua, como lo prueban las traducciones y la abundante producción crítica que ha generado. Por otro lado, en España la editorial Seix Barral organizaba, desde 1959, el Biblioteca Breve, cuya sintonía con la izquierda internacional, unida al hecho de premiar a los *boomers*, lo convirtió en su plataforma de lanzamiento al mercado del libro.

El premio literario de la Casa era lo suficientemente prestigioso como para tratar de imponer un canon de lectura y hacer circular las obras que integraban al discurso literario la política latinoamericanista de la institución. Su repercusión internacional, que la revista acompañó a través de «Al pie de la letra»[23], no muestra sin embargo el mismo entusiasmo ni la misma avalancha de traducciones que caracterizó el éxito de los *boomers*. La nueva novela tendría que esperar todavía a 1966 para que, con la llegada de *Mundo Nuevo*, cambiara de manera definitiva el modo de inserción de los jóvenes escritores en el mercado del libro, pero especialmente en la crítica académica y en la crítica cultural de los grandes tabloides. Si *Casa* contaba con un Comité de colaboración que incluía a reconocidos escritores de aquel momento, ¿por qué es *Mundo Nuevo* la que consigue conformar una representatividad literaria y articular un canon?

---

surgimiento: «Nadie tiene claro el momento del nacimiento del *boom*, nadie está dispuesto a prohijarlo definiendo el momento en que se tuvo conciencia de que existía, en el caso de que se acepte que existe o existió. Nadie, por otro lado, sabe si se puede afirmar que el dichoso estallido ha terminado» (Donoso 1998: 14).

[23] Véase, por ejemplo, las reseñas sobre la repercusión del Premio de 1969 a través de *Rinascita* (Italia), *Marcha* (Uruguay), *Le Monde* (París) y *El Nacional* (México). «La Casa por fuera», en CA 56: 159-160.

MUNDO NUEVO Y EL *BOOM*: UNA CELEBRACIÓN REFLEXIVA

El 1 de mayo de 1986 un grupo de intelectuales se reunió en la Americas Society para rendir homenaje a Emir Rodríguez Monegal, fallecido el año anterior. Los perfiles más o menos curiosos sobre el director de *Mundo Nuevo* que ese encuentro trazó posibilitan tener una idea más carnal de su figura, al tiempo que corroboran el valor de su contribución crítica a la literatura latinoamericana. Entre todas las evocaciones hay una que es, a la vez, metáfora de la formación de un canon; ella muestra que el gesto paciente y sistemático con que Rodríguez Monegal guardaba estampillas de correos para la colección de Roberto González Echevarría fue el mismo con que transformó la percepción de la literatura latinoamericana no sólo dentro de la propia lengua, sino también en el ámbito anglosajón[24]. En la opinión de González Echevarría, el trabajo persistente de erosionar los esquemas de la crítica española que pervivían en la academia estadounidense rindió a Rodríguez Monegal –y a la nueva novela–, el privilegio de cambiar el perfil de los estudios hispánicos. El modo de lectura crítica con que actualizó la mirada estética internacional sobre el universo latinoamericano se había tornado público precisamente a través de las páginas de *Mundo Nuevo*; por demás, la polémica con *Casa* la había convertido en una especie de emblema de la reestructuración del campo intelectual.

¿Por qué fue Rodríguez Monegal quien modificó la lectura del *boom*? ¿Qué hizo para conseguirlo? La respuesta a la primera interrogante retomará de modo sucinto «el problema de la crítica», esto es, su ausencia y sus deficiencias. Si bien la baja calidad de la crítica llegó a convertirse en norma en la revista *Casa*, tampoco fue dife-

---

[24] Véase González Echevarría 1987. Después de terminada su labor en *Mundo Nuevo*, Rodríguez Monegal se instaló en la cátedra de literatura latinoamericana de la Universidad de Yale, la misma donde, curiosa y paradójicamente, terminando los años cincuenta Fernández Retamar también había sido profesor.

rente en el resto de los países de Latinoamérica. Entrevistado por el propio González Echevarría, el director de *Mundo Nuevo* reivindicó como influencia fundamental en Hispanoamérica el modelo crítico borgeano («Borges was my model»)[25], junto con la inspiración en críticos extranjeros, para compensar la deficiencia de patrones locales. Aunque mencionaba a Pedro Henríquez Ureña, Amado Alonso, Francisco Romero, Alfonso Reyes y Ezequiel Martínez Estrada (los mismos que mencionaría Fernández Retamar), la cuestión no era tanto el conteo de nombres como la preocupación por la ausencia de una crítica académica que organizase y propagase métodos propios y modernos. Rodríguez Monegal resalta en especial sus lecturas de la vanguardia, las mismas que realizarían los escritores del *boom*. De América Latina, cita a Vicente Huidobro, César Vallejo y Pablo Neruda, y como «local teacher», el nombre de Juan Carlos Onetti preside una lista que completa con la obra de Octavio Paz.

---

[25] Según Rodríguez Monegal, la principal enseñanza que obtuvo de Borges fue «his conception of fiction as fiction. In times when those on the left spoke only of realistic literature and of literary commitment to politics, Borges insisted on writing fiction and demonstrated in his work that realism was a literary convention which had been developed since the beginning of the sixteenth century and artificially codified in the nineteenth». Y para completar agrega: «Borges, on the other hand, proposed a textual reading which anticipated the best of structuralism» (González Echevarría 1974: 40). Para Ángel Rama, en cambio, Borges pertenecía al pasado literario del continente, pues su literatura no trataba de la realidad del momento, por tanto no era actual: «Hace años que Borges ha dejado de ser orientador cultural en el río de la Plata y ha pasado a esa extraña situación del clásico de época pretérita que aún sigue vivo; ya no representa la cultura de su país que ha seguido caminos no sólo distintos sino contrarios a su magisterio». Rama admite que Borges ha sido reconocido, esto es, que Occidente ha reconocido la literatura hispanoamericana, pero dice que su arte es mimético, que desvía a la literatura de las «tradiciones nacionales», vinculándolo así a las élites letradas que se tornaban esteticistas para poner competir con Europa (Rama 1964: 16).

La misma pregunta remite a las singularidades de la formación de Emir como exégeta profesional dentro de los paradigmas críticos de la Escuela de Cambridge, de la «nueva crítica» estadounidense y de la revista *Scrutiny* (1932-1953). Su fundador y director, F. R. Leavis, había sido profesor del uruguayo durante su estancia en Cambridge, en 1949. «What interested me most about Leavis was his courage to define that was really important in a specific literature», apuntó Rodríguez Monegal. Al referirse a sí mismo y a los cuestionamientos académicos sobre su función como promotor cultural concluyó: «To write about new and even very new writers is always to run a very great risk» (González Echevarría 1974: 41). Con esto, valora la originalidad en la medida en que ésta modifica los temas y modos de decir; y en tal sentido siguió la misma línea trazada por *Scrutiny*, para la cual lo literario era el criterio fundamental a que el crítico debía reportarse. El mayor empeño de *Scrutiny* consistió en profesionalizar la crítica, reaccionar contra las lecturas improvisadas de los aficionados y plantear la necesidad de una formulación más precisa en su confrontación con la industria cultural. Para *Mundo Nuevo* inspirarse en tal proyecto fue una tarea de riesgo, por surgir en un momento en que, con la expansión del mercado del libro, la función social del crítico había sido desplazada hacia el ámbito estrictamente académico y mercadológico, con una consecuente pérdida de influencia en la esfera pública. El público, por otro lado, se había transformado en «las masas», y la crítica (la antigua opinión pública), en «relaciones públicas» (Eagleton 1991). Asumir la función de develar lo nuevo, de mediar entre los escritores y el público, entre los escritores y los recintos universitarios, entre los escritores y la propia institución literaria, además de entrañar un riesgo presumía conducir el debate en términos regidos tanto por los discursos del poder como por los de la razón. Durante los años de trabajo en *Mundo Nuevo*, situado fuera del marco de la academia, Rodríguez Monegal trajo a la crítica latinoamericana la posibilidad de retomar una de sus funciones tradicionales: la mediación y la interpretación[26].

En América Latina la inexistencia de una crítica consolidada era evidente al punto de que los escritores se lo planteasen como problema, y fue el principal motivo que llevó a los autores del *boom* a utilizar su popularidad para asumir las funciones del crítico, guiando la sensibilidad del público a través de la reflexión sobre la nueva novela. En ese sentido, las entrevistas publicadas en *Mundo Nuevo* son una contribución. Esto indica, por otro lado, que Rodríguez Monegal estaba consciente de las dificultades que su proyecto enfrentaría, al punto de que, tanto como en los primeros años de *Casa*, el tema de la insuficiencia de la crítica literaria en lengua española fuera resaltado en su revista como el eje que organizaba el trabajo interpretativo de Octavio Paz, uno de los pocos escritores del momento que «sacaba la cara» por la crítica en América Latina. Pero a pesar de destacarlo como uno de los representantes aislados de ese movimiento de mediación e ilustración del público, Rodríguez Monegal no dejó de percibir en Paz a un creador que, al igual que los escritores del *boom*, había encarado la necesidad de colmar con su labor el vacío de un pensamiento crítico actualizado (y especializado) en el contexto de las letras hispanoamericanas de los años sesenta[27].

Entretanto, para responder a la segunda pregunta podría pensarse en los procedimientos editoriales y críticos que configuraron la

---

[26] Siguiendo la opinión de Leavis, Terry Eagleton afirma que no basta tener «sentido común», sino que ejercer la crítica «implica entendimento dos recursos de linguagem, a natureza das convenções e as possibilidades de organização que só podem concretizar-se a partir de uma experiência literária muito intensa, acompanhada pelo hábito da análise» (Eagleton 1991: 63).

[27] Entre 1965 y 1967, Octavio Paz publicó en México cinco libros de crítica: *Cuadrivio* (1965), *Puertas al campo* (1966), *Poesía en movimiento, México, 1915-1966* (1966), *Corriente alterna* (1967) y *Claude Lévi-Strauss o el nuevo festín de Esopo* (1967).

celebración literaria en *Mundo Nuevo*, y que la transformaron en la realización de un proyecto crítico personal. La revista documenta la nueva experiencia latinoamericana en el mercado editorial a través de entrevistas a editores y traductores, al tiempo que acompaña la publicidad de la literatura en los centros primermundistas y revisa o evalúa la política de traducciones. Esto se dio además en la organización interna de la revista, en el afán correctivo de su director y en una tendencia acentuada a la autorreferencialidad. Las entrevistas, valoraciones, reseñas y noticias culturales, en general mantienen una sintonía con la actualidad que las autoriza como rúbricas promotoras de la nueva novela. «Libros y Autores» publica reseñas y notas breves sobre ediciones recientes de la literatura española y latinoamericana; «Revistas» reseña publicaciones literarias llegadas de todas partes del continente, así como de Europa y Estados Unidos, y «Sextante» acompaña, tanto como en *Casa* lo hacía «Al pie de la letra», el recorrido internacional de la nueva novela a través de traducciones, congresos y premios literarios[28].

Lo que diferencia esta perspectiva de la que Fernández Retamar utilizó en la revista *Casa* es el hecho de proponer una visión de la literatura latinoamericana como parte de un engranaje mayor, que,

---

[28] En *Mundo Nuevo* podemos acompañar la proliferación de premios literarios en lengua española que nutrieron el *boom* y también los que, al mismo tiempo, encontraron en la explosión editorial un estímulo para promover la creación: Concurso «Anuario del cuento rioplatense» (Montevideo); Premio Municipal de Literatura de Santiago de Chile; Concurso «Palme sul Mondo» (Nápoles); Premio Eduardo Alonso, Premio Adonais de Poesía, Premio Temas, Premio E.D.A.F., Premio Taurus, (Madrid); Premio Ciudad de Oviedo; Premio Alfaguara, Premio «Eugenio Nadal» (Barcelona); Concurso latinoamericano de cuentos de la revista *Life* (Estados Unidos); Premio de la Fabril Editora, Concurso americano de novelas de la Universidad de Veracruz, Premio de cuento de la revista *La Palabra y el Hombre*, Primer Concurso de Novela Don Quijote, Premio Xavier Villaurrutia (México); Concurso «Primera Plana», Premio Municipal de la ciudad de Buenos Aires (Argentina); Premio Coelho Neto, Premio anual Machado de Assis (Brasil).

además del escritor, incluye la participación del crítico, el editor, el traductor y el librero: «*Mundo Nuevo* se propone imperturbablemente llevar a sus lectores los datos y comparaciones de este tipo que pueda recabar, esperando poder poco a poco ir mejorando su información y su método y sacar algo en claro, por modesto que sea, sobre las coincidencias y divergencias, las repercusiones o aislamientos de los mercados literarios latinoamericanos» (MN 1: 83). La revista ilustra su propuesta mostrando la falta de veracidad de las informaciones divulgadas por la prensa latinoamericana, según la cual el ensayo de tema político, histórico y filosófico parecía ser el género más procurado por el público. Sin embargo, este punto de vista entraba en contradicción con el del mercado editorial, que justificaba la publicación de ensayos y su aparición sistemática en los primeros puestos de las listas de ventas utilizando como argumento el hecho de que el público (en verdad la clase media) quería politizarse para entender lo que ocurría[29].

No por acaso en la primera edición de *Mundo Nuevo*, «Sextante» comienza con un artículo titulado «Nuevo descubrimiento de América» (MN 1: 79-81), donde se reseña exhaustivamente el interés internacional por la literatura latinoamericana, los problemas de la industria editorial y el modo en que la publicidad afecta la colocación de determinadas obras en el mercado. Pero *Mundo Nuevo* no se limita sólo a informar sobre el impacto de la nueva novela, sino de toda la literatura latinoamericana que se publica fuera del continente, incluyendo a la brasileña, sin dejar de lado otros géneros, como el teatro, las artes plásticas, el cine y la música. La atención a la propaganda del libro aparece en noticias sobre los más vendidos (aun cuando manifiesta su desacuerdo con la mayoría de los recortes realizados

---

[29] Este punto de vista también es promovido por *Casa*. Véase «¿Dumping en el *Boom*?», sobre la preferencia del público joven por obras de tema político contemporáneo (CA 58: 205).

por el periodismo cultural). Muchas de estas noticias revelan que la localización europea de la revista favoreció su recepción y la convirtió en testigo, al contar Rodríguez Monegal con la posibilidad de participar en concursos internacionales a los que era convocado con bastante asiduidad como jurado.

Del mismo modo en que reseña un gran número de revistas[30], muchas de las cuales *Casa* excluye apriorísticamente, *Mundo Nuevo* realiza idéntico movimiento al mantenerse distante de algunas publicaciones de izquierda. Y con las polémicas ocurre otro tanto. Ahora bien, el gesto correctivo con que se aproxima a las interpretaciones ajenas tiende a ajustar las valoraciones sólo en su aspecto estético, mientras que *Casa* se dedicaba a realizar una lectura ideológica vehemente del material que reseñaba. A Rodríguez Monegal le preocupaban, entre otras cosas, los errores de la prensa europea en su apreciación de

---

[30] Revistas culturales, académicas o suplementos de periódicos reseñados en *Mundo Nuevo*: Eco, «Lecturas Dominicales» (*El Tiempo*), *Razón y Fábula*, *Azu. El Hombre Infinito* (Colombia); *Revista de Cultura Brasileña, Papeles de Son Armadans, Papeles, Cuadernos Hispanoamericanos, Índice, La Estafeta Literaria, Levante* (España); *Fanal, Amaru, Cuadernos Semestrales de Cuento* (Perú), *Éxodo* (Francfort), *Cuadernos de poesía, Setecientosmonos, Testigo, Por Alquimia, Revista de Filosofía de la Facultad de Humanidades y Ciencias de la Educación de la Universidad Nacional de La Plata, Boletín de literaturas hispánicas, Cormorán y Delfín (Revista Internacional de Poesía), Confirmado, Destino* (Argentina); *El Sol, El Heraldo, La Palabra y el Hombre, Diálogos, Comunidad (Cuadernos de difusión cultural de la Universidad Iberoamericana), Coatl, Sísifo, Letras de ayer y de hoy, Revista de Bellas Artes*, «La cultura en México» (*Siempre!*) (México); *Casa, Islas* (Cuba); *Orfeo, Quilodrán, Ercilla, El Siglo, El Mercurio, Trilce* (Chile); *Life en Español, Visión* (Estados Unidos); *Asomante* (Puerto Rico); *Zona franca. Poesía de Venezuela, Papeles*, «Papel literario» (*El Nacional*), «Índice cultural» (*El Universal*), *Imagen* (Venezuela); *Europe, Margen, 3 Continents (Revue d'actualité du Tiers Monde), Cuadernos de Ruedo Ibérico* (Francia); *Times Literary Suplement* (Inglaterra); *Criterio* (Paraguay); *Visão* (Brasil); *La Universidad* (El Salvador); *Temas, Marcha* (Uruguay); *Repertorio Centro Americano* (Costa Rica); *Hombre y Jaguar* (Nicaragua); *Boletín cultural, Ágora* (Ecuador).

la literatura latinoamericana, en especial por no identificar de manera adecuada la posición de un autor en determinado contexto. También, la mirada sobre el desarrollo de la industria del libro resaltaba la producción de las editoriales que imprimían textos de los autores del *boom* –Eudeba, Emecé, Ediciones Libera (Argentina); Zig-Zag (Chile), Fondo de Cultura Económica, Joaquín Mortiz (México), y Alfa (Uruguay)–. Tanto como *Casa, Mundo Nuevo* acompañó el éxito de los jóvenes novelistas, en especial Gabriel García Márquez, José Donoso, Mario Vargas Llosa, Carlos Fuentes y Julio Cortázar, a quienes también dedicó valoraciones[31]. Resulta significativo además que el cuestionado uso del término *boom* no despertase en *Mundo Nuevo* ninguna reflexión, lo cual muestra que el sentido de explosión editorial era el que predominaba y estaba desprovisto de cualquier connotación negativa importada de la izquierda cubana. El término es utilizado por primera vez en una breve información de «Sextante» («Sigue el *Boom*», MN 11: 93) para anunciar el éxito de *Sobre héroes y tumbas* en la Argentina, que llegó a vender 10 000 ejemplares mensualmente.

Otro de los modos en que la revista administra la promoción y la crítica de la nueva novela es a través de una tendencia marcada a la autorreferencialidad, que implica además un cierto afán pedagógico. Cuando presenta o anuncia un nuevo título, al mismo tiempo ofrece las coordenadas necesarias para pensar la obra dentro de un contexto

---

[31] Emir Rodríguez Monegal, «Madurez de Vargas Llosa» (MN 3: 62-72); Luis Hars, «Gabriel García Márquez o la cuerda floja» (MN 6: 63-77); Emir Rodríguez Monegal, «El mundo de José Donoso» (MN 12: 77-85); Severo Sarduy, «Un fetiche de cachemira» –sobre *Zona sagrada*, de Carlos Fuentes– (MN 18: 87-91); Aníbal Ford, «Los últimos cuentos de Cortázar» –sobre *Todos los fuegos el fuego*– (MN 5: 81-84); Luis Hars, «Cortázar, o la cachetada metafísica» (MN 7: 57-74); Carlos Fuentes, «*Rayuela*: la novela como caja de Pandora» (MN 9: 67-69); Alfred J. Mac Adam, «Cortázar novelista» (MN 18: 38-42); Jean L. Andreu, «Cortázar cuentista» (MN 23: 87-90).

mayor, que no es el de toda la obra del autor, o el de la producción nacional en que surge, sino el contexto tanto de la literatura latinoamericana como de la crítica que la propia revista realiza. Este estilo de organizar la lectura y ofrecer al público una visión totalizadora sobre el valor de una obra se desarrolla en dos direcciones: una sincrónica (los trabajos sobre textos o autores en específico) y otra diacrónica (cómo la revista los distribuye en su propio espacio de recepción, y en función de qué objetivos allí aparecen). Cuando anuncia la publicación de *Los cachorros*, de Vargas Llosa, en una notita de catorce líneas a media columna, enseguida conecta al lector con una serie de referencias que muestran su proyecto de acompañar, pero sobre todo de organizar y actualizar la biblioteca latinoamericana (MN 15: 66). Lo mismo ocurre cuando anuncia la publicación de *Tres Tristes Tigres* o de *Cien años de soledad*, esto es, cuando ve completarse, al final del engranaje, el paso de una obra por diferentes instancias de legitimación hasta llegar al público y, en este caso, al éxito más aplaudido de la década. En la siguiente cita la revista recuerda cómo la recepción de la novela de García Márquez había sido realizada en sus páginas, un año antes de que la novela apareciese en la Editorial Sudamericana:

> Esta obra constituye, sin duda, el centro y culminación de una vasta saga narrativa que el autor colombiano había iniciado en 1955, con *La hojarasca*, y que ahora adquiere su pleno sentido. Novela extensa, escrita en un lenguaje de increíble levedad y humor, ya ha sido considerada una de las obras maestras de la nueva narrativa latinoamericana. Los lectores de *Mundo Nuevo* han tenido oportunidad de apreciar dos de sus capítulos (anticipados en nuestros números 2 y 9), así como un extenso estudio de Luis Harss sobre su autor (número 6). Próximamente publicaremos un trabajo sobre esta novela capital. (MN 13: 67)

Así, la autorreferencialidad es usada por la revista para probar que su percepción crítica («una de las obras maestras de la nueva narrativa

latinoamericana»), además de anteceder a la existencia pública de la
propia obra, es, sobre todas las cosas, críticamente «confiable». En
casos menos afortunados el resultado final del engranaje desembocó
en la censura, en especial cuando la revista reseñó el desprecio de
la crítica chilena sobre el éxito de José Donoso (MN 15: 70), o el
veto español a *Cambio de piel*, de Carlos Fuentes[32]. En el primer
caso, *Mundo Nuevo* reafirma la idea de que para crear libremente
el escritor debe mantenerse fuera de los contextos locales, al tiempo
que reconoce que, en tanto crítico (en sus relaciones con el medio
social), el escritor ha perdido definitivamente su lugar en la esfera
pública. Este último es un planteo que la izquierda reunida en torno
a Cuba (a pesar de la poca influencia que tiene el intelectual cubano
dentro de su propia esfera pública) se resiste a asumir. En palabras
de Donoso, la literatura no puede ya competir con la expansión y el
impacto social de los medios masivos, aceptando así el fracaso social
del escritor:

> La idea de que hoy por hoy el artista sea un portavoz, me parece
> ingenua y obsoleta. La literatura ya no tiene la fuerza colectiva que tuvo.
> Ese papel de la literatura ha sido tomado por la radio, el cine y la TV,
> que se dirigen directamente a las masas. Muy poca gente lee novelas y
> poemas, lo que deja libre a la literatura para asumir su papel cultural y
> deshacerse de su papel social [...] El escritor se debe tomar la libertad
> de ser socialmente inútil para ser culturalmente útil. (MN 15: 70)

Sin embargo, la posición del novelista chileno frente a la función
social del escritor contrasta con las tentativas de la izquierda militante
por revitalizar su participación en la esfera pública. Esto se observa

---

[32] «Fuentes y la censura española» publica fragmentos de la evaluación negativa que de *Cambio de piel* (Premio Biblioteca Breve 1967) hiciera la Dirección
General de Información, organismo que decidía la publicación de libros en España,
y la respuesta de Fuentes (MN 17: 90-91).

en los temas no sólo literarios, sino también históricos, políticos, ideológicos y económicos que en ocasiones *Mundo Nuevo* emprendió, y que en *Casa* constituyeron un discurso central.

Los actores (nada) secundarios del *boom*

El espectáculo publicitario que acompañó el ingreso del *boom* al sector canonizable de la literatura latinoamericana despertó el interés por otras figuras que se mantenían en los bastidores, enlazando sus funciones de manera que la obra del escritor alcanzase el éxito. El punto de vista de estos actores, hasta ese momento invisibles ante el público, comienza a ser valorizado por la crítica a medida que articulaban políticas e indicadores de crecimiento, sin soslayar la función pedagógica e ilustrativa que debían cumplir en la sociedad. Lo que *Mundo Nuevo* presenta a través de las entrevistas que realiza con editores, libreros y traductores podría pensarse como la tentativa de articular el fenómeno del *boom* como un proyecto editorial democratizador, destinado a elevar el nivel cultural de las masas. La revista del ILARI ve como un engranaje el movimiento autor-editor-público lector, y dentro de lo literario le da un papel relevante a la actuación del editor, como agente que puede contribuir a modificar las pautas de la política cultural de los países de América Latina. Pero, desde la misma perspectiva personal que impulsa su proyecto, la revista enfoca el éxito de las empresas editoriales más como una contribución de índole personal que institucional. Esta crítica a la falta de una política estatal que fomentase y protegiese la industria del libro fue abordada por la revista al recoger el fracaso de la gestión de Arnaldo Orfila Reynal en el Fondo de Cultura Económica («Tormenta sobre México», MN 2; «El escándalo de *Los hijos de Sánchez*», MN 3); el fracaso de la editorial argentina Eudeba, cuya junta directiva había renunciado en repudio a la intervención militar en la Universidad

(MN 5), pero en especial es presentada en la voz de Jorge Álvarez, «editor oficial [...] de nuestra literatura no oficial» (Fernández Moreno 1967a: 80). El editor argentino es presentado como modelo, en la medida en que consigue armonizar los intereses financieros de su empresa con una actitud crítica que valoriza el mismo catálogo de autores que *Mundo Nuevo* reivindica: «los títulos son elegidos no sólo en atención al señalado rumbo de las ideas del editor, sino también a su intrínseco valor literario y, desde luego, a sus posibilidades de venta» (MN 5: 81).

Retomando el modo en que *Mundo Nuevo* se integra a los mecanismos de la industria cultural, se percibe la aproximación de las formas literarias a las periodísticas como un fenómeno inevitable, del cual el crítico, el editor y el escritor podrían favorecerse. La siguiente reflexión en torno a la importancia del periodismo cultural y la vulgarización de la literatura se distancia de la imagen degradada de «lo masivo», que la teoría frankfurtiana había propagado. Mientras que *Casa* defendía la separación radical entre literatura y mercado, *Mundo Nuevo* veía dicha unión como legítima. Siguiendo la lógica de Jorge Álvarez, cuya editorial conocía entonces un éxito sin precedentes en la Argentina, la función de la crítica pasa a ser valorizada inclusive dentro de los mecanismos editoriales: «Parece sencillo», comenta el editor argentino, «pero el secreto [...] consiste en no equivocarse en la elección del libro, adivinar qué se venderá» (MN 5: 81-82). No obstante, esta necesidad de acertar en la selección para garantizar la venta implicaba que el criterio editorial no discriminaba la opinión del crítico, sino que lo colocaba como autoridad ante el mercado.

Mundo Nuevo promueve el perfil de varios proyectos editoriales del continente[33], y muestra que las condiciones de existencia y de

---

[33] En el acápite «Nuevas publicaciones» de la sección «Libros y autores», *Mundo Nuevo* reseñó la producción narrativa de las siguientes editoriales: Zig-Zag, Editorial Universitaria, Editora Santiago (Chile); Editorial Losada, cuadernos del Instituto de Letras, de la Facultad de Filosofía y Letras de la Universidad Nacio-

desarrollo de la industria del libro estaban mediadas por factores de orden económico, pero también político, cultural y social. El testimonio sobre las empresas editoriales que Manuel Scorza trató de desarrollar en el Perú y la censura como el principal motivo de su fracaso; la contribución de la literatura latinoamericana al patrimonio mundial vista desde una oficina de Gallimard, en París; los nuevos proyectos de un liberal como Benito Milla, y la explosión del libro en Argentina condensaron una postura intelectual que justificó la acogida del público con un discurso sobre el progreso organizado en torno a la alfabetización y el crecimiento de la clase media. La Editorial Sudamericana, de Buenos Aires, comenta sus prometedores y bien surtidos planes de producción, así como los géneros y temas a los que apuesta (Fernández Moreno 1967b). De parte de los editores existe un abordaje sociológico y estético sobre el fenómeno del *boom* editorial y, en las antípodas de la visión denigrada de la industria del libro en el capitalismo que *Casa* ofrece a sus lectores, *Mundo Nuevo* muestra que el *boom* tiene un sentido, que es la expresión de un momento de crecimiento económico y a la vez de aproximación de las literaturas del continente. Muestra que los editores no son sólo comerciantes sino también hombres con una formación intelectual y una preocupación social, que existe una responsabilidad con la cultura que es otro modo de compromiso con la sociedad, esto es, formar el gusto del público. Las editoriales, así, son presentadas como indica-

---

nal del Litoral, Editorial Emecé, Editorial Sudamericana (Argentina); Editorial Joaquín Mortiz, Empresas Editoriales, Editorial de la Universidad Autónoma de México (UNAM), Editorial de la Universidad Veracruzana, Editorial Fondo de Cultura Económica (México); Editorial Seix Barral, Ediciones Alfaguara, Ediciones Aguilar, Ediciones Ínsula, Alianza Editorial, Editorial Lumen, Ediciones de la *Revista de Occidente* (España); Biblioteca Artigas de Clásicos Uruguayos, Editorial Alfa, Ediciones Aquí Poesía (Uruguay); Universidad Central de Las Villas, Editorial Casa de las Américas (Cuba); Editorial Doubleday & Company, Alfred A. Knopf (Estados Unidos); Editorial Universitaria (Ecuador); Ediciones Orfeo (Brasil); Éditions Gallimard, Éditions du Seuil (Francia).

dores de progreso. Sin embargo, a esta visión optimista y epifánica de la vida del libro en América Latina, la misma revista le antepone otra, más escéptica, en que la industria editorial aparece amenazada por el control estatal: «hasta qué punto las actividades culturales que dependen económicamente, o financieramente, del Estado han de estar sometidas a las mutaciones, a los cambios, a los golpes, que se producen en el gobierno»[34]. Toda esta proliferación crítico-valorativa ocurre en un clima de censura, que va de la prohibición guberna-mental a publicar ciertas obras hasta la quema de libros[35].

Con la salida de Rodríguez Monegal, todo el andamiaje valo-rativo de *Mundo Nuevo* desaparece, pues junto con él la revista perdió su público y sus colaboradores. La nueva junta directiva trató entonces de lanzar otra promoción de escritores cuyas con-tribuciones aparecen diseminadas en recortes nacionales o genéri-cos de la poesía, el cuento y la novela. Para la crítica literaria, su máximo exponente pasó a ser Wolfgang A. Luchting[36], colaborador esporádico de la primera época. El *boom*, por otro lado, fue acom-pañado fundamentalmente desde la perspectiva del mercado, que es la que predomina en el discurso sociológico de la revista, por ser la tendencia crítica que orientaba el trabajo de Horacio Daniel Rodríguez. Aunque desde una posición que diluye lo literario en el contexto extraliterario, la revista también trató de mantener activos

---

[34] Benito Milla, «La nueva promoción de lectores» [entrevista con Emir Rodríguez Monegal] (MN 19: 83-87). Otras entrevistas relacionadas con el tema editorial: Manuel Scorza, «El libro en la calle» [entrevista de Julio Ortega] (MN 23: 84-86); Elvira Orphée, «Visita a Roger Caillois» (MN 2: 57-59).

[35] «Quema de libros» (MN 20: 89-90).

[36] Wolfgang A. Luchting, «Crítica paralela: Vargas Llosa y Ribeyro» (MN 11: 21-27); «El Perú en la vidriera» (MN 29: 85-88); «Todos los juegos el juego» (MN 35: 29-35); «Los mitos y lo mitizante en *La Casa Verde*» (MN 43: 56-60); «Los fracasos de Mario Vargas Llosa» (MN 51-52: 61-72).

298   Idalia Morejón Arnaiz

los tópicos del éxito internacional de la literatura latinoamericana[37], el crecimiento editorial, los problemas de la industria del libro, así como la decadencia de algunos premios literarios de la lengua[38]. La estrategia de utilizar la polémica en torno a la literatura hispanoamericana para revitalizar lo que hasta entonces había sido el foco de atención de *Mundo Nuevo* termina funcionando como un discurso contra el movimiento canonizador que la revista emprendió en su primera etapa. El tema de la nueva novela se organiza en torno a la crítica a las antologías y ensayos de autores que exaltan su contribución estética a través de los representantes del *boom*. *La novela hispanoamericana*, de Juan Loveluck (1969), por ejemplo, es

---

[37] Rubén Bareiro Saguier, «La literatura latinoamericana en Francia» (MN 30: 52-66); Alvaro Menen Desleal, «La literatura latinoamericana en los países de habla alemana» (MN 55: 17-30).

[38] «Libros, libros...» [sobre las dificultades del *boom* editorial] (MN 31, «Sextante»: 95); Manuel Olivari, «Panorama del libro en el Perú», Iván Restrepo Fernández, «México: El movimiento cultural» (MN 32: 77-80 y 84-87, respectivamente); «Venturas y desventuras de un conocido premio literario» [sobre el término del Premio Biblioteca Breve] (MN 38, «Sextante»: 93-94); Iván Restrepo Fernández, «De libros, lectores y crítica» [sobre el mercado editorial, los libros, los lectores y la crítica], (MN 39-40: 125); [S. S.], «Retracción editorial» [sobre la disminución de la actividad editorial en la Argentina durante el primer trimestre de 1970] (MN 46, «Sextante»: 94-95); Grabiel Zaid, «Los demasiados libros» (MN 51-52: 4-7); [A. M. P.], «Perú: El "Boom" del folletín» [sobre la invasión y el éxito de público de la novela rosa en el mercado peruano] (MN 51-52, «Sextante»: 124-125); José Pubén, «Vida, pasión y muerte de un premio de novela» [sobre los problemas éticos y estéticos del Premio ESSO de novela, de Colombia (1961-1969)] (MN 55: 72-74); [S. S.], «Qué se lee en Nicaragua» (MN 55, «Sextante»: 91-92); Lucila Pagliai, «Clase media y éxito editorial en la Argentina» (MN 56: 68-74); [A. M. P.], «El libro: un lujo peruano» [sobre la crisis del mercado editorial en Perú], Iván Restrepo Fernández, «México: Libros y más libros» [nuevas publicaciones de las editoriales Joaquín Mortiz, Diana, Grijalbo, FCE, ERA, Universidad] (MN 56, «Sextante»: 90-91 y 93-94, respectivamente).

desautorizada como una visión parcializada y entusiasta[39], mientras
que tampoco faltan las críticas directas a Rodríguez Monegal[40].

Es importante destacar cómo la concepción de *Mundo Nuevo*
obedece a un plan muy bien pensado antes de concretizarse. En esa
cohesión, en esa solidez y en ese aire menos tenso que se respira en
su revista se transparenta la seguridad que sentía Rodríguez Monegal
sobre su propia labor: era consciente de su capacidad de trabajo, de
su reputación, estaba convencido de su contribución. De ese modo
consigue darle a la nueva novela un soporte discursivo, le crea un
pasado, una genealogía, un hogar, pero también un mundo.

En la polémica entre *Casa* y *Mundo Nuevo*, y en la separación
que impuso entre los escritores, fueron los menos afamados, los más
aislados en sus respectivos cotos los que salieron perdiendo: perdiendo
invitaciones a congresos, ediciones extranjeras, recepciones con los
famosos, entrevistas y conferencias. Todo el *glamour* propagandístico
del *boom*, toda la exégesis con que *Mundo Nuevo* escoltó su circulación opacó una vez más a la misma masa de escritores que apoyó la
contienda entre ambas revistas. Mientras éstos permanecían invisibles
en sus respectivos países, los internacionalizados nuevos novelistas
(aunque fuera en el verano) veían sus libros en las vidrieras del viejo
continente, escuchaban a sus hijos recordarles que era domingo, día
de pasear, de ir al cine.

En sentido amplio, la promoción de la nueva novela es para Rodríguez Monegal un proyecto literario y cultural. Usa su revista para
ejercer su trabajo crítico, y por eso se encuentra tan bien estructurada,
es tan coherente y tan sostenida en su política editorial. La promoción
literaria vista desde «Sextante» es más ordenada y sistemática que en
«Al pie de la letra» porque todo el espacio de la sección está dedicado

---

[39] Alberto Villagomez, «Una antología demasiado personal» (MN 55: 66).

[40] Lewis H. Rumban, «¿Puede antologizarse la literatura latinoamericana?»
[reseña de la antología de la literatura latinoamericana preparada por José Donoso
para la revista *TriQuaterly*, otoño 1968-invierno 1969] (MN 42: 61-67).

a informaciones esencialmente literarias y artísticas, mientras que
la cubana mezcla éstas con eventos de carácter político-ideológico.
Pero el tipo de información que ambas ofrecen sobre los escritores
del *boom* o sobre el movimiento de opiniones que se crea en torno
al fenómeno es el mismo: reseñas de revistas, de artículos, de otras
reseñas; anuncios de traducciones o de nuevas ediciones, anuncios
de premios y concursos, polémicas. Sin embargo, aunque las informaciones tienen el mismo carácter de divulgación y síntesis, ellas
no siempre siguen el punto de vista de los autores. Cando se reseñan
polémicas, la presentación que cada una hace de los «protagonistas»
llega a ser diferente, al punto de concederle roles ideológicos opuestos;
o hay polémicas de las que una se hace eco y la otra ignora. *Casa*,
por ejemplo, no reseña la polémica entre Rodríguez Monegal y Vargas Llosa a propósito del tema de la homosexualidad en *Paradiso*[41],
mientras que sí registra el texto del peruano que diera lugar a la
polémica (Vargas Llosa 1967). Asumiendo una actitud de discípulo, o
de miembro de un gremio que debe reportarse a Rodríguez Monegal
como a una instancia superior de poder crítico-literario (el procedimiento es el mismo que utilizaban en *Casa* para *probar* el compromiso
de sus seguidores), Vargas Llosa trata de explicarle que el silencio en
torno a la temática homosexual del capítulo octavo de *Paradiso* no
se debía a una autocensura «típica» del moralismo revolucionario,
sino a su consideración de que la cuestión homosexual era, dentro
de la novela, un aspecto secundario. Rodríguez Monegal retrueca
con una bien argumentada exposición basada en el análisis de varios
segmentos de *Paradiso*, y nuevamente corrige las lecturas insuficientes

---

[41] «Sobre el *Paradiso* de Lezama»: [Carta de Mario Vargas Llosa a Emir
Rodríguez Monegal] (MN 16: 89-90); «Un punto de partida» [respuesta de ERM
a Vargas Llosa] (MN 16: 89-95). Estas cartas fueron incluidas por Emir Rodríguez
Monegal en *Narradores de esta América II* (1974) como «Correspondencia con
Mario Vargas Llosa sobre *Paradiso*», 141-155.

que parecían poner en riesgo el destino canónico de esta novela y, en sentido general, de la literatura del *boom*.

Estas sutilezas dispersas entre los números de casi media década muestran que había una competición entre *Casa* y *Mundo Nuevo*, en la cual cada una se espejaba desagradablemente en el discurso y en los vacíos de la otra. Existía también en *Mundo Nuevo* otro tipo de recato o moralismo, otro tipo de actitud de superioridad intelectual de parte de Rodríguez Monegal que le facilitó el no perder la compostura, el profesionalismo, ante los obstáculos que los cubanos interpusieron a su proyecto. Visto desde la perspectiva del presente, resulta admirable y hasta conmovedor pensar cómo ambas revistas consiguieron crear tal dinamismo y despertar la curiosidad por la cultura latinoamericana en un contexto de hostilidad política tan hondo. No obstante, en el silencioso desinterés de *Casa* durante la época iniciada por *Mundo Nuevo* después de la salida de Rodríguez Monegal se evidencia, en primer lugar, que por lo menos una de las cuestiones a resolver desde La Habana era desacreditar a Rodríguez Monegal en el escenario internacional, y éste es un movimiento que se realiza en función de anular el poder aglutinador que, a partir de lo específicamente literario, este crítico consiguió poner en práctica entre los más respetados escritores de América. La sombra literaria que Emir arrojaba sobre la revista *Casa*, sumada a las escaramuzas epistolares y a las vejaciones públicas, acaloraron los ánimos de aquellos que, desde la izquierda militante, se veían impedidos de transitar, o habían decidido no hacerlo, por los circuitos hegemónicos, tanto académicos como de mercado. En caso de infracción, la sanción que *Casa* imponía dejaba al escritor en la más penosa situación ante la izquierda. Recordemos aquí el episodio del poeta Nicanor Parra, cuando *Casa* le retira la invitación para participar como jurado en el Premio, una vez que el chileno se había entrevistado con Patricia Nixon en la Casa Blanca[42]. En este caso –extremo, dado

---

[42] «Cruce de cables» (CA 61, «Al pie de la letra»: 183).

el contexto de repudio internacional a la guerra de Vietnam en que
ocurrió, y que desde Cuba fue considerado como motivación legítima
para el castigo, aunque breve y silencioso si comparado con el asedio a
los *boomers* o las críticas a Vargas Llosa y a Heberto Padilla–, se activa
un mecanismo de punición que enseguida es aceptado como «justo»
por los intelectuales que se identifican con el proyecto político de *Casa*.
Así, el compatriota Gonzalo Rojas no tardaría en hacerse eco del castigo
cubano a Parra, en especial para desacreditar a la antipoesía; del mismo
modo acontecería con los amigos exiliados del Comité, llamados por
la revista cubana «latinoparisinos colonizados»[43]. Para *Casa*, que ya
había tenido que vérselas cara a cara con *Mundo Nuevo*, emprender por
segunda vez la polémica contra el más reciente grupo de desencantados
de la Revolución cubana parecía demasiado azar –y no poco esfuerzo.
Si algo viene a probarse en este episodio entre *Casa* y *Mundo Nuevo* es
que el origen del dinero y la estabilidad institucional determinaron no
sólo el tiempo de duración de cada una de las revistas, sino también
los riesgos que ellas asumieron para no «faltar a la verdad».

 Mundo Nuevo fue una revista que no dejó que ninguna otra cosa
desviase la atención de su propia escritura. *Casa*, en contraste, dividió
elogios con la originalidad de su gráfica, pero muy en especial con
los discursos fuertes de la Revolución, al servicio de los cuales colocó
su labor. Por todo esto, cuando *Mundo Nuevo* entra en su segundo
momento, a pesar de denunciar abiertamente la represión a los intelectuales en Cuba y las lecturas reduccionistas y maniqueas que la

---

 [43] Esto ocurrió cuando los *boomers* se juntaron para crear la revista *Libre*.
«Su esposa, caballero…» anuncia el fin de las revistas del ILARI financiadas por
la Fundación Ford y ataca directamente el surgimiento de *Libre* y a su equipo de
redacción (CA 67, «Al pie de la letra»: 181). «Ellos escogieron la libertad» arremete nuevamente contra *Libre* y reseña el editorial del primer número –París,
septiembre-noviembre de 1971– (CA 69: 219). Sobre el surgimiento de *Libre* y
las polémicas del Comité de colaboración de *Casa* en torno a la misma, véase
Mudrovcic 1999.

ideología del poder político ejercía sobre los textos literarios, *Casa* no volvió a manifestarse sobre la revista, y al mismo tiempo Rodríguez Monegal dejó de ser uno de los personajes protagónicos de la historia intelectual sesentista que la publicación cubana continuó narrando en «Al pie de la letra». Cuando Rodríguez Monegal sale de *Mundo Nuevo*, *Casa* da por terminada la polémica. Así que, enfocada desde la perspectiva de este análisis, que es la de comparar ambas revistas en el contexto de la polémica, la segunda fase de *Mundo Nuevo* también pierde bastante de su interés para acompañar los avatares del *boom*, en el sentido de que no están ya los mismos escritores de la primera época ni la figura que les dio una identidad crítico-literaria «supranacional». Y sobre todo, porque *Casa* deja de comunicarse con *Mundo Nuevo*, y por tanto el diálogo que se escribía en las entrelíneas o en grandes titulares es interrumpido.

En el doble movimiento de emisión y recepción de mensajes que caracterizó la polémica había una actitud que no era sólo política, sino que estaba relacionada con personas concretas, en especial con Rodríguez Monegal. Como ha afirmado el propio Fernández Retamar, a *Casa* le interesaba discutir con los escritores y críticos importantes, y no se perdió en la disputa cuando *Mundo Nuevo* también perdió su prestigio literario. Además los tiempos habían cambiado, en el sentido de que la política cultural cubana se había radicalizado –al punto de que *Casa* llegó a hacer la siguiente corrección al diario italiano *Rinascita*, a propósito de la Segunda Declaración del Comité, en 1969: «[*Rinascita*] habla de «formación de nuevas vanguardias intelectuales», cuando nuestra «Declaración» contempla el caso de la formación de una nueva vanguardia política»[44].

Pero en 1969 ya había pasado el momento en que *Mundo Nuevo* acogió y promovió el *boom* a través de la reflexión compartida entre críticos y escritores. La manera en que Rodríguez Monegal entendía

---

[44] «La Casa por fuera» (CA 56, «Al pie de la letra»: 159-160).

el proceso, el contexto en que se daba el fenómeno y las partes que lo componían fue esencial para dar esa imagen de unidad, que es, en definitiva, la de una formación discursiva, aquello que en la perspectiva de Foucault está en la base de la nacionalidad, de la identidad (Foucault 1971). Y llegado a este punto, a este entendimiento, es que Rodríguez Monegal trata de pasar por sobre lo político –o inclusive de utilizarlo– en función de articular ese discurso de formación. Su elevado grado de autorreferencialidad va unido al propósito de mostrar que ese discurso es un mundo nuevo, un mundo de ficción que existe independientemente del mundo polarizado, concreto, donde ocurre la polémica con *Casa*. Ésta, por su lado, tratará de mostrar que la clave de la identidad latinoamericana no puede estar en algo que se localiza fuera del ámbito ideológico de la Revolución. Historia y novela, para la revista cubana, tenían una misión en conjunto: colocar al intelectual en la esfera pública revolucionaria en un sentido estrictamente afirmativo.

«Al pie de la letra» muestra con nitidez que los intelectuales de izquierda en América Latina hacían vida de partido político. Si antes de 1959 los partidos comunistas seguían atentamente las novedades de Moscú, a partir de esa fecha Cuba las opacará con las suyas, más cercanas y afines a los intereses intelectuales del resto del continente. Además, *Casa* registró con detalle cómo este proceso de adhesión y esta disciplina partidaria se manifestó en la intelectualidad de izquierda, en la voz de los que secundaban las decisiones tomadas en La Habana. A raíz del caso Padilla, por ejemplo, «Al pie...» reseñó sólo los artículos que apoyaban el método utilizado por la Seguridad del Estado para condenar al poeta, y al mismo tiempo dudaban de que realmente el autor de *Fuera del juego* hubiera tenido motivos suficientes para realizar su penosa declaración[45]. También, hasta ese

---

[45] «Otras voces, otros ámbitos» reseña las reacciones de algunos escritores latinoamericanos frente al caso Padilla: Haroldo Conti, Antonio Skármeta, Fede-

momento el prestigio literario de los *boomers* había llegado a ser tan respetado que se había transformado en salvoconducto para circular sin restricciones entre La Habana y otras capitales importantes, lo suficiente al menos como para tratar con Rodríguez Monegal o hacer declaraciones osadas a la prensa internacional, algo que le estaba vedado a los escritores cubanos residentes en la isla.

Al no pensar en términos de «identidad cultural» en un sentido nacionalista, y al configurar el espacio físico latinoamericano donde en la realidad se vivía un momento histórico de entusiasmo y de tensión, el proyecto de *Mundo Nuevo* choca de frente con el de *Casa*, ya que proyecta los valores de las culturas centrales sobre las periféricas en un momento en que el tercermundismo insiste en reivindicar una axiología que recupera la imagen mestiza del continente, a la vez que legitima otro tipo de literatura –la promovida por el Premio Casa– en función de conseguir la unidad política. *Mundo Nuevo*, en cambio, quiere que su proyecto letrado sirva para incorporar los valores literarios a un canon latinoamericano. Por eso Fernández Retamar escribe su «Calibán» (CA 68: 124-151), como él mismo ya manifestó, para ajustar cuentas con *Mundo Nuevo*, con Fuentes, con Borges y Rodríguez Monegal, y decirles que el discurso legítimo sobre la identidad había dejado de ser esencialmente cultural para tornarse político, racial, tercermundista; era una opción política por la identidad, propia de quien no deseaba continuar siendo un colonizado por ser diferente, pues ser diferente era su auténtico valor. El mestizo estaba siendo propuesto como el cruzado que asumiría un compromiso, un deber *contra* Occidente. Pero de igual modo, es una identidad que se crea sobre los discursos metropolitanos, y que

rico Schopf y Jorge Enrique Adoum. También «Los inventores de *affaires*» reseña el artículo de Oscar Collazos publicado en *Marcha*, a propósito del caso Padilla. Collazos afirma que los intelectuales «han convertido los manifiestos y las cartas, los telegramas y los despachos de prensa en sustituto de la acción revolucionaria» (CA 68, «Al pie de la letra»: 183-184).

por surgir de una coyuntura política específica, acaba datando sus valores y sus enfoques, además de que manipula las ideas, al punto de que Fernández Retamar haya releído su texto en varias ocasiones con vistas a actualizarlo, esto es, adaptarlo a las diversas coyunturas históricas en la medida en que éstas le permiten desplazar su discurso del centro del deber ser para manifestar públicamente las afinidades entre su verdadero pensamiento en torno a la literatura latinoamericana y los postulados ideoestéticos de *Mundo Nuevo* (Fernández Retamar 2000d).

Pulsaciones del canon

Tanto en *Casa* como en *Mundo Nuevo,* la promoción del *boom* de la nueva novela se encuentra estrechamente ligada a la actualización del canon literario latinoamericano, si bien la aceptación de nuevos valores recorre caminos diferentes en cada una. El cambio en el concepto de literatura que implica la introducción y el reconocimiento del género testimonial muestra que tanto la revista cubana como el Premio Casa que ella publicitó buscaban instaurar un género propio (el testimonio) o una temática narrativa (la política) cuyo origen estaba estrechamente vinculado al hecho histórico de la Revolución y a los modos en que se ramificó por el resto de América Latina. *Mundo Nuevo,* por su lado, realizó la doble función de enseñar qué leer y cómo hacerlo, pero siempre dentro de un concepto de lo literario ya instituido. Como se ha visto en el análisis de las entrevistas, en la revista del ILARI lo canónico se da por el vínculo entre un grupo de escritores y la crítica, algo que no ocurre de manera orgánica en la publicación cubana.

En ambas se percibe cómo, sobre el paisaje de fondo de la Revolución, el canon se escinde en dos planos: uno que se legitima por sus valores culturales y reivindica por medio de lo literario el acceso de los marginales al centro, y otro que desde el poder político se instituye como centro, y por tanto no se legitima por sus valores culturales, sino políticos. Ambos se sostienen, además, sobre la oposición entre dos segmentos escindidos de una misma comunidad de escritores, en primera instancia lingüística. De un lado, los escritores que se colocan como representantes del poder político y en nombre de este último modifican tanto la función de lo literario como sus valores, y de otro, los escritores que se reúnen en una especie de comunidad letrada. El canon que ellos construyen se mantiene al margen del poder político, pero dentro del debate ideológico. Los que están en una posición marginal respecto a ese poder serán los más representados en los textos canónicos, pero esto ocurre fuera de la comunidad responsable de su condición de marginados. O sea, los exiliados o los que dentro de Cuba ocupan una posición marginal con relación al poder, como tan bien lo ilustra el caso de Lezama Lima. El esfuerzo político por construir un canon específico para la literatura de la Revolución sólo viene a concretizarse en 1970. Aun así, las obras de temática política promovidas por la Revolución cubana acabaron siendo marginadas por un canon que funcionaba sobre presupuestos más amplios, como la lengua y las innovaciones técnicas. Existe una función política en la integración de diferentes comunidades al canon. *Casa* lo hace como forma de implementar una política cultural y una tradición del pensamiento americanista de los próceres de la independencia. Por eso hace espacio para las minorías, que testimonian su acceso a la cultura mediante la escritura legitimada por el Premio Casa. *Mundo Nuevo*, en cambio, no se interesa por esto: es una tradición que refleja, pero no a través de textos literarios.

Como se ha visto, las elecciones literarias de cada revista son también elecciones ideológicas. Las justificaciones de *Casa* para incluir o no a un autor dentro del canon tercermundista son en primera instancia políticas. Recordemos tan sólo la exaltación de la novela de la Revolución, cuyos escasos valores literarios la propia revista se

ve obligada a reconocer en 1964, cuando Arrufat todavía se resistía a
abandonar los modelos heredados de las viejas familias de revisteros
del continente. Así, mientras *Mundo Nuevo* incluye en el canon la
literatura que es parte de la tradición occidental, *Casa* incluye la del
Tercer Mundo, la voz de las minorías, con lo cual trata de adaptar
los valores establecidos dentro del canon occidental para que estas
minorías pasen a estar representadas. Las fricciones entre ambos
modos de intervenir en lo literario tienen su origen, siguiendo a
Walter Mignolo, en sus relaciones con el poder y con la lengua oficial
(el español), donde ambos se entienden como sinónimos:

> [...] una lengua y una tradición se consideran *la* lengua y *la* tradición
> cuando, en realidad [...] existen varias lenguas y tradiciones para las que
> el canon oficial carecería de sentido. Pero esto es, precisamente, lo que
> hace la historia de la literatura. La historia de la historiografía literaria
> en Latinoamérica es, tal vez, un ejemplo sorprendente de formación y
> supresión del canon debido a la fricción entre colonizador y colonizado,
> producto de los rasgos plurilingüísticos y multiculturales. El canon
> hispanoamericano se construyó sobre la base de un lenguaje «estándar»
> y de un conjunto de criterios estéticos implícitos en los conceptos de
> «poesía» y «literatura» del colonizador. (Mignolo 1998: 268)

Siguiendo el análisis de Mignolo, puede afirmarse que *Mundo
Nuevo* no construye un nuevo canon, sino que *actualiza* el ya existente, y en esto la inclusión de la literatura brasileña jugó un papel
fundamental. En ese sentido, se da un doble movimiento de inclusión
de un canon nacional, también en proceso de actualización, dentro
de otro canon, continental, hacia el cual afluían las literaturas desde
sus respectivos contextos locales. *Mundo Nuevo* actualiza el canon
en los términos de la literatura occidental, de cuyo *corpus* se reclama
parte. En varios momentos de las entrevistas se hace la observación
o se insiste en recordar que formamos parte de dicha literatura, la
cual es, al mismo tiempo, una tradición. Las entrevistas son pues

una de las formas que explican las transformaciones de la norma literaria, y por tanto uno de los recursos activados para la formación del canon, esto es, su función es canónica. Mediante la ampliación o el cambio de una tradición, lo que hacen Rodríguez Monegal y los escritores del *boom* es tratar de definir y legitimar una zona de la literatura que es a la vez su propio territorio. Bajo el mandato de su primer director, en *Mundo Nuevo* la literatura se separa de los otros discursos (político, histórico, publicitario) en busca de su autonomía. En *Casa*, al contrario, la autonomía se define como un no principio. Además, *Mundo Nuevo* produce una imagen moderna y elitista de la literatura, cosmopolita, occidental, que se opone al latinoamericanismo y al tercermundismo de la revista cubana. En ambas, por otro lado, los novelistas se convierten en críticos de otros novelistas, si bien en *Mundo Nuevo* lo hacen guiados por el faro crítico de Rodríguez Monegal, que, con la excepción de las lecturas estructuralistas de Severo Sarduy, le da cierta unidad al conjunto de la crítica que practica. El uruguayo parece tener un gusto especial por el descubrimiento de nuevos talentos, a los cuales autoriza como estéticamente válidos por medio de un discurso crítico que transforma en sus opiniones; se encuentra investido de autoridad por un saber particular (literario) que le da poder para legitimar su postura; así, su derecho a expresarse viene de ese saber. De cierta forma este derecho se reivindica también a través de una transacción. Si bien Rodríguez Monegal defiende la libertad individual sobre cualquier compromiso colectivo, al mismo tiempo quiere dar la imagen de que se encuentra involucrado en los acontecimientos, en especial cuando publica documentos que prueban una versión mucho más objetiva y transparente de determinados acontecimientos políticos que afectan directamente el funcionamiento de la institución literaria.

Mientras que para promover el canon tercermundista *Casa* se apoya básicamente en las reseñas de libros y la publicación de textos inéditos, *Mundo Nuevo* mantiene las valoraciones, las entrevistas, los capítulos de novelas y las reseñas. Esto es, *Mundo Nuevo* dedica más espacio al enaltecimiento de valores estéticos, que, por otro lado, quedan mucho mejor explicados. Los modos de interpretación de ambas publicaciones son diferentes y están basados en ideologemas que se repelen. Las entrevistas de *Casa,* por ejemplo, casi siempre se dedican a escritores y artistas no hispánicos. Las versiones de la literatura contemporánea que construyen y narran a sus lectores son también diferentes, en el sentido de que visibilizan zonas diferentes de la literatura y del campo intelectual latinoamericanos. *Casa* llega al punto de mostrar al Che Guevara como un escritor, lo cual pone de manifiesto hasta qué punto el ideologema del hombre nuevo y el tema del compromiso con la lucha revolucionaria estaban enraizados en el imaginario de la revista cubana. Crea así una suerte de travestismo ideológico, a través del cual el guerrillero se hace más artista y el artista más guerrillero; como si arte e ideología, a partir de extremos opuestos, fueran a encontrarse en un punto de equilibrio.

Desde todos los puntos de vista aquí abordados, la separación entre el latinoamericanismo / tercermundismo de *Casa* y el cosmopolitismo de *Mundo Nuevo* se hace ostensible. Dentro del espacio crítico, la primera fase de *Casa* presenta modelos literarios e intelectuales que no se definen a partir de la exclusión de los opuestos, ya que los discursos institucionales y de formación conviven de manera contradictoria y tensa; *Mundo Nuevo*, por su parte, presenta modelos literarios e intelectuales definidos, articulados a un pensamiento crítico. En la segunda época de ambas, para *Casa* los modelos literarios e intelectuales alcanzan un grado elevado de radicalismo, están bien definidos, mientras que en *Mundo Nuevo* estos se desarticulan al tiempo que presenta el discurso de denuncia de intelectuales radicalizados pero incoherentes. Por otro lado, a la ideología de la revista cubana y a su política editorial en ambas fases *Mundo Nuevo* le opone, a partir de agosto de 1968, un antilatinoamericanismo que se fomenta a través de las polémicas. En todos los casos se trata de erigir sus respectivas y particulares proyecciones en ejes que crucen el universo ideoestético de ambos espacios. *Casa*, al querer ocupar el lugar central, pretende desplazar a los Estados Unidos de su centralidad política y proponer a la Revolución cubana como centro, como eje de la unidad. Desde otra perspectiva, *Mundo Nuevo* no reconoce a Estados Unidos como centro, sino a Europa, su patrón de lo que es Occidente.

Las dos revistas persiguen sacar a América Latina de la marginalidad estética y política. Son dos proyectos diferentes, que no necesariamente tendrían que ser opuestos, pero que lo están. La mirada de *Casa* a *Mundo Nuevo* es frontal. Esto es posible de verificar si se atiende a su sintaxis, a los espacios en los que se le reconoce como opositora. *Mundo Nuevo*, en cambio, durante sus primeros dos años no enfrenta a *Casa*; Rodríguez Monegal es más discreto, toma precauciones, pero se resiste a practicar el elogio en torno a los recortes e interpretaciones de la revista cubana. En todo caso, trata de instaurar también sobre la revista de la Casa su propio mecanismo correctivo, como lo demuestra la lectura que realiza en «David Viñas en su contorno».

A diferencia de sus predecesoras hispanoamericanas, en estas revistas no sentimos un diálogo con las literaturas ajenas al ámbito latinoamericano, pero sí con las teorías. El latinoamericanismo centraliza la cultura, el idioma de España y su literatura. La línea cosmopolitizante de *Mundo Nuevo* tampoco importa literatura extranjera de un modo sistemático ni relevante, aunque al igual que *Casa* reconoce la importancia que en ese momento tenían dramaturgos como Arnold Wesker, Harold Pinter o Edward Albee. Lo que ambas incorporan del exterior es lo que constituía una carencia en América Latina, las corrientes críticas y teóricas: en un caso, el estructuralismo, en el otro, las tesis anticolonialistas. Frente al latinoamericanismo, el cosmopolitismo define América Latina como la nueva parte visible de Occidente, mientras que el tercermundismo propone la reivindicación de un lugar periférico y subalterno. Definirse ante Occidente como algo diferente, separado, significaba continuar en la periferia, luchando por una centralidad que no tenían ni económica ni políticamente. Dado que no existe en ninguna de las dos publicaciones la noción de literatura extranjera como valor presente, la lengua se instituye como unidad. La literatura extranjera, en particular la anglosajona, aparece apenas como referencia al momento formativo tanto de la nueva novela como de la crítica que *Mundo Nuevo* representaba. El hecho de que ambas estén centradas en la actualidad hace que lo que recuperen de la literatura latinoamericana sea básicamente lo más reciente, figuras y géneros con los que es posible establecer una continuidad ideoestética. *Mundo Nuevo* establece esta continuidad a partir de la obra de Borges y de Darío como precursores, mientras que *Casa*, si bien reivindica a Darío, no presenta la herencia de autores modernos como el argentino para establecer un patrón literario, y en su lugar privilegia un pensamiento político sobre lo estético; inspirada en la genealogía guevarista-martiana, su tentativa consiste en conectar la literatura al momento histórico. Mientras *Mundo Nuevo* hacía promoción del *boom*, *Casa* trazaba el mismo gesto para hacer publicidad de los valores de la Revolución.

Al mismo tiempo que la promoción cultural en *Mundo Nuevo* no puede ser reducida a la publicidad del *boom*, tampoco puede soslayarse el hecho de que la internacionalización de la nueva novela estimuló en América Latina la reflexión sobre la existencia y el destino de las literaturas nacionales, tema del cual *Casa* y *Mundo Nuevo* se hicieron eco, principalmente pasando a publicar recortes que promovían a los nuevos poetas y a los nuevos narradores en pequeños conglomerados que no consiguieron sobreponerse al efecto de unidad y de exclusión que provocaba el *boom*. Rodríguez Monegal, sin embargo, niega que los mejores colocados entre la nueva novela constituyan por sí solos una literatura, certificando con ello la idea de que para sobresalir lo que se necesita es tener calidad: «Los que ustedes llaman el complejo Vargas Llosa-Cortázar-Fuentes es un complejo no de literatura sino de

autores, cada uno de ellos muy destacado como creador individual»
(MN 11: 89). El desánimo entre los escritores que no habían sido
captados por las grandes editoriales ni mucho menos traducidos al
inglés o al francés parecía ser general. Desde el exterior, críticos como
Rama o el propio Rodríguez Monegal tuvieron esa visión de conjunto
mucho más optimista, que en definitiva proponía el patrón de los
boomers como *tabula rasa* para medir el nivel de calidad del resto de
los escritores; esto es, buscaban la articulación de un canon. Desde
cualquier perspectiva resulta manifiesto que la conexión de *Mundo
Nuevo* con los escritores, al estar fundada en valores estrictamente
literarios, determinó la fluidez con la que se articuló un canon. En
Casa, al contrario, lo que se constata es el hecho de que el criterio
ideológico excluyó otros valores, aquellos que en *Mundo Nuevo* fueron
determinantes.

De la casa al mundo

Cuando se vincula la existencia de *Mundo Nuevo* a *Casa,* la primera es vista como la contrapartida de la revista cubana, y su función queda reducida al duelo entre liberalismo y socialismo. En el contexto de la Guerra Fría ese enfrentamiento se manifiesta en todos los ámbitos de la cultura, y por tanto *Mundo Nuevo* opera como mecanismo dialógico y como espacio de consagración de un modelo ideológico y literario sustentado por valores que pretendían garantizar al intelectual su autonomía. La correlación de fuerzas entre ambas revistas es proporcional a las tensiones de la Guerra Fría. *Casa* surge como un producto de la Revolución cubana, que impulsa su circulación continental, de modo que no existe nada más lógico para el Congreso por la Libertad de la Cultura que sustituir la antigua *Cuadernos* por una publicación que se mantuviera a la altura de los acontecimientos históricos. De cierta forma, la Revolución obliga al Congreso a elevar el nivel de sus revistas para América Latina. Para realizarlo, nadie más capaz que Rodríguez Monegal, cuya experiencia en *Marcha* y *Número* aseguraba tanto el enfoque que sería dado a los acontecimientos culturales como la forma en que se relacionaría con los intelectuales. En América Latina, Europa y Estados Unidos el uruguayo era considerado una de las figuras más respetadas de la crítica literaria hispanoamericana, debido a los recortes y lecturas canónicas con que ya había contribuido a colocar en el centro la posición periférica de la literatura latinoamericana.

Frente a la postura literaria de Rodríguez Monegal, el segundo director de *Casa*, Roberto Fernández Retamar, dirige su revista hacia el discurso de combate ideológico. Si por detrás de *Mundo Nuevo* existía un Congreso liberal y un grupo de instituciones desprestigiadas por los escándalos que la Guerra Fría generaba, por detrás de la revista cubana igualmente pululaba un conglomerado de intereses políticos, que en nada contribuyeron para que *Mundo Nuevo* realizase, a través del diálogo, el pretendido equilibrio de fuerzas.

La intención de mostrar la fragilidad de la crítica literaria cubana, tanto por su formación sociocultural como por su actitud pasiva frente al desequilibrio entre política y literatura, hace posible que Rodríguez Monegal desenvuelva un estilo peculiar de intervenir, a partir de Europa, en la dinámica cultural latinoamericana que *Casa* había conseguido capitalizar. Así, ambas revistas presentan dos maneras diferentes de regular sus prácticas discursivas. Frente al imperativo cubano de crear obras sobre la Historia en movimiento, esto es, de corresponder a la política de la Revolución, *Mundo Nuevo* proporciona al escritor otra forma, legítima, de intervenir en la historia literaria, también en movimiento. Esta revista muestra las transformaciones del lenguaje desde un punto de vista orientado a crear una política de la escritura, o más precisamente, del discurso ficcional. Conseguir, por otro lado, que muchos de los intelectuales más reconocidos del momento colaborasen en el proyecto confirma el prestigio del cual gozaba su director, y cómo, libre de las presiones de la política que el contexto cubano provocaba, el discurso de los colaboradores vuelve a focalizar los temas y motivos de sus obras, así como las peculiaridades del proceso de creación.

La polémica entre *Casa* y *Mundo Nuevo* se inscribe en el marco de una intensa movilización ideológica que, además de estimular la discusión estética, tornó explícitas las vías subterráneas de actualización de las nociones de literatura y de intelectual comprometido / autónomo, en el contexto revolucionario cubano y latinoamericano. Tal discurso muestra cómo, por medio de la Revolución de 1959, entró en vigor un paradigma latinoamericanista y tercermundista cuyo carácter militante llegó al extremo de designar a la vanguardia intelectual el papel de vanguardia política. Por otro lado, la polémica puso de relieve el modo agónico de la relación entre literatura y política, así como la ascensión de nuevos géneros (entrevista, testimonio, diario, epístola), a partir de los cuales las revistas, en tanto representantes de instituciones y grupos que se repelían, desarrollaron la lucha por el poder político y por la centralidad estética dentro del campo intelectual latinoamericano de aquella década.

Desde todas las perspectivas abordadas es posible verificar cómo la cuestión del compromiso estuvo en el centro del debate literario, y al mismo tiempo constatar que, en contrapartida, existía un proyecto autónomo que defendía la separación de lo literario de lo político, y cuya importancia para la literatura latinoamericana no fue ni ha sido suficientemente reconocida por la izquierda revolucionaria. Esto se debe, en parte, al nivel exorbitante de politización alcanzado por el campo de las letras durante la década del sesenta, si bien el sentido del compromiso fue diferente para cada una de las revistas, en la medida en que se encontraban localizadas en contextos y campos de valores también distintos.

Casa propuso una nueva articulación entre lo literario y lo político, que modificó el valor del primero, y colocó la literatura en un plano de existencia problemático. A nivel de la crítica literaria se debe destacar que, además de la constatación de la ineficacia de la crítica en América Latina, con la influencia cubana la urgencia del compromiso transfirió hacia la crítica los modos de posicionamiento político manifestados principalmente por los escritores. Además de esto, aunque la noción de escritor remita directamente a la literatura, mientras que la de intelectual se refiere a una esfera más amplia que engloba también lo literario, en la polémica ambos términos se superponen constantemente.

Ya en la configuración de los títulos de las revistas las nociones de «construcción» y de «unidad» fueron accionadas como modos de localizar el alcance de los respectivos proyectos continentales. *Casa* fue el hogar de una familia intelectual numerosa y disciplinada, dedicada a rescatar los valores de una identidad propia, diferente de la representada por Occidente; tomó la lengua (la literatura) como eje cultural que facilitaría la entrada de la ideología revolucionaria al resto de los países del continente hasta que, una vez unificada, se enfrentaría a otras lenguas y lenguajes. De manera diferente, en *Mundo Nuevo* esto ocurrió a través del *boom* de la nueva novela; la lengua, al traspasar la órbita de la casa latinoamericana, fue mostrada en el universo internacionalizado de las letras, para posicionarse también como identidad. Aunque en un primer momento *Casa* haya seguido la perspectiva de *Mundo Nuevo* (recordemos una vez más su interés por la nueva novela en 1964), con la entrada «oficial» de la literatura comprometida (narrativa y poesía), del testimonio y de la crítica de base ideológica, sus recorridos en la búsqueda de un canon que colocase América Latina como plataforma de fin de siglo se bifurcaron.

Los recortes de géneros y literaturas, así como las propuestas crítico-literarias de las revistas, muestran que nada escapó a la polarización ideológica. En *Mundo Nuevo*, los escritores del *boom* enunciaron América Latina de un modo predominantemente estético; en *Casa* lo que tornan explícito con mayor énfasis fue el posicionamiento político (en 1967, Carlos Fuentes se adhiere a la Declaración del Comité de colaboración de *Casa*, mientras que Vargas Llosa recibe un premio literario en Venezuela, y en lugar de un discurso conmemorativo asume su compromiso con la Revolución cubana). Esto es, localizan los saberes estéticos y las ideologías políticas en espacios y proyectos diferentes; de ese modo reivindican el libre tránsito, y tratan de mostrar a los cubanos que la autonomía del arte no está necesariamente definida por su oposición al compromiso. A pesar de esto, el clima de tolerancia que rodeó la presencia de los *boomers* en la Casa cubana menguó a partir de 1968, cuando comenzaron a posicionarse críticamente frente a las polémicas intelectuales de la isla.

A pesar de las diferencias entre ambas revistas, el hecho de que *Casa* tome *Mundo Nuevo* como paradigma negativo, a través del cual censurar otras revistas y otros modos de afirmar la autonomía frente a la Revolución cubana, pone de manifiesto el valor y el prestigio de «la revista de Monegal». Todavía hoy *Mundo Nuevo* consigue dar continuidad a lo que parece ser, como anunciaba Haydée Santamaría, lo mejor del estilo de la revista cubana: la polémica.

Bibliografía

AA.VV. (1987): *Homenaje a Emir Rodríguez Monegal*. Montevideo: Ministerio de Educación y Cultura.

AA.VV. (1996): *Confesiones de escritores. Escritores latinoamericanos. Los reportajes de* The Paris Review. Buenos Aires: Librería-Editorial El Ateneo.

ALFONSO, Domingo (1965): «Arte poética». En *Casa de las Américas* 31: 88.

ALOMÁ, Orlando (1967): «El nuevo Nuevo Trato». En *El Caimán Barbudo* 10, enero: 3-4.

ÁLVAREZ, Jesús Timoteo & MARTÍNEZ RIAZA, Ascensión (1992): *Historia de la prensa hispanoamericana*. Madrid: MAPFRE.

ANGENOT, Marc (1995): *La parole pamphlétaire. Typologie des discours modernes*. Paris: Payot.

ARENAL, Humberto (1960): «Hace algunos días comentaba con alguien». En *Lunes de Revolución* 47: 14.

ARENAS, Reinaldo (1987): «Emir, es un poema». En Aa.vv.: *Homenaje a Emir Rodríguez Monegal*. Montevideo: Ministerio de Educación y Cultura.

ARRUFAT, Antón (1961): «Charla sobre el teatro». En *Casa de las Américas* 9: 88-102.

BARAGAÑO, José A. (1959): «*Escrito y cantado* de Cintio Vitier». En *Lunes de Revolución* 35: 16.

BARNET, Miguel (1965): «Los hijos de Sánchez». En *Casa de las Américas* 32: 100-104.

— (1983): «La novela Testimonio: Socio-literatura». En *La fuente viva*. La Habana: Letras Cubanas, 11-43.

BENEDETTI, Mario (1969): *Cuaderno cubano*. Montevideo: Arca.

BERGHE, Kristine van der (1997): *Intelectuales y anticomunismo. La revista Cadernos Brasileiros (1959-1970)*. Leuven: Leuven University Press.

— (1995): «La institución como metáfora del discurso. Análisis discursivo de la polémica en torno a *Mundo Nuevo*». En De Paepe, Christian *et al.* (eds.): *Literatura y Poder*. Actas del Coloquio Internacional K.U.L. / U.F.S.I.A. Leuven: Leuven University Press, 295-306.

BEVERLEY, John (1989): «The margin at the center: on Testimonio». En *Modern Fiction Studies* 35 (1): 11-28.

BLOCK DE BEHAR, Lisa (1987): «Medio siglo de una (di)visión crítica». En *Al margen de Borges*. Buenos Aires: Siglo XXI, 155-172.

BOBBIO, Norberto (1996a): *Os intelectuais e o poder. Dúvidas e opções dos homens de cultura na sociedade contemporânea*. São Paulo: UNESP.

— (1996b): *Liberalismo y Democracia*. Ciudad de México: Fondo de Cultura Económica.

BOSCHETTI, Anna (1990): *Sartre y «Les Temps Modernes»*. Buenos Aires: Nueva Visión.

BOURDIEU, Pierre (1992): *A economia das trocas simbólicas*. São Paulo: Perspectiva.

BÜRGER, Peter (1993): «La declinación del modernismo». En *Punto de Vista* XVI (46), agosto.

CABRERA Infante, Guillermo (1987): «Cuando Emir estaba vivo». En Aa.vv.: *Homenaje a Emir Rodríguez Monegal*. Montevideo: Ministerio de Educación y Cultura.

— (1993): *Mea Cuba*. Barcelona: Plaza & Janés.

CALVINO, Italo (1964): «El hecho histórico y la imaginación en la novela». En *Casa de las Américas* 26: 154-161.

CAMBRON, Micheline & LÜSEBRINK, Hans-Jürgen (2000): «Presse, littérature et espace public: de la lecture et du politique». En *Études françaises* 36 (3): 127-145.

CAMPBELL, James (2000): *À margem esquerda*. Rio de Janeiro: Record.

CAMPUZANO, Luisa (1990): «La revista *Casa de las Américas* en la década de los sesenta». En *América. Cahiers du CRICCAL* 9/10: 55-63.

— (1996): «La revista *Casa de las Américas*, 1960-1995». En *Nuevo Texto Crítico* VIII (16-17): 215-237.

CASAL, Lourdes (1971): *El Caso Padilla: Literatura y Revolución en Cuba. Documentos*. Miami: Universal.

CASAÑAS, Inés & FORNET, Jorge (1999): *Premio Casa de las Américas. Memoria*. La Habana: Casa de las Américas.

CASAUS, Víctor (1965): «Diario del hambre». En *Casa de las Américas* 32: 107-108.

CASTAÑEDA, Eduardo (1969): «Raúl Roa o el 30 en la literatura». En *Casa de las Américas* 55: 124-126.

CASTAÑEDA, Jorge G. (1993): *La utopía desarmada. Intrigas, dilemas y promesas de la izquierda en América Latina*. Ciudad de México: Joaquín Mortiz.

CASTRO, Fidel (1961): «Palabras a los intelectuales». En Ministerio de Cultura de la República de Cuba: <http://www.min.cult.cu/loader.php?sec=historia&cont=palabrasalosintelectuales>.

COHEN, J. M. (1965): «Sobre poesía hispanoamericana». En *Casa de las Américas* 30: 36-38.

COLEMAN, Peter (1989): *The Liberal Conspiracy. The Congress for Cultural Freedom and the Struggle for the Mind of Postwar Europe*. New York: The Free Press.

COLLAZOS, Oscar (1970): «Canción de Rachel». En *Casa de las Américas* 59: 190-192.

COTELO, Rubén (1985): «Emir Rodríguez Monegal: el olvido es una forma de la memoria (entrevista)». En *Jaque* 99, noviembre 7: 35.

CHALIAND, Gérard (1977): *Mitos Revolucionarios do Terceiro Mundo*.Rio de Janeiro: Francisco Alves Editora.

CHIAMPI, Irlemar (1991): «Sobre la lectura interrupta de Paradiso». En *Revista Iberoamericana* 154: 65-76.

— (2003): *«Orígenes* ante el Origen, la Vanguardia y la crisis de la modernidad».* En *Casa de las Américas* 233: 135-142.

DALTON, Roque (1967): «Una experiencia personal». En *Casa de las Américas* 45: 52-56.

DENIS, Benoît (2000): *Literatura e engajamento: de Pascal a Sartre*. Bauru: Editora da Universidade do Sagrado Coração.

DEPESTRE, René (1986): *Buenos días y adiós a la Negritud*. La Habana: Casa de las Américas.

DESNOES, Edmundo (1964): «Un día en la vida de Iván Denisovich». En *Casa de las Américas* 24: 99-102.

— (1966): «La imagen fotográfica del subdesarrollo». En *Casa de las Américas* 34: 62-80.

— (1968): «Las armas secretas». En *Casa de las Américas* 48: 32-43.

— (1969): «Los carteles de la Revolución cubana». En *Casa de las Américas* 51-52: 223-231.

— (1970): «Cuba: caña y cultura». En *Casa de las Américas* 62: 46-58.

Díaz, Filiberto (1969): «Cuba y su literatura». En *Mundo Nuevo* 39-40: 83-86.

Donoso, José (1998): *Historia personal del boom*. Santiago de Chile: Alfaguara.

Eagleton, Terry (1991): *A função da crítica*. São Paulo: Editora Martins Fontes.

Edwards, Jorge (1976): *Persona non grata*. Barcelona: Grijalbo.

Espinosa Domínguez, Carlos (2001): *El peregrino en comarca ajena. Panorama crítico de la literatura cubana del exilio*. Colorado: Society of Spanish and Spanish-American Studies.

Fernández, Pablo Armando (1960): «Breves notas sobre la poesía cubana en 1959». En *Lunes de Revolución* 43: 15.

Fernández Moreno, César (1967a): «Crónica editorial Jorge Alvarez». En *Mundo Nuevo* 7: 80-82.

— (1967b): «Un libro por día». En *Mundo Nuevo* 14: 61-69.

Fernández Retamar, Roberto (1964): «Carlos Fuentes y la otra novela de la Revolución Mexicana». En *Casa de las Américas* 26: 123-138.

— (1967): «Contra la penetración cultural yanqui». En *Marcha* 1375: 29.

— (1998): «Ángel Rama y la Casa de las Américas». En *Recuerdo a*. La Habana: Unión, 169-199.

— (2000a): *Todo Calibán*. La Habana: Letras Cubanas.

— (2000b): «Casi cien años de revistas culturales hispánicas». En *Concierto para la mano izquierda*. La Habana: Casa de las Américas, 149-158.

— (2000c): «Desde el 200, con amor, en un leopardo». Entrevista de Jaime Sarusky. En *Concierto para la mano izquierda*. La Habana: Casa de las Américas, 181-196.

— (2000d): «*Orígenes* como revista». En *Concierto para la mano izquierda*. La Habana: Casa de las Américas, 159-179.

— (2003a): «La CIA al sur». En *La jiribilla* 100: <http://www.lajiribilla. co.cu/2003/n100_04/100_08.html>.

— (2003b): «Carlos Fuentes: mentiras, ocultamiento, ¿deseo?». En *La jiribilla* 104: <http://epoca2.lajiribilla.cu/2003/n104_05/104_41.html>.

FERRY, Luc & RENAUT, Alain (1988): *Pensamento 68. Ensaio sobre o anti-humanismo contemporâneo*. São Paulo: Editora Ensaio.

FORNET, Ambrosio (1964): «La ciudad y los perros». En *Casa de las Américas* 26: 129-132

— (1999): «*Casa de las Américas*: entre la Revolución y la Utopía». En Sosnowski, Saúl (ed.): *La cultura de un siglo. América Latina en sus revistas*. Buenos Aires: Hispamérica / Alianza, 421-437.

FORNET, Ambrosio & CAMPUZANO, Luisa (2001): *La revista Casa de las Américas: un proyecto continental*. La Habana: Centro de Investigación y Desarrollo de la Cultura cubana Juan Marinello.

FORNET, Jorge (1995): «La Casa de las Américas y la "creación" del género testimonio». En *Casa de las Américas* 200: 120-121.

FOUCAULT, Michel (1971): *L'ordre du discours*. Paris: Gallimard.

— (2001): *Vigiar e punir*. Rio de Janeiro: Vozes.

— (2003): *Microfísica do poder*. São Paulo: Graal.

FUENTES, Carlos (1969): *La nueva novela hispanoamericana*. Ciudad de México: Joaquín Mortiz.

— (2003): «Infidelidades». En *La reforma*, 16 de abril de 2003: <http://www.cubaencuentro.com/opinion/articulos/infidelidades-276768>.

GALICH, Manuel (1995): «Para una definición del género testimonio». En *Casa de las Américas* 200: 124-125.

GILMAN, Claudia (1993): «Política y cultura: *Marcha* a partir de los años 60». En *Nuevo Texto Crítico* VI (11): 153-186.

— (1995): «Las "literaturas de la política" en Cuba». En De Paepe, Christian *et al.* (eds.): *Literatura y Poder*. Actas del Coloquio Internacional K.U.L. / U.F.S.I.A. Leuven: Leuven University Press, 153-161.

GONZÁLEZ ECHEVARRÍA, Roberto (1974): «Interview: Emir Rodriguez Monegal». En *Diacritics* 4 (2): 38-43.

— (1987a): *La ruta de Severo Sarduy*. Hanover: Ediciones del Norte.

— (1987b): «Emir y el canon». En Aa.vv.: *Homenaje a Emir Rodríguez Monegal*. Montevideo: Ministerio de Educación y Cultura, 17-20.

GOULEMOT, Jean M. & STEINFELD, Thomas & MARCOTTE, Gilles (2000): «La place de la littérature dans les médias en notre fin de millénaire». En *Ètudes françaises* 36 (3): 149-160.

GRAMSCI, Antonio (1968): *Os intelectuais e a organização da cultura*. Rio de Janeiro: Civilização Brasileira.

GRÉMION, Pierre (1988): *Le Congrès pour la Liberté de la Culture en Europe (1950-1967)*. Paris: Centre National de Recherche Scientifique.

— (1995): *Intelligence de l'anticommunisme. Le Congrès pour la liberté de la culture à Paris 1950-1975*. Paris: Fayard.

GUEVARA, Ernesto (1961): «Informe al Congreso Nacional de Escritores y Artistas cubanos». En *Casa de las Américas* 8: 3-17.

— (1968): «Pasajes de la guerra revolucionaria». En *Obra revolucionaria*. Ciudad de México: Era.

— (1977): «El socialismo y el hombre en Cuba». En *Obras escogidas de Ernesto «Che» Guevara*, tomo 2. Madrid: Fundamentos.

HALPERÍN DONGHI, Tulio (1997): *História da América Latina*. São Paulo: Paz e Terra.

HASSE, Federico (1970): «Filiberto o el último compilador». En *Mundo Nuevo* 46: 63-74.

HASSON, Lilianne (1990): «Le discours sur la culture Cubaine dans *Mundo Nuevo* (1966-1971)». En *América. Les Cahiers du CRICCAL* 9/10: 65-74.

HEMINGWAY, Ernest (1964): *Paris é uma festa*. São Paulo: Círculo do Livro.

HOWARD, Dick (1987): «Après «la» Révolution». En *Lettre internationale* 15: 11-14.

HURTADO, Oscar (1960): «José Lezama Lima». En *Lunes de Revolución* 76: 15.

JAMESON, Fredric (1984): «Periodizing the 60s». En Stephanson, A. & Sayres, S. & Aronowitz, S. & Jameson. F. (eds.): *The Sixties, without Apology*. Minneapolis: University of Minnesota Press, 178-215.

JITRIK, Noé & ROSA, Nicolás & SARLO, Beatriz (1992): «El rol de las revistas culturales». En *Espacios* 12, diciembre: i-xvi.

JOSET, Jacques (1996): «La estrategia autobiográfica en *Historia personal del boom*». En Garrido Gallardo, Miguel Ángel: *La Moderna crítica literaria hispánica*. Madrid: MAPFRE, 163-170.

KANZEPOLSKY, Adriana (2004): *Un dibujo del mundo: extranjeros en* Orígenes. Rosario: Beatriz Viterbo.

KERMODE, Frank (1998): «El control institucional de la interpretación». En Sullà, Enric (ed.): *El canon literario*. Madrid: Arco/Libros, 91-112.

KING, John (1990): *Sur. Estudio de la revista argentina y de su papel en el desarrollo de una cultura 1931-1970*. Ciudad de México: Fondo de Cultura Económica.

KOHAN, Néstor (2002): «La pluma y el dólar. La guerra cultural y la fabricación industrial del consenso». En Ca*sa de las Américas* 227: 144-152.

KRISTAL, Efraín (2001): «La política y la crítica literaria. El caso Vargas Llosa». En *Perspectivas* 4 (2): 339-351.

LAGE, Nilson (2001): *A reportagem: teoria e técnica de entrevista e pesquisa jornalística*. Rio de Janeiro: Record.

LEANTE, César (1959): «El club de los moderados». En *Lunes de Revolución* 37: 14.

— (1988): *Calembour*. Madrid: Pliegos.

LEZAMA LIMA, José (1949): «Señales». En *Orígenes* 21: 60-61.

LEJEUNE, Philippe (1975): *Le pacte autobiographique*. Paris: Seuil.

— (1998): *Les brouillons de soi*. Paris: Seuil.

LIBERTELLA, Héctor (1977): *Nueva escritura en Latinoamérica*. Caracas: Monte Ávila.

LIE, Nadia (1996): *Transición y transacción. La revista Casa de las Américas (1960-1976)*. Leuven: Leuven University Press.

LIENHARD, Martin (2000): «Voces marginadas y poder discursivo en América Latina». En *Revista Iberoamericana* LXVI (193): 785-798.

LÓPEZ, Ramón (1969): «El danzón de Rachel». En *Casa de las Américas* 57: 122-123.

LÓPEZ MORALES, Eduardo (1968): «De levita (de esos de caballería)». En *Casa de las Américas* 46: 186-192.

— (1969): «Un panorama necesario». En *Casa de las Américas* 55: 121-122.

LÓPEZ OLIVA, Enrique (1970): «Las tropelías del lobo o un réquiem anticipado». En *Casa de las Américas* 59: 187-190.

LÓPEZ VALDIZÓN, José María (1962): «Maestra voluntaria de Daura Olema». En *Casa de las Américas* 13-14: 55-56.

LOVELUCK, Juan (1969): *La novela hispanoamericana*. Santiago de Chile: Editorial Universitaria.

LUIS, William (1987): «Autopsia de *Lunes de Revolución*». En Jesús Fernández, Teresa de: *Revolución, poesía del ser*. La Habana: Unión.

MAC ADAM, Alfred (1984): «Emir Rodríguez Monegal: The Boom: A restrospective». En *Review* 33: 30-34.

MAÑACH, Jorge (1960): «En la sección de ensayos…». En *Lunes de Revolución* 47: 4.

MARIO, José (1969a): «Allen Ginsberg en La Habana». En *Mundo Nuevo* 34: 48-54.

— (1969b): «El Stadium». En *Mundo Nuevo* 36: 46-52.

— (1969c): «Novísima poesía cubana». En *Mundo Nuevo* 38: 63-73.

MARTÍNEZ, Tomás Eloy (1986): «Ángel Rama o la crítica como gozo». En *Revista Iberoamericana* LII (135-136): 645-663.

MASÓ, Fausto (1960): «Enrique Rodríguez Loeche: *Rumbo al Escambray*. La Habana, 1959». En *Casa de las Américas* 2: 92-93.

— (1961): «La labor de la «Casa»». En *Lunes de Revolución* 90: 11.

— (1969): «Literatura y Revolución en Cuba». En *Mundo Nuevo* 32: 50-54.

MC QUADE, Frank (1990): «*Mundo Nuevo*: La nueva novela y la guerra fría cultural». En *América. Les Cahiers du CRICCAL* 9/10: 17-26.

MELIS, Antonio (1992): «Entre Ariel y Calibán, ¿Próspero?». En *Nuevo Texto Crítico* 5 (9/10): 113-120.

MESA-LAGO, Carmelo (1979): *Dialéctica de la Revolución Cubana: del idealismo carismático al pragmatismo institucionalista*. Madrid: Playor.

MIGNOLO, Walter (1998): «Los cánones y (más allá de) las fronteras culturales (o ¿de quién es el canon del que hablamos?)». En Sullà, Enric (ed.): *El canon literario*. Madrid: Arco/Libros, 237-270.

MONSIVAIS, Carlos (2000): «La Revolución cubana: los años del consenso». En *Encuentro de la Cultura Cubana* 16-17: 74-79.

MONTERO, Oscar (1991): «El "compromiso" del escritor cubano en el 1959 y la "corona de las frutas" de Lezama». En *Revista Iberoamericana* LVII (154): 33-42.

MOREJÓN ARNAIZ, Idalia (1998): «Lunes de *Orígenes*. Notas sobre la reacción antiorigenista en *Lunes de Revolución*». En *El Caimán Barbudo* 30 (283): 26-29.

— (2003): «Juan Carlos Quintero Herencia. *Fulguración del espacio. Letras e imaginario institucional de la revolución cubana (1960-1971)*». En *Nueve Perros* 2 (2/3): 58-59.

MOREJÓN ARNAIZ, Idalia & CHIAMPI, Irlemar (2005): «Entrevista a Roberto Fernández Retamar». En *Cubista magazine*, otoño: <http://cubistamagazine.com/a4/040104.html>.

MORENO Fraginals, Manuel (1967): «Biografía de un cimarrón». En *Casa de las Américas* 40: 131-136.

MUDROVCIC, María Eugenia (1997): *Mundo Nuevo. Cultura y guerra fría en la década del 60*. Rosario: Beatriz Viterbo.

— (1999): «América Latina desde París (a propósito de Libre)». En Sosnowski, Saúl (ed.): *La cultura de un siglo. América Latina en sus revistas*. Buenos Aires: Hispamérica / Alianza, 439-451.

NAVARRO, Desiderio (2000): «In Medias Res Publicas». En Hernández, Rafael & Rojas, Rafael (eds.): *Ensayo cubano del siglo XX*. Ciudad de México: Fondo de Cultura Económica, 689-707.

OCAMPO, Aurora M. (ed.) (1973): *La crítica de la novela iberoamericana contemporánea. Antología*. Ciudad de México: UNAM.

OLIVER, María Rosa (1964): «La literatura de testimonio». En *Casa de las Américas* 27: 3-11.

— (1968): «Solamente un testimonio». En *Casa de las Américas* 47: 91-94.

ORTEGA, Antonio (1960): «De los 57 libros de cuentos presentados al concurso...». *Lunes de Revolución* 47: 7-8.

OTERO, Lisandro (1966): «Los años duros». En *Casa de las Américas* 38: 116-117

— (1997): *Llover sobre mojado. Una reflexión personal sobre la historia*. La Habana: Letras Cubanas.

— (2000): «Réplica». En *Encuentro de la Cultura Cubana* 18: 189-194.

OVIEDO, José Miguel (1991): *Breve historia del ensayo hispanoamericano*. Madrid: Alianza.

PADILLA, Heberto (1989): *La mala memoria*. Barcelona: Plaza & Janés.

— (1998): *Fuera del Juego. Edición conmemorativa, 1968-1998*. Miami: Universal.

PAZ, Octavio (1967): *Corriente alterna*. Ciudad de México: Siglo XXI.

— (1979): *In / Mediaciones*. Barcelona: Seix Barral.

PENCO, Wilfredo (1999): «*Asir* y *Número*: dos propuestas uruguayas del '45». En Sosnowski, Saúl (ed.): *La cultura de un siglo. América Latina en sus revistas*. Buenos Aires: Hispamérica / Alianza Editorial, 321-331.

PÉREZ LEÓN, Roberto (1995): *Tiempo de Ciclón*. La Habana: Unión.

PIÑERA, Virgilio (1955): «Cuba y la literatura». En *Ciclón* 1 (2): 51-55.

— (1960a): «De votos y vates». En *Lunes de Revolución* 47: 9.

— (1960b): «Pasado y presente de nuestra cultura». En *Lunes de Revolución* 43: 18.

— (1960c): «Un testimonio del primero de mayo». En *Casa de las Américas* 1: 32-33.

POGOLOTTI, Graziella (1964): «El punto de vista de un intelectual». En *Casa de las Américas* 44: 163-164.

— (1968): «Apuntes para el Che escritor». En *Casa de las Américas* 47: 152-154.

PRIETO, Adolfo. (1983): «Los años sesenta». En *Revista Iberoamericana* 125: 889-901.

QUINTERO HERENCIA, Juan Carlos (2002): *Fulguración del espacio. Letras e imaginario institucional de la Revolución cubana (1960-1971)*. Rosario: Beatriz Viterbo.

RAMA, Ángel (1960): «La construcción de una literatura». En *Marcha* 1040, diciembre 26: 22-24.

— (1964): «Diez problemas para el novelista latinoamericano». En *Casa de las Américas* 26: 3-43.

— (1966): «Las fachadas culturales». En *Marcha* 1306, 3 de junio: 30-31.

— (1971): «Una nueva política cultural en Cuba». En *Cuadernos de Marcha* 49: 47-68.

— (2001): *Diario 1974-1983*. Caracas: Trilce / La Nave Va.

RAMOS, Julio (1989)*: Desencuentros de la modernidad en América Latina. Literatura y política en el siglo XIX*. Ciudad de México: Fondo de Cultura Económica.

RANDALL, Margaret (1972): *La mujer cubana ahora*. La Habana: Instituto Cubano del Libro.

— (1985): Testimonios: *A Guide to Oral History*. Toronto: Participatory Research Group.

RINCÓN, Carlos (1971): «Para un plano de batalla de un combate por una nueva crítica en Latinoamérica». En *Casa de las Américas* 67: 39-59.

RIVAS, Pierre (1993): «Paris como a capital literaria da América Latina». En Chiappini, Ligia & Aguiar, F. W.: *Literatura e História na América Latina*. São Paulo: Edusp, 99-113.

ROBBE-GRILLET, Alain (1964): «La literatura perseguida por la política». En *Casa de las Américas* 26: 152-154.

ROCCA, Pablo (1993): «35 años en *Marcha*. Escritura y ambiente literario en *Marcha* y en el Uruguay, 1939-1974». En *Nuevo Texto Crítico* 6 (11): 3-151.

RODRÍGUEZ FEO, José (1960): «Vigencia actual del escritor». En *Lunes de Revolución* 54: 14.

RODRÍGUEZ MONEGAL, Emir (1952): «Nacionalismo y literatura». En *Marcha* 629, julio 4: 14-15.

— (1965-68): *Correspondencia*. En *Emir Rodríguez Monegal Papers (C0652): 1941-1985, bulk 1965-1968*. A Finding Aid Prepared by Rodolfo G. Aiello. Manuscripts Division, Department of Rare Books and Special Collections, Princeton University, 1995.

— (1967a): «La CIA y los intelectuales» [editorial]. En *Mundo Nuevo* 13: 1.

— (1967b): «David Viñas en su contorno». En *Mundo Nuevo* 18: 75-84.

— (1969): *Narradores de esta América*. Montevideo: Alfa.

— (ed.) (1975): «Literatura y Revolución en las letras cubanas». En *Revista Iberoamericana* XLI (92-93), julio-diciembre.

— (1972): *El Boom de la novela latinoamericana*. Caracas: Tiempo Nuevo.

— (ed.) (1974): *Narradores de esta América II*. Buenos Aires: Alfa Argentina.

— (1977): *El Arte de Narrar*. Caracas: Monte Ávila.

RODRÍGUEZ-CARRANZA, Luz (1992): «Emir Rodríguez Monegal o la construcción de un mundo (nuevo) posible». En *Revista Iberoamericana* LVIII (160-161): 903-917.

Rodríguez-Luis, Julio (1997): *El enfoque documental en la narrativa hispanoamericana*. Ciudad de México: Fondo de Cultura Económica.

Roggiano, Alfredo A. (1986): «Emir Rodríguez Monegal o el crítico necesario». En *Revista Iberoamericana* LII (135-136): 623-630.

Rojas, Manuel (1971): «La última mujer y el próximo combate». En *Casa de las Américas* 67: 172-173.

Rojas, Rafael (2006): *Tumbas sin sosiego. Revolución, disidencia y exilio del intelectual cubano*. Barcelona: Anagrama.

Said, Edward (2003): *Cultura e Política*. São Paulo: Boitempo.

Santí, Enrico Mario (2000): «Mi reino por el caballo: las dos memorias de Lisandro Otero». En *Encuentro de la Cultura Cubana* 17: 163-179.

— (2000): «Dúplica». En *Encuentro de la Cultura Cubana* 18: 195-196.

— (2004): *Bienes del Siglo*. Ciudad de México: Fondo de Cultura Económica.

Saramago, José (2003): «Hasta aquí he llegado». En *El País*, 14 de abril: <http://elpais.com/diario/2003/04/14/internacional/1050271222_850215.html>.

Sarlo, Beatriz (1990): «Intelectuales y revistas: razones de una práctica». En *América. Cahiers du CRICCAL* 9/10: 9-15.

Sartre, Jean-Paul (1960): *Sartre visita Cuba*. La Habana: Ediciones R.

Sarusky, Jaime (1988): «Casa es nuestra américa, nuestra cultura, nuestra revolución. Habla Haydée Santamaría». En *Casa de las Américas* 171: 4-15.

Sierra, Ernesto (1998): «Réquiem para *Mundo Nuevo*». En *Casa de las Américas* 213: 135-139.

Stonor Saunders, Frances (1999): *The Cultural Cold War. The CIA and the World of Arts and Letters*. New York: The New Press.

S/n (1959): «Una posición. Haciendo lo que es necesario hacer». En *Lunes de Revolución* ?: 3.

— (1961a): «Juran los jurados». En *Lunes de Revolución* 93: 18-20.

— (1961b): «Un jurado de escritores conversa con *Lunes*». En *Lunes de Revolución* 98: 3-9.

Trebitsch, Michel (2000): «Voyages autour de la Révolution. Les circulations de la pensée critique de 1956 à 1968». En AA.vv.: *Les Années 68. Le temps de la contestation*. Paris: Éditons Complexe, 30-47.

VARGAS Llosa, Mario (1967): «Paradiso de José Lezama Lima». En *Amaru* 1: 72-75

VERDÈS-LEROUX, Jeannine (1989): *La lune et le caudillo. Le rêve des intellectuels et le régime cubain (1959-1971)*. Paris: Gallimard.

WILLIAMS, Raymond (1992): *Cultura*. São Paulo: Paz e Terra.

ZANETTI, Susana (1992): «Ángel Rama y la construcción de una literatura latinoamericana». En *Revista Iberoamericana* LVIII (160-161): 919-932.

www.ingramcontent.com/pod-product-compliance
Lightning Source LLC
Chambersburg PA
CBHW021402110726
47901CB00008B/2025